REISEHANDBUCH

BUENOS AIRES
PATAGONIEN

Das komplette Reisehandbuch
von Ariane Martin

Impressum

Dies ist eine Originalausgabe der
Unterwegs Verlag GmbH
Werner-von-Siemens-Str. 22, D-78224 Singen
Tel. +49 7731 838-0, Fax +49 7731 838-19
www.reisefuehrer.com   www.unterwegs.com   info@unterwegs.com

Text und Recherche: Ariane Martin
Recherche Neuauflage: Manfred Klemann, Silke Mäder
Fotos: www.shutterstock.com, Ariane Martin, Heiko Schneider
Herstellung/Grafik: Miriam Jäger
Karten: www.stepmap.de
Stadtplan: freytag & berndt, www.freytagberndt.de

Alle Rechte vorbehalten.
© Unterwegs Verlag GmbH 2018
ISBN 978-386112-335-4

Haftungsausschluss
Alle in diesem Buch enthaltenen Angaben, Daten usw. wurden von den Autoren und dem Verlag nach bestem Willen erstellt und mit größter Sorgfalt überprüft. Gleichwohl sind inhaltliche Fehler nicht vollständig auszuschließen. Daher erfolgen die Angaben usw. ohne jegliche Verpflichtung oder Garantie des Verlages oder der Autoren. Beide übernehmen keinerlei Verantwortung und Haftung für etwaige inhaltliche Unrichtigkeiten.

Bibliografische Information der Deutschen Nationalbibliothek

Die Deutsche Nationalbibliothek verzeichnet diese Publikation in der Deutschen Nationalbibliografie; detaillierte bibliografische Daten sind im Internet über http://dnb.d-nb.de abrufbar.

Inhalt

Nützliche Tipps von A bis Z 6

Buenos Aires

Vorwort 24

Geschichte 26

Die schönsten Viertel von Buenos Aires 30
San Telmo 30
Belgrano 31
Barrio Chino 32
Puerto Madero 32
La Boca 33
Recoleta 34
Palermo 35

Sehenswürdigkeiten 36
Avenida 9 de Julio 36
Avenida Corrientes 37
Casa Rosada 37
José de San Martín 38
Cementerio de Chacarita 39
Catedral Metropolitana 39
Congreso Nacional Argentino 39
El Cabildo 40
ESMA 41
Edificio Kavanagh 43
Hipódromo 43
Iglesia San Ignacio 43
Museo de los Niños 43
Museo Nacional de la Immigración 44
Obelisk 44
Planetarium 45
Plaza de Mayo 45
Plaza San Martín 45
Puerto Madero 45
Subte A 46
Tierra Santa 46
Zoo 46

Die schönsten Parks und Grünanlagen 46

Cafés 49

Restaurants 51

Hotels 58

Kunst und Kultur 63

Tango argentino 72

Nachtleben 77

Eigenarten und Kurioses 84

Shopping 88

Ausflugs-Tipps 94
Tigre-Delta 94
Alpenhaus 94
La Becasina Delta Lodge 94
Luján 95
Uruguay 96

Nützliche Adressen in Buenos Aires 96

Inhalt – Patagonien

Patagonien

Vorwort   **104**

Neuquén   **106**
Neuquén (Stadt)   108
Villa El Chocón   111
Zapala   113
Parque Nacional Laguna Blanca   114
Copahue   114
Caviahue   115
Villa Pehuenia   116
Aluminé   116
Pilolil   118
Junín de los Andes   118
San Martín de los Andes   120
Die Straße der Sieben Seen   123
Parque Nacional Lanín   125
Villa la Angostura   126
Julio Argentino Roca   129

Río Negro   **130**
Viedma   131
Carmen de Patagones   134
Las Grutas   135
El Cóndor   135
La Lobería   136
San Carlos de Bariloche   136
El Bolsón   146

Chubut   **151**
Esquel   152
Puerto Madryn   158
Península Valdés   164
Trelew   172
Camarones   175

Rawson   177
Comodoro Rivadavia   179
Sarmiento   183

Santa Cruz   **184**
Perito Moreno (Stadt)   186
Puerto Deseado   192
Puerto San Julián   193
Río Gallegos   196
El Calafate   199
Nationalpark Los Glaciares   206
El Chaltén   207

**Feuerland –
Tierra del Fuego**   **214**
Ushuaia   216
Río Grande   225
Tolhuin   230

Anhang

**Kleiner Sprachführer
Deutsch – Spanisch**   **231**

Register   **237**

Nützliche Tipps von A bis Z

Amtssprache

Spanisch; Sprachkenntnisse sind sehr vorteilhaft.

Anreise

Mit dem Flugzeug

Von Deutschland aus starten die meisten Flüge nach Argentinien in Frankfurt. Wer ohne Zwischenstopp nach Buenos Aires will, muss sich für die Lufthansa entscheiden und kann nach etwa 14 Stunden argentinischen Boden betreten. Weniger Eilige fliegen mit Argentiniens nationaler Fluggesellschaft und erleben unterwegs für ca. 2–3 Stunden einen Hauch Spanien, denn die Aerolineas Argentinas legen einen Zwischenstopp in Madrid ein. Wer lieber Pariser Luft genießt, wählt die Air France. Weitere Alternativen bietet die British Airways (über London), die Alitalia (über Mailand oder Rom) oder die Gol/Varig (über Río de Janeiro oder São Paulo), um nur einige zu nennen.

Flugpreise

Abhängig von der Jahreszeit und Ihrer Aufenthaltsdauer, bieten verschiedene Fluggesellschaften Economy-Tickets an, von Deutschland, der Schweiz oder Österreich hin und zurück nach Buenos Aires. Junge Leute und Studenten können, vor allem in der Nebensaison, mit Jugend- und Studententickets reisen. Darüber hinaus gibt es auch befristete Sonderangebote; auf www.jet-travel.de oder reise.com kann man nach Schnäppchenflügen Ausschau halten. Wer zeitlich flexibel ist und offen für einen spontanen Flug, der klickt einfach mal www.restplatzboerse.at an, swoodoo.com oder www.lastminute.de. Das Gepäck in der Economy-Class darf für gewöhnlich 20 kg nicht überschreiten. Ein Stück Handgepäck, bis 7 kg und 55 x 40 x 23 cm groß, darf mit in die Kabine, seit 2006 allerdings ohne Flüssigkeiten über 0,1 Liter. Darunter versteht man auch Shampoo, Duschgel und Co. In der Business-Class ist von allem ca. ein Drittel mehr erlaubt.

Mit dem Schiff

Wer viel Zeit hat, reist vielleicht gerne mit dem Schiff nach Argentinien und besucht unterwegs europäische und brasilianische Hafenstädte. Über die Hamburg Süd Reiseagentur GmbH (www.hamburgsued-frachtschiffreisen.de) kann man eine solche Überfahrt buchen.

Auf dem Landweg
Wer bereits in Südamerika ist, kann auf Feuerland oder im chilenischen Patagonien die Grenze nach Argentinien passieren. Von Zentralchile aus führt die empfehlenswerteste Route von Santiago de Chile nach Mendoza, am Gipfel des Aconcagua vorbei. Im Norden gelangt man von Calama über San Pedro de Atacama nach Jujuy – mit dem Bus oder, von San Pedro aus, per Autostopp über den Paso de Jama. Von Bolivien reist man am besten über La Quiaca nach Argentinien ein. Sollte man sich gerade in Brasilien aufhalten, dann kommt man beim brasilianischen Foz de Iguaçu nach Argentinien.

Artenschutz
Ohne Genehmigung dürfen keine artengeschützten freilebenden Tiere eingefangen, gekauft, gehalten, transportiert oder ausgeführt werden, auch keine Souvenirs, die unter Verwendung freilebender Tiere produziert wurden.
Welche Arten geschützt sind, erfährt man beim argentinischen Staatssekretariat für Umwelt und nachhaltige Entwicklung unter www.ambiente.gov.ar

Ausrüstung
Am besten packt man Kleidung für alle Jahreszeiten ein. Ganz oben auf Ihrer Liste sollte ein gut wärmender Schlafsack stehen – zumindest, wenn man im Süden Patagoniens campen möchte. Etwas Schickes für besondere Anlässe sollte auch nicht fehlen, denn in Argentinien legt man Wert auf ein gepflegtes Äußeres – vor allem in Buenos Aires. Aber keine Sorge – falls man etwas vergessen sollte, kann man es überall käuflich erwerben. Sogar Kleider in Größe XL, seitdem die auf Modelgröße spezialisierte Bekleidungsindustrie gesetzlich dazu verpflichtet wurde.

Dokumente und Einreisebestimmungen
Bis zu 90 Tage können deutsche Staatsangehörige mit einem Rei-

sepass, der mindestens noch 3 Monate gültig sein muss, visafrei als Touristen nach Argentinien einreisen. Meistens erhält man für die Dauer seines Aufenthalts eine Touristenkarte. Allerdings gelten seit Mai 2012 neue Sicherheitsvorkehrungen. Am Einreiseflughafen/Seehafen werden von den Reisenden ein digitales Porträtfoto gemacht und außerdem die Fingerabdrücke eingescannt. Wer wider Erwarten länger als drei Monate in Argentinien bleiben möchte, kann die Verlängerung vor Ort bei der Ausländerbehörde beantragen. Eine andere Möglichkeit ist ein mehrtägiger Ausflug in eines der angrenzenden Länder wie Chile, Paraguay oder Bolivien. Bei der Einreise nach Argentinien gibt es dann einen neuen Einreisestempel und damit sind die nächsten drei Monate gesichert. Wer schon vor der Reise weiß, dass er die visafreie Frist überschreiten wird, sollte am besten beizeiten das argentinische Konsulat in Deutschland kontaktieren, um spätere Komplikationen zu vermeiden. Neuerdings brauchen auch Kinder ein eigenes Ausweisdokument und wenn sie noch nicht 14 sind und nur von einem Elternteil begleitet werden, müssen sie eine Bescheinigung über die Einwilligung des anderen Elternteils mit sich führen. Alleinerziehende sollten nachweisen können, dass nur sie sorgeberechtigt sind. Alleinreisende Minderjährige, auch zwischen 14 und 18 Jahren, benötigen grundsätzlich die Erlaubnis des bzw. der Sorgeberechtigten.

Essen und Trinken

Argentinien hat weitgehend das **südeuropäische Frühstück** übernommen, oft nur Kaffee pur und den auch noch ungesüßt! Dafür steckt jede Menge Zucker in den leckeren medialunas, nach ihrer Halbmondform benannte Minihörnchen. Argentinier, die schon morgens Heißhunger verspüren, genießen sie für gewöhnlich mit einem café con leche (Milchkaffee). Ob Polen, Österreicher, Franzosen, Spanier, Italiener und auch Deutsche – sie alle brachten mit ihren landesspezifischen Spezialitäten ein Stück alte Heimat in die neue mit. Vor allem italienische Speisen haben sich durchgesetzt. Und wie bei uns, so gibt man selbstverständlich auch in Argentinien bei der Zubereitung ursprünglich fremdländischer Gerichte stets seinen „eigenen Senf" dazu. In Argentinien heißt das: Käse, Käse und nochmals Käse auf die Pizza. Und der ist ganz sicher echt!

Auf ein spartanisches Frühstück folgt zwischen 12 und 15 Uhr, sofern die Zeit es zulässt, **ein ausgiebiges Mittagsmahl,** bestehend aus Vorspeise, Hauptgericht und Nachtisch. Kaffee darf anschließend nie fehlen, und wer kann, der leistet sich eine Siesta, worin sich wieder Argentiniens mediterran geprägte Lebensart äußert. Kaffee oder nach Belieben auch Tee wird ebenso nachmittags zu Sandwiches getrunken und sind auch beim üppigen Abendessen mit von der Partie. Wen schon zuvor der kleine Hunger plagt, der gönnt sich, etwa um 19 Uhr, eine **Picada.** Darunter versteht man eine Zwischenmahlzeit mit Bier und kleinen Salami- und/oder Paprikahäppchen. Auch Erdnüsse dürfen dabei sein.

Entsprechend spät wird zu Abend gegessen und zwar in mehreren Gängen und über Stunden hinweg. Natürlich steht dabei wieder Fleisch im Mittelpunkt und am Monatsende Gnocchi, denn das soll Glück bringen.

Bei weniger wohlhabenden Argentiniern fällt zwangsläufig alles ein paar Nummern kleiner aus und beschränkt sich, vor allem in ländlichen Regionen, hauptsächlich auf das, was rund ums Haus herum wächst oder im Meer schwimmt.

Am Wochenende beginnen meist schon vormittags die Vorbereitungen für das **Asado.** Das ist weit mehr als eine Art XXL-Grillabend, denn schließlich geht es darum, sich in der hohen Kunst des Grillens zu beweisen. Jeder Gastgeber wird bis zur „Abendstunde der Wahrheit" erkennen, wie sein ganz spezielles Rezept den anderen Teilnehmern mundet.

Flagge

Aus drei gleich großen, horizontalen Streifen, oben und unten hellblau (spanisch celeste „himmelblau") und dazwischen weiß, setzt sich die argentinische Flagge zusammen. Mittig zeigt sie eine Sonne mit 16 geflammten und 16 geraden Strahlen. Während früher die Sonne nur bei offiziellen Anlässen gezeigt wurde, können heute beide Versionen (mit und ohne Sonne) je nach Belieben verwendet werden.

Flughafensteuer

Bei der Ausreise muss man bei manchen Airlines eine Flughafensteuer entrichten, die für gewöhnlich nicht im Flugpreis enthalten ist. Besser, man fragt schon vor der Reise nach. Bezahlt wird nach dem Einchecken in argentinischen Peso (ARS).

Fotografieren

Profis wissen es natürlich: Die brillantesten Aufnahmen entstehen in den frühen Vormittags- und späten Nachmittagsstunden, denn dann ist das Licht mild und lässt die Farben besser wirken.

Wichtig zu wissen: Polizeiliche und militärische Einrichtungen dürfen nicht abgelichtet werden!

Durch die sehr hohe Luftfeuchtigkeit können sich Batterien schneller entladen als gewöhnlich. Also vorsorglich Ersatz einstecken! Und für Nostalgiker mit analogen Kameras

---

Feste und Feiertage

Wie von der argentinischen Verfassung vorgesehen, ist die statistisch zu 92 % katholische Bevölkerung anderen Religionsgruppen gegenüber sehr tolerant. Überraschenderweise gibt es weniger katholische Feiertage als in Deutschland, nämlich nur einen freien Tag an Ostern, Pfingsten und Weihnachten. Öffentliche Einrichtungen sind an folgenden staatlichen und kirchlichen Feiertagen geschlossen:

01.01. Año Nuevo
März/April: Karfreitag, Ostern
24.03. Tag der Erinnerung für Wahrheit und Gerechtigkeit
(Militärputsch am 24.03.1976) –
Día Nacional de la Memoria por la Verdad y la Justicia
02.04. Tag der Veteranen und Gefallenen des Malwinen-Krieges –
Día del Veterano y de los Caidos en la Guerra de Malvinas
25.12. Weihnachten – Navidad

gilt: Beim Kauf von Filmen auf das Verfallsdatum achten, insbesondere außerhalb der Hauptstädte!

Frauen allein unterwegs

In Argentinien liebt Mann es, seiner Leidenschaft für das weibliche Geschlecht lautstark Ausdruck zu verleihen, sobald ein „Objekt seiner Begierde" in sein Blickfeld gerät. Wenn Frauen sich daran stören, sollten sie sich weder schminken noch stylen noch modisch kleiden. Nicht selten kommt es vor, dass Frau von argentinischen Männern im Vorbeigehen mit so genannten „Piropos" überhäuft wird. Das sind mehr oder weniger poetische, künstlerisch oder erotisch angehauchte Komplimente.

Wer als Frau auf einen Flirt aus ist, sollte in Argentinien nach Möglichkeit bereits vorher abklären, ob der Mann ihres Interesses schon vergeben ist. Denn mit eifersüchtigen Argentinierinnen ist nicht zu spaßen! Richtig verübeln kann man der Argentinierin ihre Eifersucht allerdings nicht. Denn eine Geliebte zu haben, ist für viele argentinische Männer eher die Normalität, wenn man dies auch niemals öffentlich machen würde, denn die Ehre der Familie geht selbstverständlich über alles. Das Vorhandensein der unzähligen, überaus komfortablen Stundenhotels spricht für sich.

Geldeinfuhr

Pro Person muss in Argentinien erst ein Betrag ab 10.000 USD deklariert werden. Dasselbe gilt für die Ausfuhr.

Die Reise Bank empfiehlt folgende Zahlungsmittel: Kreditkarten (werden allerdings nicht überall angenommen), US-Dollar-Reiseschecks, US-Dollar-Noten. Alternativ kommen Reiseschecks von American Express für die Reisekasse in Frage.

Geschäftszeiten

Es gibt kein Ladenschlussgesetz in Argentinien. Im Allgemeinen öffnen die Geschäfte um 8.00 Uhr und schließen mittags für drei bis vier Stunden, um Mittagessen und Siesta Raum zu gewähren. Dafür haben manche abends sogar bis 21.00 Uhr und länger geöffnet.

Gesetz – Polizei

Was die Ordnungshüter gar nicht mögen, ist der Genuss von Alkohol unter freiem Himmel, also auf Straßen, Plätzen usw. Für unter 18-Jährige ist Alkohol sowieso tabu. Das Dealen und Genießen aller anderen Drogen kann hinter „argentinische Gardinen" führen und zwar für Jahre – bis es überhaupt zum Prozess kommt. Generell empfiehlt es sich, die Reisepapiere stets bei sich zu tragen und sich kooperativ und freundlich zu verhalten, sollte man tatsächlich einmal kontrolliert werden.

Gesundheit

Internationale Impfvorschriften für die Einreise nach Argentinien gibt es zwar nicht, doch entsprechend den Empfehlungen des Robert-Koch-Institutes sollten Kinder und Erwachsene einen gültigen Impfschutz haben, was die Standardimpfungen betrifft. Darüber hinaus empfiehlt das Auswärtige Amt einen Impfschutz gegen Hepatitis A und B, Gelbfieber, Tollwut und Typhus, falls sich der Reisende länger in Argentinien aufhalten sollte als vier Wochen.

Seit Ende März 2009 grassiert u.A. in der Provinz Buenos Aires das Denguefieber. Leider gibt es dagegen bislang keinen Impfschutz. Eine konsequente Lebensmittel- und Trinkwasserhygiene schützt vor den meisten Durchfallerkrankungen. Im Großraum Buenos Aires ist die ambulante und stationäre ärztliche Versorgung gut, andernorts aber nicht vergleichbar mit europäischen Standards.

Homosexualität

Bis in die 1980er Jahre hinein herrschten Schikanen und Unterdrückungen gegenüber Homosexuellen in Argentinien, was sich erst mit dem Ende der Diktatur und der Demokratisierung des Landes allmählich änderte. Heute werden Homosexuelle offiziell akzeptiert. In Buenos Aires gibt es z. B. eine LGBT-Community. Am 5. Mai 2010 wurde landesweit die gleichgeschlechtliche Ehe in Argentinien eingeführt. Bei aller „vordergründigen" Toleranz sollte man aber nicht vergessen, dass dies ein Land der Machos ist. Viele homosexuelle Männer würden nach außen ihre Neigung niemals zugeben, denn vor allem außerhalb der Hauptstadt gibt es kaum eine Akzeptanz für Schwule und Lesben. Dort führen viele lieber ein Doppelleben, um den Schein zu wahren und die Familie nicht zu kompromittieren.

Internetzugang

Sogar die kleinsten Städte können mittlerweile mit mindestens einem Internetcafé aufwarten. Der Zugang zu den locutorios (Telefoncenter) beträgt für eine Stunde ca. 0,30 €.

Wer seinen Laptop dabei hat, sollte einen internen Konverter haben, denn die Stromstärke ist in Argentinien anders als in Deutschland. Oder man kauft sich einen AC-Adapter, der für elektronische Geräte benutzt werden kann. In Sachen Wireless-LAN ist uns Argentinien einen Schritt voraus, beinahe jede Tank- und Raststätte bietet kostenlosen, drahtlosen Internetzugang.

Kinder

Grundsätzlich ist Argentinien sehr kinderfreundlich. Das offenbart sich bereits im allgemeinen Umgang mit ihnen. Man liebkost sie gern und streicht ihnen über das Haar. Es kommt auch vor, dass Erwachsene Kindern in öffentlichen Verkehrsmitteln einen Platz anbieten oder sie auf den Schoß nehmen.

Übrigens ist es nicht unüblich, Säuglinge in der Öffentlichkeit zu stillen und in Begleitung einer Frau dürfen kleine Jungen auf die Damentoilette. Dagegen gilt es als unschicklich, ein Mädchen, gleich welchen Alters, mit auf die Herrentoilette zu nehmen. Das Angebot für Kinder in Restaurants lässt keine Wünsche offen.

Kleiner „argentinischer Knigge"

Allgemein lässt sich sagen, dass die Großfamilie in Argentinien sehr viel weiter verbreitet ist als in Deutschland und familiäre Bindungen sehr bedeutungsvoll sind. Vielleicht nicht zuletzt deshalb gilt die Loyalität des typischen Argentiniers in der Regel dem eigenen Vetter und dann erst der Firma.

Bei aller Offenheit gebietet die Etikette **ein diplomatisches und taktvolles Miteinander.** Man sollte es vermeiden, den Gesprächspartner in die Ecke zu drängen, vor allem in der Öffentlichkeit. Andererseits fällt es Argentiniern nicht leicht, zu widersprechen. Die meisten sind warmherzig, zumindest ihren eigenen Leuten gegenüber.

Bei der ersten Begegnung lächelt man sein Gegenüber freundlich an und reicht die Hand. Ansonsten hält man sich erst einmal zurück und lässt der Bekanntschaft Zeit, sich zu entwickeln. Bei der Verabschiedung achtet man darauf, sich bei jeder Person einzeln zu verabschieden. Wer jemanden um eine Gefälligkeit bittet, muss damit rechnen, ebenfalls um einen Gefallen gebeten zu werden. Wenn nicht sofort, so bestimmt irgendwann. Das Thema Gefälligkeiten ist in Argentinien viel ausgeprägter als bei uns. Es ist ein ungeschriebenes Gesetz, dass man sich hilft, wo man kann, und im Ernstfall ebenfalls Hilfe erwarten darf.

Importierte Spirituosen werden in Argentinien sehr hoch besteuert und gelten als willkommenes Mitbringsel **bei Einladungen.** Mit Süßigkeiten oder einer Flasche Wein liegt man ebenfalls richtig, wenn man einer Einladung folgt.

Wichtig ist es, auf **gute Kleidung** zu achten. Männer erscheinen am besten mit Jacke und Krawatte, Frauen im Kleid oder mit Rock und Bluse. Weil Pünktlichkeit in Argentinien unüblich ist, ist es durchaus angebracht, wenigstens 30 Minuten später zu erscheinen, um den Gastgeber nicht in Verlegenheit zu bringen. Dass man sich erst nach Aufforderung hinsetzt, ist klar. Und auch mit dem Essen wartet man, bis man dazu aufgefordert wird. Die Essensregeln sind etwas anders als bei uns, so isst man seinen Teller nicht ganz leer und führt das Glas nicht zum Mund, bevor nicht offiziell angestoßen wurde.

Klima

Mit einer Ausdehnung von ca. 3.700 km vom Norden bis zum südlichsten Punkt zählt Argentinien zu den flächenmäßig größten Ländern weltweit und ist auch klimatisch in seiner Vielfalt kaum zu übertreffen. Die Spannbreite reicht von tropisch und subtropisch im Norden über gemäßigt in der Mitte bis kühl oder sogar eiskalt im Süden.

In **Buenos Aires** schwankt in den Sommermonaten Januar und Februar die Temperatur zwischen ca. 17 und 28 °C, im Wasser zwischen ca. 21 und 24 °C. In den argentinischen Wintermonaten Juni und

Juli beträgt die Lufttemperatur ca. 8 bis 15 °C, die Wassertemperatur ca. 12 bis 14 °C.

Patagonien entspricht in seiner Größe etwa dem Festland Europas. Im ausgedehntesten Teil herrscht ein kühles bis gemäßigtes Klima. Mit etwa 5.000 ml Niederschlag und mehr ist die Niederschlagsmenge im äußersten Westen sehr groß, im Regenschatten der Anden sehr niedrig. Im Verhältnis zum Jahresdurchschnitt mit 6,5 °C ist es im Januar mit ca. 11 °C geradezu „warm". Trotzdem sorgen selbst hier Topografie und Nord-Süd-Ausdehnung für erhebliche Schwankungen. Durch polare Luftzufuhr kann sich östlich der Anden sogar ganzjährig der Frost halten.

Andererseits erreichen im Norden die Temperaturen von Januar bis Februar 30 bis 31 °C, bedingt durch das etwas kontinentalere Klima in Zentralpatagonien.

Landesspezifische Sicherheitshinweise und Bestimmungen

Argentinien gilt als das sicherste südamerikanische Reiseland, doch leider gibt es immer noch zu viel Kriminalität. Die unglaublich große Präsenz an Polizisten in Buenos Aires mag vielen schon auf die Nerven fallen, aber einen Grund dafür muss es schließlich geben. Das Auswärtige Amt rät, Wertgegenstände nicht offen herumzutragen und Bargeld nur in geringen Mengen mitzuführen, am besten in Brustbeutel oder Geldgürtel. Man sollte immer darauf achten, kein Falschgeld ausgehändigt zu bekommen. Ferner sollten Ausweisdokumente von Bargeld getrennt und sicher aufbewahrt werden, z. B. im Hotelsafe. Wo viele Touristen in Buenos Aires aufeinander treffen, sollte man bei der Bargeldabhebung oder beim Umtausch besonders achtsam sein.

Um sich vor Diebstählen durch Taxifahrer oder mitunter sogar sexuellen Übergriffen zu schützen, bestellt man nach Einbruch der Dunkelheit Taxis möglichst telefonisch (sog. Radio-Taxis oder Remise). Diese Fahrten werden nämlich registriert. In Buenos Aires (Avenida Corrientes Nr. 436, Plaza San Nicolás, Tel. 0800/9995000) wurde ein Kommissariat für Touristen eröffnet.

Mietwagen

Die Mietwagen-Angebote in Argentinien sind reichhaltig. Über das Internet kann man die verschiedenen Preis-Leistungs-Verhältnisse gegeneinander abwägen. Wer in Buenos Aires bleibt, sollte darauf verzichten, selbst zu fahren. Der Verkehr ist chaotisch und die Autofahrer über alle Maßen rücksichtslos. Wer weiter nach Patagonien reist, braucht natürlich ein ordentliches Fahrzeug. Allein die löchrigen Straßen verlangen nach einem sicheren Geländewagen samt Ersatzreifen und Benzinkanister. Überhaupt kann man nicht oft genug betonen, dass man auf der Reise durch das weite Land wirklich an JEDER Tankstelle halten oder besser immer einen vollen Kanister dabei haben sollte. Radio vor Abfahrt überprüfen! Die Strecken können sehr, sehr eintönig werden.

Post/Telefon

Correo Argentino nennt sich die privatisierte Post in Argentinien. An der Ecke L.N. Alem/Sarmiento befindet sich in Buenos Aires die Hauptpost (Mo.–Fr. von 8.00–20.00 Uhr geöffnet). Postkarten und Briefe ins Ausland unter 20 g kosten etwa einen Euro, über 20 g etwa 2,50 €. Für Zertifizierte Briefe (Einschreiben – certificado) bis 100 g bezahlt man 3,80 €. Wichtige Post immer als Einschreiben schicken. Post empfangen kann man als poste restante oder als lista de correos an jeder argentinischen Postfiliale. Das kostet pro Brief etwa 1,10 €. Vorwahl: Argentinien: 0054

Rauchen

Was kaum ein Argentinier für möglich gehalten hätte: Seit 2006 ist das Rauchen auch in argentinischen Restaurants und Cafés verboten. Ebenso in Shopping-Malls, öffentlichen Gebäuden und Internet-Cafés. Was beinahe noch erstaunlicher ist: Man hält sich daran!

Reiseveranstalter in Deutschland
Reallatino Tours

Der Reiseveranstalter Reallatino mit Sitz in Leipzig bietet seinen Kunden maßgeschneiderte Reisen nach Lateinamerika. D.h., der Kunde kann so lange diverse Reisebausteine umgestalten, bis er seine ideale, individuelle Traumreise gefunden

hat. Es gibt auch verschiedene Übernachtungs-Kategorien, so dass für jeden Geldbeutel etwas dabei ist. Neben Tangoreisen nach Buenos Aires bietet Reallatino Tours auch traumhafte Rundreisen von der Hauptstadt Richtung Patagonien an. Besonderen Wert legt die Agentur darauf, nicht mit Massenkonzernen zusammen zu arbeiten, sondern kleine und individuelle Veranstalter, Hotels und Restaurants vor Ort zu fördern, da nicht Masse, sondern Klasse das Hauptziel ist. Mit im Programm sind z.B. die Bausteine El Calafate, Puerto Madryn, El Chaltén usw. Wer rüber nach Chile möchte, kann die Reisebausteine auch grenzüberschreitend kombinieren. Auf der Webseite findet man auch ein Beispiel für eine entsprechende Rundreise bis nach Feuerland.
Tel. 0341/23106593
www.reallatino-tours.com

LAUTARO-REISEN

Martin Schustek und Christiane Deubel leiten eine Reiseagentur, die sehr individuelle Patagonien-Reisen für Paare und kleinste Gruppen von bis zu fünf Leuten anbietet. Das Team führt die Gäste mit eigenen 4x4-Fahrzeugen zu den absoluten Highlights Patagoniens und hat auch einige echte Geheimtipps mit im Programm. Martin Schustek, für den dieser Teil Argentiniens zur Wahlheimat geworden ist, ist meistens selbst mit von der Partie, wenn es darum geht, den Besuchern die Plätze des seiner Meinung nach schönsten Endes der Welt zu zeigen. Der Tourguide kennt jede Erd- und Schotterpiste und gerade Feuerland ist sein absolutes Steckenpferd.
Lautaro-Reisen GmbH, Meinfeldstr. 100, 63743 Aschaffenburg
Tel. 06028/3090422
info@lautaro-reisen.de

Reiserouten und Touren

Will man Buenos Aires auch nur einigermaßen kennenlernen, so sollte man dieser bunt schillernden Metropole unbedingt mehrere Tage widmen. Man sollte sich ruhig Zeit lassen, denn wie sonst kann man in dieser vor Leben strotzenden Großstadt jene Örtlichkeiten ausfindig machen, geschweige denn gebührend genießen, die sich dem Besucher erst auf den zweiten

Nützliche Tipps von A bis Z

TIPP für Angler – die Fisch-Touren von „Latitud Sur Anglers"

Heiko Schneider und seine argentinische Frau Carolina sind begeisterte Fliegenfischer und haben ihr Hobby zum Beruf gemacht. Seit 2006 zeigen sie Touristen und Naturliebhabern ihre liebsten Angelplätze Patagoniens. Ihre Reiseberichte samt traumhafter Fotos veröffentlichen sie unter: www.fliegenfischer-forum.de/argentin.html
Das Besondere an den Ausflügen der beiden Angelfreaks ist eine unberührte Natur, die abseits jeglicher Infrastruktur einsame Fischgründe bereit hält. Geboten werden echte Geheimtipps und hautnahe Naturerlebnisse in den schönsten Gegenden Patagoniens. Egal ob Forellen-, Saiblingfischen oder Lachsangeln im Río Serrano.
www.latitudsuranglers.com, info@latitudsuranglers.com,
Tel. +54/345/4213764

oder gar dritten Blick erschließen? Einige Tango-Salons sollte man unbedingt einmal besucht haben. In ihnen ist die Atmosphäre vergangener Epochen noch spürbar.
Patagonien ist gleichermaßen ein Eldorado für Sportbegeisterte wie für Naturliebhaber.
Ein besonderes Schauspiel erwartet den Besucher im argentinischen Frühling auf der Península Valdés. Dort treffen sich gleich mehrere Walarten zur Paarung, später auch Seelöwen und Seeelefanten. Ein Muss ist auch ein Besuch von „Punta Tomba", einer der größten Kolonien von Magellan-Pinguinen der Welt.
Der Nahuel Huapi und der Parque Nacional Lanin, auf der Andenseite in Nordpatagonien, gehören zu den bezauberndsten Nationalparks Argentiniens. Wie blaugrüne Spiegel breiten sich Seen vor den Augen des Besuchers aus und tiefgrüne Wälder säumen Berge, de-

ren schneebedeckte Gipfel in der Sonne leuchten. Weiter südlich, im Parque Nacional Los Glaciares, erhebt sich die mehr als 60 m hohe Eiswand des gewaltigen Gletschers Perito Moreno. Gemächlich, aber unaufhaltsam schiebt sie sich vorwärts. Nicht mehr von dieser Welt scheinen die bizarren Gipfel des Fitzroy Massivs zu sein. Und tatsächlich ist nun das „Ende der Welt" nicht mehr fern – Feuerland.

Patagonien ist ein wahres Abenteuerland. Je nach Kondition kann man nach Herzenslust klettern, wandern, radeln, reiten, tauchen, angeln und vieles mehr. Manche Touristen mieten sich ein Pferd und reiten durch unberührte Wälder, an plätschernden Gebirgsbächen entlang, um sich abends am Lagerfeuer inmitten einsamer Natur ihr Steak über dem Lagerfeuer zu braten. Wer gerne seine Grenzen austestet, wählt wahrscheinlich eine Trekking-Tour auf dem Perito Moreno, der zum Gletscherpark Los Glaciares in der Provinz Santa Cruz gehört. Von der nahgelegenen Stadt El Calafate aus werden Trekking-Touren angeboten.

Reisezeit

Argentinien ist eigentlich immer reizvoll. Für welche Reisezeit man sich entschließen sollte, hängt sehr von den persönlichen Vorlieben ab. Wer z.B. weitgehend hitzeresistent ist, wählt am besten den argentinischen Hochsommer für seinen Urlaub. Im Januar und Februar kann es zwar recht heiß werden in Buenos Aires, aber Patagonien ist zur warmen Jahreszeit wesentlich angenehmer. Viele Touristen, die schon einmal in Argentinien waren, fliegen am liebsten Mitte November. Dann empfängt die argentinische Hauptstadt sie mit einer herrlichen Blütenpracht und duftenden Baumalleen. Auch in Patagonien sind die Temperaturen dann frühlingshaft. Viele wollen noch Wale sehen, die bis etwa Ende Dezember anzutreffen sind.

Stromnetz

220 V bei 50 Hz, schmale Stecker passen, ansonsten Adapter besorgen!

Toiletten

In der Regel sind zumindest die „stillen Örtchen" in Cafés und Restaurants durchaus benutzbar. Besser, man denkt vorsichtshalber an eigenes Toilettenpapier! Zumindest, wenn man mit dem Wagen durch Patagonien reist!

Trinkgeld

Üblich ist Trinkgeld vor allem in Restaurants und zwar zwischen 5 und 10 %. Darüber freuen sich aber auch Fremdenführer, Hotelpersonal, Taxifahrer, Friseure usw.

Unterkünfte

Je nach den persönlichen Vorlieben kann man in Argentinien zwischen Hotels, Pensionen, einfachen Unterkünften (sog. Hosterías od. Residenciales), Casas de Familias oder Ferienwohnungen wählen. Dem preislichen Süd-Nord-Gefälle folgend, werden sie günstiger, je weiter man nach Norden kommt. Im Allgemeinen gilt der Preis eines Doppelzimmers für zwei Personen. Wählt man eines der Mittelklasse, so kann man mit einem eigenen Badezimmer rechnen. Nicht weit von Busbahnhöfen entfernt findet man besonders günstige Hosterías, die allerdings nicht immer den nötigsten Standard erfüllen. Und wer nur Übernachtungsmöglichkeiten sucht, nimmt vielleicht gern mit einer der wenigen Jugendherbergen in Argentinien Vorlieb. Noch preisgünstiger (in Nationalparks manchmal sogar kostenlos) und individueller wohnt es sich auf den Campingplätzen, wenn auch nicht unbedingt komfortabel. Einen „echten Camper" stört das aber kaum. Als besonders sicher gelten Zeltplätze des argentinischen Automobilclubs (ACA). Infos erteilt das ACA-Büro in Buenos Aires
Av. del Libertador 1850
Tel. 0800/8883777
turismo@aca.org.ar.
Es empfiehlt sich, auch im argentinischen Sommer ein wetterfestes Zelt dabei zu haben, wenn man nicht plötzlich das „Dach" über dem Kopf an den Wind verlieren möchte.

Versicherungen

Für die Dauer der Reisezeit sollte man dringend eine Auslandskrankenversicherung abschließen. Die gesetzlichen Krankenkassen übernehmen für gewöhnlich keine Leistungen, weil mit Argentinien keine Sozialabkommen bestehen.

Nützliche Tipps von A bis Z

Währung

Die Landeswährung ist der Peso Argentino. US-Dollar und Euro werden in der Hauptstadt an vielen Stellen als Zahlungsmittel akzeptiert. Es empfiehlt sich, eine Kreditkarte dabei zu haben, man weiß ja nie, in welche Situation man kommt. Die Nummer für die sofortige Sperrung der Karte sollte man ebenfalls immer dabei haben.

Zeit

Abgesehen von temporären Zeitumstellungen gibt es gegenwärtig keine Sommerzeit in Argentinien. Folglich beträgt die Zeitverschiebung zu Mitteleuropa normalerweise minus vier Stunden, während der Mitteleuropäischen Sommerzeit minus fünf Stunden.

Zoll

Was man für den persönlichen Gebrauch benötigt, kann man zollfrei einführen, z. B. Kleidung, Toilettenartikel, Laptop, Musikinstrument oder Sportgerät. Bei der Ausreise müssen diese Gegenstände wieder ausgeführt werden.
Aktuelle Bestimmungen:
www.evz.de oder www.zoll.de

Manfred Klemann im Teatro Colón

Manfred Klemann:
Mein Buenos Aires

Wer das erste Mal nach Buenos Aires geht, sollte sich für einen oder zwei Tage einen Reisebegleiter nehmen: Um das Gefühl für die Stadt zu entwickeln, für die verschiedenen Viertel, für die Mentalitäten, auch für Sicherheit und Wohlbefinden. Wir empfehlen: Adrian Heynen, www.reiseleiter.com.ar, der mit seiner Schwester seit Jahren deutschsprechende Gäste und Gruppen begleitet. Er kennt die Stadt, kennt

Manfred Klemann: Mein Buenos Aires

die Umgebung und hat immer noch einen Tipp mehr auf Lager. Sein Lieblingslokal ist übrigens **„El Obrero"** im Stadtteil La Boca. Fischer, Arbeiter, Intellektuelle beim Mittagsmahl in authentischer Atmosphäre. Buenos Aires ist eine schnelle Stadt, die hoch fliegt und tief fällt; bis zur nächsten Krise geht's im Moment „hoch" (2017). Deshalb tolle neue Entwicklungen in den Stadtteilen **Puerto Madero** und dem Ausgeh-Viertel **Palermo.**

Reiseleiter:
Adrian Heynen

Hier mal meine **Lieblingsrestaurants,** die ich großartig finde: **Cabana Las Lilas** ein argentinisches Grill-Restaurant von Weltniveau, perfekt gelegen am Puerto Madero (www.restaurantlaslilas.com.ar). Unbedingt reservieren und das am Tisch gegrillte Fleisch aus der eigenen Hacienda genießen. Die Nr. 2 für mich ist das **Roux** im noblen Recoleta Viertel (Straße Peña 2300, www.rouxresto.com). Moderne argentinische Küche, aber solide und nicht überkandidelt.

Wusste jemand, dass Vernet Branca, der geniale italienische Likör, das „Nationalgetränk" in Argentinien ist? Ich nicht. Er wird zelebriert zum Beispiel in dem traditionellen Cafe-Restaurant **„La Biela",** gegenüber dem Evita Perón Friedhof **La Recoleta.** Beides sind Pflichttermine beim Stadtbesuch.

Was ist noch Pflicht für Novizen: Besuch in der Oper **Teatro Colón**, egal was läuft (S. 74). Museum **MALBA** (S. 67) mit Asien Food im nebenliegenden Dashi Restaurant (www.dashi.com.ar) verbinden. Stöbern im **El Ateneo** (S. 36 + S. 91, Av. Santa Fé 1860 – Barrio Norte), dem zur Buchhandlung umgebauten Theater.

Als **Ausflug** empfehle ich (am Besten mit Adrian in dessen Sommerhäuschen) eine Fahrt (auch mit Zug ab Buenos Aires möglich) ins **Tigre Delta,** dem großen Wassergebiet, mit Wassertaxis, Motorbooten, Märkten und Grill Restaurants.

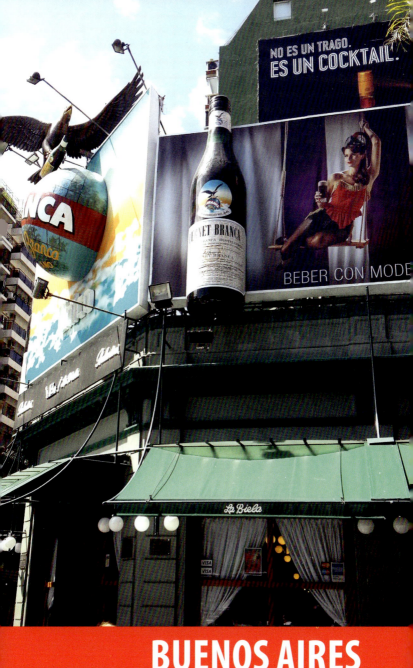

Vorwort

Zugegeben, Buenos Aires liegt mit einer Entfernung von mindestens 13 Flugstunden nicht gerade um die Ecke. Aber wer genug Zeit hat und eine ganz besondere Stadt entdecken möchte, der sollte die Mühe nicht scheuen und am besten in Deutschlands dunkler Jahreszeit eine Reise in die argentinische Hauptstadt unternehmen. Denn Buenos Aires lockt dann nicht nur mit sommerlichen Temperaturen, sondern mit einer solchen Fülle von Kultur und Lebensfreude, dass man gar nicht mehr zurück möchte in den tristen deutschen Winter.

Wenn man im November in der Stadt ankommt, ist schon die Fahrt vom Flughafen ins Zentrum ein Genuss für die Sinne, denn die Autobahnen sind flankiert von blühenden, riesigen Bäumen und je näher man dem Kern der Stadt kommt, desto großzügiger werden die Avenidas, die links und rechts Blicke in elegante Viertel mit prächtigen Häuserzeilen gewähren, in denen die Bäume sich zu leuchtend grünen Tunneln formieren und mit verschwenderischer Schönheit das verkörpern, was beispielhaft ist für dieses Land: seine ungeheure Weitläufigkeit und eine Natur, die überall gegenwärtig ist und für ein Gleichgewicht sorgt, das jede andere Metropole vermissen lässt. Der Río de la Plata ist so breit, dass man kein Meer braucht, um die Weite des Ozeans zu erleben, und alleine ein Spaziergang durch die Linden-Alleen beschert dem Spaziergänger einen so betörenden Duft, wie er bei uns zuhause nur auf dem Land zu finden ist.

Angesichts der eleganten und unversehrten Viertel aus dem 19ten Jahrhundert, die in der Innenstadt das Ambiente prägen, überkommt Europäer ein sentimentales Trauern um die eigenen Städte, die vor dem Zweiten Weltkrieg einmal in genau derselben lückenlosen Schönheit den Wohlstand des Landes gespiegelt haben. Alle sind sie hier gestrandet in La Boca: die Armen und die Reichen, die Verfolgten und die Verfolger. Sie strömten aus den Bäuchen der großen Schiffe und brachten die Geschichte Europas mit und die Hoffnung, ihr hier entkommen zu können. Ihr Heimweh und ihre Sehnsucht nach einem glücklichen Neuanfang wurde zur Grundstimmung einer Musik, die sich in den Klängen des Tango äußerte, der in den Hafenkaschemmen und Bordellen der Stadt gespielt wurde. Eine solche Kraft und Seelentiefe besaß diese Musik, dass sie jede soziale Grenze überschritt und weltweite Berühmtheit erlangte. Der argentinische Tango wurde zu einem tröstlichen Allgemeingut eines Volkes, das unterschiedlicher Herkunft war und doch die gleichen Wünsche und Sehnsüchte teilte.

Wer länger in Buenos Aires unterwegs ist, wird sie kennenlernen, die sympathischen, aber durchaus eigenwilligen und manchmal kauzigen und nervösen Argentinier. Kritik vertragen sie nicht gut und überhaupt haben sie etwas sehr Mimosenhaftes an sich. Ansonsten handelt es sich eher um einen zurückhaltenden Menschenschlag und genau diese Eigenschaft macht den Besuch ihres Landes so angenehm. Denn hier wird den Besuchern immer Höflichkeit und Respekt entgegen gebraucht. Vor allem in den Geschäften ist dies zu spüren, beispielsweise wenn die Verkäufer auch dann noch freundlich bleiben, wenn man eine volle Umkleidekabine hinterlässt und trotzdem kein Geld in ihrer Kasse landet.

In der Bar kann diese Zurückhaltung durchaus irritierend sein, denn in Buenos Aires kann man sich stundenlang an einer leeren Kaffeetasse festhalten, ohne nach weiteren Wünschen gefragt zu werden. Der natürliche Antrieb, möglichst viel Umsatz zu machen, scheint den Angestellten völlig fremd zu sein. Anfänglich mag dieser fehlende Geschäftssinn den Touristen als etwas Negatives vorkommen, aber letztendlich genießt man eine Atmosphäre, die völlig entspannt ist und losgelöst vom innewohnenden Ehrgeiz unserer eigenen, leistungsorientierten Weltanschauung.

Dem Besucher der argentinischen Metropole bleibt gar nichts anderes übrig, als sich in diese Stadt und ihre Bewohner zu verlieben und ernsthafte Auswanderungs-

Gedanken zu hegen. In Buenos Aires gibt es nichts, was es nicht bei uns auch gibt. Aber vieles, das wir vermissen: die Präsenz der Natur in den Städten, eine lebendige Kunst-Szene, sternewürdige und preisgünstige Restaurants und Leute, die einfach freundlich und hilfsbereit sind.

Geschichte

Gründungsphasen der Stadt

Ungewöhnlich in der Geschichte von Buenos Aires ist die Tatsache, dass die Stadt am Río de la Plata gleich zweimal gegründet wurde. Am 2. Februar 1536 wurde Buenos Aires von Pedro de Mendoza aus der Taufe gehoben. Das Neugeborene erhielt den klangvollen Namen *„Puerto de Nuestra Señora Santa María del Buen Ayre"* (Hafen unserer lieben Frau der Heiligen Maria des guten Windes). Das Gebiet des heutigen Stadtteils San Telmo markiert übrigens den Ort der Stadtgründung.

Die Versorgung der ca. 1.600 Matrosen, Soldaten und Siedler, die unter Mendozas Befehl standen, erwies sich als ausgesprochen schwierig. Um das Nahrungsproblem zu lösen, zwangen die Spanier die ansässigen Querandí-Indianer mit brutaler Gewalt, Essen für die Besatzer zu organisieren. Die Ureinwohner leisteten indes erbitterten Widerstand und erzwangen mit ständigen Angriffen, dass Mendozas Siedler 1541 den Ort wieder aufgeben mussten.

Es vergingen fast 40 Jahre, bis die Stadt 1580 von Juan de Garay mit dem nicht minder klangvollen Namen *„Ciudad de la Santísima Trinidad y Puerto Santa María de los Buenos Aires"* (Stadt der Heiligen Dreifaltigkeit und Hafen der Heiligen Maria der guten Winde) wiedergegründet wurde. In den folgenden zwei Jahrhunderten entwickelte sich die spanische Kolonie um Buenos Aires zu einem wirtschaftlichen Zentrum der Viehzucht, das mit Spanien regen Handel trieb. Unvorteilhafte Handelswege – alle Güter, die nach Europa exportiert wurden, mussten aus steuerpolitischen Gründen über Peru den Kontinent verlassen – schürten den Unmut der Kaufleute,

Geschichte

so dass diese rasch das Schmugglerhandwerk erlernten und erfolgreich in die Tat umsetzten.

Die daraus resultierenden Verluste und die zunehmende politische Instabilität bewog schließlich den spanischen König Karl III., die Handelsbestimmungen zu lockern und Buenos Aires den Status eines Freihafens zu verleihen.

Von der Hauptstadt des Vizekönigreichs Río de La Plata zur Hauptstadt der Republik Argentinien

Im geschichtsträchtigen Jahr 1776 wurde Buenos Aires zur Hauptstadt des Vizekönigreichs Río de la Plata erhoben. In den folgenden Jahren tobten die Koalitionskriege auf dem gesamten amerikanischen Kontinent, wobei Spanien an der Seite Frankreichs gegen das Vereinigte Königreich zu Felde zog. Am 27. Juni 1806 gelang es den britischen Truppen unter General William Carr Beresford nach zweitägigen Kämpfen die Stadt zu besetzen.

Die Einwohner leisteten jedoch erbitterten Widerstand, so dass bereits am 4. August eine Bürgerarmee unter der Führung von Santiago de Liniers die Stadt zurückeroberte. Nach weiteren Niederlagen blieb den Briten letztlich keine andere Wahl, als am 7. Juli 1807 zu ka-

pitulieren; die argentinische Nation war geboren.
Bereits drei Jahre später, am 25. Mai 1810, musste der Vizekönig Baltasar Hidalgo de Cisneros y la Torre unter dem Druck bewaffneter Nationalisten abdanken. Am 9. Juli 1816 erklärte der Kongress von Tucumán die Unabhängigkeit der Vereinigten Provinzen des Río de la Plata. Die Freude wurde jedoch bald von heftigen politischen Feindseligkeiten und politischer Instabilität getrübt. Vorübergehend verwandelte sich die junge argentinische Republik sogar in eine Diktatur unter der Führung von Juan Manuel de Rosas. Es sollte nicht die einzige Diktatur in der Geschichte Argentiniens bleiben.
Erst der Sturz Rosas 1852 ermöglichte Buenos Aires, sich für Immigranten aus der Alten Welt zu öffnen. Aber erst 1880 löste Präsident Julio Argentino Roca die Stadt Buenos Aires von der gleichnamigen Provinz heraus und erklärte sie zur Hauptstadt Argentiniens. Schon 10 Jahre später konnte sich Buenos Aires als größte und mächtigste Millionenstadt in ganz Lateinamerika bezeichnen. In den nächsten Jahrzehnten wuchsen Bevölkerungszahl, geopolitische Bedeutung und Wohlstand unaufhörlich.

Militärdiktatur, Redemokratisierung und Krise

Die wohl schlimmste Zeit in der argentinischen Geschichte ist die siebenjährige traumatische Erfahrung, die vor allem Buenos Aires ab 1976 machen musste. Die Präsidentin Isabel Martínez de Perón wurde von einer Militärjunta unter Leitung von Jorge Rafael Videla gestürzt. Die neuen Machthaber verwandelten Argentinien in eine irdische Hölle. Jeder tatsächliche oder nur vermeintliche Widerstand wurde brutal gebrochen, 20.000 bis 30.000 Menschen verschwanden spurlos.
Der verlorene Falkland-Krieg gegen Großbritannien beendete 1983 die Militärdiktatur; kurz darauf konnten wieder demokratische Wahlen veranstaltet werden, aus denen Raúl Alfonsín als Sieger hervorging und als Präsident vereidigt wurde. Neoliberale Wirtschaftsreformen in den 1990er Jahren befeuerten einen beispiellos steilen Aufschwung,

der seit 1998 zu einem ebenso beispiellosen Zusammenbruch der argentinischen Volkswirtschaft führte. Die Blase des auf Pump finanzierten Aufschwungs platzte und stürzte die stolze Nation mit seiner ebenso stolzen Kapitale in eine Phase von Generalstreiks, Massendemonstrationen, antisemitischen und ausländerfeindlichen Ausschreitungen sowie eine wahre Inflation von Staatspräsidenten. Das Land war bankrott, die Konten wurden eingefroren, die Wirtschaft brach komplett zusammen und ausländische Investoren verließen panikartig das sinkende Schiff.

Neue Hoffnung und Erholung auf wackeligen Beinen

Mit dem Peronisten Néstor Kirchner, der 2003 die Wahlen gewann, schöpfte die Nation neue Hoffnung. Während der eigentliche Retter Argentiniens – Wirtschaftsminister Robert Lavagna – kluge Verträge mit dem IWF aushandelte und damit tatsächlich das Ruder noch einmal herum riss, agierte Kirchner auf politischer Ebene weitsichtig und klug. Langsam erholte sich die Wirtschaft und endlich begann – wenigstens teilweise – die Aufarbeitung der Gräuel während der Militärdiktatur. Die vorher bestehenden Amnestiegesetze, die den Verantwortlichen Straffreiheit gewährten, wurden unter Kirchner aufgehoben und tatsächlich landeten einige hochrangige Verbrecher hinter Gittern. Dass sich der neue Präsident nicht vom Militär einschüchtern ließ, machte ihn schnell zu einem der beliebtesten Präsidenten, die Argentinien jemals hatte. Außerdem begann er, mit der Korruption aufzuräumen und mit aller Kraft die Arbeitslosigkeit zu bekämpfen. Als die Amtszeit Kirchners zu Ende war, profitierte seine Frau Christina von der Beliebtheit ihres Mannes. Mit einem triumphalen Sieg gewann sie 2007 die Präsidentschaftswahl und lenkte sechs Jahre lang als First Lady die Geschicke des Landes.

Eine radikale Medienreform und soziale Reformen wie beispielsweise die Einführung des Kindergeldes gehören zu den wenigen positiven Errungenschaften, die der Ära Kirchners heute zugeschrieben werden. Ihre auf schnelle Erfolge setzende Preispolitik fügte dem guten Image des Argentinischen Rindfleisches enormen Schaden zu. Während ihrer Amtszeit fiel Argentinien von Platz 3 als weltweit größter Rindfleisch-Exporteur auf Platz 12 zurück. Argentinisches Rindfleisch, einst neben Fußball der größte Stolz des Landes und eines der wichtigsten Exportprodukte, wurde zum Symbol von Misswirtschaft und Korruption.

Noch immer ist Argentinien von Inflation und Armut bedroht. Gescheiterte Versuche, wie beispielsweise die Steuer auf Soja-Exporte zu erhöhen oder das rücksichtslose Wegräumen kritischer Journalisten, eine unkluge Mineralölpolitik und eine weiter steigende Inflation- und Arbeitslosenquote kann sich das Land nicht leisten. Dafür ist es noch zu instabil und hat zu hohe Schulden bei ausländischen Investoren. Viele Experten erhoffen sich seit dem Regierungswechsel im Jahre 2015 eine wirtschaftliche Erholung Argentiniens. Der neue Präsident Argentiniens, auf dem ein schweres Erbe lastet und der sicherlich viele unpopuläre Maßnahmen ergreifen muss, heißt Mauricio Macri – ehemaliger Bürgermeister von Buenos Aires und Präsident der Boca Juniors. Er setzte sich mit seinem Mitte-Rechts-Bündnis „Cambiemos" bei der Stichwahl am 22.11.2015 mit knapper Mehrheit gegen seinen Kontrahenten Daniel Scioli durch und wurde am 10. Dezember als Staatspräsident vereidigt.

Die schönsten Viertel von Buenos Aires

San Telmo

Wer gern auf Zeitreise geht – in San Telmo ist das möglich. Man wandelt auf kopfsteingepflasterten Straßen entlang, die vom Charme ehrwürdiger **Bauten aus dem 19. Jahrhundert** geprägt sind. Saniert oder unsaniert – sie spiegeln den einstigen Reichtum der Stadt und die große Bedeutung, die Argentinien eine Zeitlang in der Welt gehabt hat. Dank des Denkmalschutzes blieben diese Zeitzeugen größtenteils vor der Abrissbirne verschont. Als historisches Monument besonders geschützt ist natürlich die **Casa Esteban de Luca,** das einstige Wohnhaus des Dichters, der die erste Nationalhymne komponierte. Ansonsten glaubt man, in San Telmo mit jedem Schritt Tangoklänge zu hören, wenn auch der Tango seine Wurzeln eher in Almagro oder La Boca hat. San Telmo gehört zum Gründungskern von Buenos Aires, liegt im südlichen Teil und verbindet das Hafenviertel La Boca mit dem heutigen Microcentro. Viele Händler hatten sich einst hier angesiedelt, denn San Telmo liegt an einer bedeutenden Route. Wahrscheinlich, weil man das Flair vergangener Tage hier noch spüren kann, boten sich nach der Wirtschaftskrise gerade für dieses Viertel große Chancen, vom Tourismus zu profitieren. Etliche Restaurants wurden hier eröffnet und bieten den Gästen tägliche Tangoshows.

Wer etwas Greifbares aus der „guten alten Zeit" ergattern möchte, durchstöbert die **Feria de San Pedro Telmo,** den sonntäglichen Antiquitätenmarkt auf der zentral gelegenen Plaza Dorrego. Auch kulturell hat San Telmo einiges zu bieten, z. B. das **Historische Nationalmuseum von Argentinien** und das **Museo de Arte Moderno.** Und um alles Wissenswerte, was man erfahren hat, auch gut zu verdauen, spaziert man anschließend am besten durch den Parque Lezama.

Wer die ungezähmte Natur bevorzugt, dem sei die im Osten an San Telmo grenzende Reserva Ecológica empfohlen. Das Naturschutzgebiet ist die größte zusammenhängende Grünfläche in Buenos Aires.

Belgrano

Zu den Sehenswürdigkeiten des 1855 gegründeten und im Norden von Buenos Aires gelegenen Stadtviertels Belgrano gehört die Kirche Inmaculada Concepción oder – nach ihrer runden Form – auch **„La Redonda"** genannt. Mit etwas Glück kommt man gerade zu einer Hochzeit, denn die Einheimischen heiraten dort besonders gerne.

Namensgeber des Stadtteils war der Designer der argentinischen Flagge, Politiker und Militär **Manuel Belgrano.** Ihm zu Ehren sollte die erste Stadt, die nach seinem Tod im Jahre 1820 gegründet würde, seinen Namen tragen.

Bewohnt wird Belgrano hauptsächlich von der oberen Mittelschicht. Zumindest deren Hunde müssten sich untereinander gut kennen, denn sie machen mit professionellen Hundeausführern, nicht selten in Rudeln von bis zu zwanzig Tieren, die Gegend unsicher.

Barrio Chino

Das „Chinatown" von Buenos Aires liegt nahe dem Bahnhof Barrancas de Belgrano, zwischen den Straßen Arribeños, Mendoza, Hillman und Eid. Besiedelt wurde Barrio Chino in den achtziger Jahren von **Einwanderern aus China und Taiwan.** Wenn auch begrenzt auf vier Blocks, finden sich dort sehr gute Fischhändler, Supermärkte, orientalische Waren, chinesische Restaurants sowie religiöse Institutionen und buddhistische Tempel.

2009 wurde in der Straße Arribeños ein **Eingangstor in chinesischem Stil** eröffnet, seitdem wird hier das chinesische Neujahr mit Festlichkeiten und Umzügen feierlich begrüßt.

Übrigens kann man in Belgrano seit Mitte des letzten Jahrhunderts auch deutsche Einwanderer treffen. In der Regel besuchen deren Kinder die dort ansässige, bilingual ausgerichtete Pestalozzi-Schule. Manche unter ihnen haben von ihren Eltern das „Belgranodeutsch" übernommen, eine „neue Sprache", die aus Elementen der deutschen und der spanischen gebildet wurde. Außer der bereits erwähnten Kirche hat Belgrano inmitten eines andalusischen Gartens ein Museum für spanische Kunst zu bieten – das **Larreta,** dessen Namensgeber, der spanische Schriftsteller **Enrique Larreta,** einst hier wohnte. Interessant ist auch das im einstigen Rathaus von Belgrano gelegene Museum Sarmiento. Gegenstände aus dem Besitz der ehemaligen Präsidenten Domingo Faustino Sarmiento und Nicolás Avellaneda sind hier untergebracht. Für Freunde des Kunsthandwerks, finden regelmäßig Ausstellungen auf dem Platz Manuel Belgrano statt.

Puerto Madero

Dieses **neueste Stadtviertel** von Buenos Aires wurde auf den alten Docks des antiken Hafens errichtet. Mit seinen schicken modernen Türmen und Hochhäusern hat es sich in den letzten Jahren zunehmend zum Publikumsmagneten entwickelt. Zumal hier ein breit gefächertes Angebot an Dienstleistungen entstanden ist und das Viertel mit etlichen guten Hotels, Restaurants und einem aufregenden Nachtleben so einiges zu bieten hat.

An den Kais liegen die **Museums-Schiffe** Fragata Sarmiento (Fregatte „Sarmiento"), und die gepanzerte Korvette „Uruguay". Eine der neuesten Kirchen von Buenos Aires ist die Nuestra Señora de la Esperanza. Auch die Schule der Schönen Künste von Carcova, die Escuela de Bellas Artes de la Carcova, ist in diesem Viertel zu finden. Wenn man durch Puerto Madero spaziert, wird einem bald eine originelle Besonderheit auffallen: Alle Straßen tragen Frauennamen. Was Denkmäler betrifft, sind besonders das Tangodenkmal **Monumento al Tango** und das **Denkmal von Cristóbal Colón** erwähnenswert.

Mit dem Zentrum von Buenos Aires ist Puerto Madero übrigens durch die Avenida Corrientes verbunden, auch bekannt als „Broadway von Buenos Aires" oder „Straße, die niemals schläft"..

La Boca

Im Osten von Buenos Aires, wo der Riachuelo-Fluss in den Río de la Plata mündet, liegt das alte Hafenviertel La Boca (span. „die Mündung"). Im 19. Jahrhundert siedelten sich dort überwiegend ärmere **italienische Einwanderer** an. Seinen Ruhm verdankt der Stadtteil den bunt mit Schiffslack bemalten Häusern aus Wellblech, das von abgewrackten Schiffen stammen soll. Aber nicht nur die Häuser hier sind bunt. In der Straße El Caminito wetteifern sie an Farbenpracht mit Wäschestücken, die im Wind an den Leinen flattern, und manch originellen Werken von Kunsthandwerkern.

Wenn man La Boca mit den Augen des Kunstmalers Benito Quinquela Martín sehen möchte, folgt man dem Caminito bis zu den Schiffswracks am Flussufer und besichtigt das **Museo de Bellas Artes de La Boca.**

Geheimtipp: Nicht versäumen, das **Kulturzentrum Fundación Proa** unweit der Kaimauern zu besuchen! Geboten werden äußerst interessante und innovative Kunstausstellungen, Performances und Diskussionsrunden. Im Bistro im zweiten Stock genießt man einen schönen Blick über die Hafengegend. (Av. Pedro de Mendoza 1929. La Boca)

Etwas weiter entfernt, gelangt man zur alten Stahlbrücke, einem Wahrzeichen von Buenos Aires.
Fußballfans werden sicher nicht versäumen, sich das Stadion des Fußballklubs Boca Juniors, die **Bombonera** (Pralinenschachtel), anzuschauen und das Vereinsmuseum.
Das Theater La Ribera, die italienischen Restaurants des immer noch stark italienisch geprägten Stadtviertels sowie die Tangosäle sind auf jeden Fall einen Besuch wert. Überhaupt stand ja in La Boca die **Wiege des Tangos,** laut Überlieferung in einer der Kneipen in der Calle Necochea.
Noch immer gehört La Boca zu den ärmeren Vierteln der Stadt und steht daher im Ruf, nicht besonders sicher zu sein. Wer tagsüber durch die schönen Straßen marschiert und sich nachts nicht gerade in den dunkelsten Ecken herumtreibt, dürfte aber keine Probleme bekommen. Falls doch, so darf er sich getrost an José Francisco Palmiotti wenden, den man mitunter in der Bar „La Perla" antrifft. Er steht einer Touristenschutz-Organisation vor und ist Bürgerbeauftragter der Autonomen Stadt Buenos Aires.

Recoleta

Die luxuriösesten und elegantesten Privatvillen, Wohn- und Geschäftshäuser von Buenos Aires findet man im nördlich des Microcentros gelegenen Stadtviertel Recoleta. Dort präsentiert sich der **Wohlstand** mit eleganten Nobelkarossen, teuren Geschäften und edlen Rassehunden, die zu Dutzenden von Hundeführern ausgeführt werden.
Der Reichtum Recoletas wurzelt in Gelbfieber- und Choleraepidemien im Jahr 1870. Damals überließ die Oberschicht die Tiefebene mit ihren Krankheit übertragenden Stechmücken dem Rest der Bevölkerung und zog sich auf die Anhöhe von Recoleta zurück. Selbst ihre Gebeine ruhen heute prunkvoller, als kaum ein Lebender es fertig brächte, wobei das wahrscheinlich prominenteste Grab des Recoleta-Friedhofs vergleichsweise schlicht ausfällt. **Eva Perón** ruht unter glän-

zend schwarzem Marmor in der Familiengruft der Duartes.

Gleich neben dem Friedhof, erhebt sich die schlichte koloniale Fassade der **Basilica de Nuestra Señiora** de Pilar, 1732 vom Architekten Giovanni Andrea Bianchi geschaffen.

Nicht weit davon entfernt, findet man in einem ehemaligen Kloster das **Centro Cultural Recoleta,** in dem oft Ausstellungen gezeigt werden und interessante Veranstaltungen stattfinden.

Zu den Museen in Recoleta gehören außerdem das **Museo de Arte Latinoamericano de Buenos Aires** (Museum für Lateinamerikanische Kunst), das **Museo Nacional de Bellas Artes** (Nationalmuseum) und das **Museum Evita.** Letzteres behandelt den Mythos Eva Perón.

Ein Kuriosum ganz besonderer Art ist die Floralis Genérica, eine überdimensionale Metall-Blume, die nach einem Entwurf des Architekten Eduardo Catalano realisiert wurde. Nach dem Vorbild ihrer lebenden Artgenossinnen öffnet sich die Blüte bei Sonnenaufgang und schließt sich bei Sonnenuntergang. Zu finden ist sie natürlich in einem Park, dem Parque Thays.

Palermo

Nahe der Innenstadt gelegen, wurden hier die meisten und weitläufigsten Parkanlagen der Stadt errichtet sowie ein zoologischer und ein botanischer Garten. Liebt man das Bizarre, so besucht man **„Tierra Santa",** einen Freizeitpark in der Nähe des Stadtflughafens Aeroparque am Río de la Plata. Im 15-Minuten-Rhythmus kann man dort Jesus' hydraulische Auferstehung aus einem Plastikberg beobachten.

Aber auch seriöse weltliche Institutionen wie etwa die **Botschaften** Österreichs und der Bundesrepublik Deutschland haben in Palermo ihren Standort. Besonders ein Bummel durch das alte Palermo mit seinen schönen Häusern ist empfehlenswert, z. B. durch die Calle Jorge Luis Borges oder die Calle Honduras, die einen hübschen Kunsthandwerkermarkt zu bieten hat.

Mehrere **Fernsehsender** machten das Stadtviertel rund um die Plaza Serrano zu „Palermo Hollywood". So stehen die Chancen nicht schlecht, etwa zwischen der Avenida Cabildo und der Avenida Córdoba einem schönen Gesicht zu begegnen, das man aus irgendeiner Serie kennt. Am Abend lehnen Moderatoren lässig an den Stehtischen der Cafés und lassen sich von Fernsehteams filmen. Weil rund um die Plaza Güemes herum vor allem Psychiater und Psychoanalytiker beheimatet sind, wird das Wohngebiet vom Volksmund auch „**Villa Freud**" genannt.

„**El Ateneo**" in der Avenida Santa Fe, früher einmal ein Theater, dürfte wohl zu den schönsten Buchhandlungen der Welt gehören. Einen Besuch sollte man sich nicht entgehen lassen.

Die Gebäude in Palermo Viejo, dem ältesten Teil von Palermo, sind vom spanischen Stil geprägt, wenn sie auch hin und wieder mit modernen Elementen versehen sind. Hier lebten z. B. Jorge Luis Borges und Che Guevara.

Palermo Soho schließlich, im Südwesten um die Plazoleta Cortázar herum gelegen, fällt auf durch seine niedrigen Häuser, in denen heute jede Menge Restaurants, Bars und Boutiquen untergebracht sind. Durch seine alternativ anmutende Atmosphäre wird dieser kleine Bezirk von Viejo gern von Touristen und jungen Argentiniern aus der oberen Mittelschicht besucht. Bei all den Vergnügungen sollte man einen kleinen Abstecher zum Parque de la Memoria am Ufer des Río de la Plata nicht versäumen. Hier steht nämlich das 2007 eingeweihte **Monumento a las Victimas del Terrorismo de Estado,** zur Erinnerung an die Opfer der Militärdiktatur (1976–1983). Unter zahllosen anderen Namen ist an einer der vier Stelen auch jener der deutschen Studentin Elisabeth Käsemann eingraviert. Sie wurde 1977 verschleppt und ermordet.

Sehenswürdigkeiten

Avenida 9 de Julio

An der Avenida 9 de Julio kommt kein Tourist vorbei, denn sie ist die Prachtstraße und zugleich eine der Hauptverkehrsadern von Buenos Aires. Hier ragt ein Obelisk in den Himmel, der ein beliebter Treffpunkt für Touristen ist, da sich in der Nähe zahlreiche Buchhandlungen, Kinos und Theater befinden. Bis spät in die Nacht kann man auf der Avenida das pralle Leben ge-

Sehenswürdigkeiten

Casa Rosada, der argentinische Präsidentenpalast, mit dem berühmten Balkon, auf dem Evita zu den Menschenmassen sprach

nießen. Am wildesten geht es hier nach einem gewonnenen Fußballspiel zu, dann sollte man es nicht eilig haben, am Obelisken vorbei zu kommen.

Avenida Corrientes

Die Avenida Corrientes gilt als der Broadway Südamerikas, als eine weitere Hauptdurchgangsstraße, die niemals schläft. Hier feierte der Tango wahre Triumphe, hier fühlen sich die Einwohner von Buenos Aires ganz in ihrem Element. Unzählige Cafés, Bars, Restaurants, Shops und Vergnügungsstätten aller Art lassen keine Wünsche offen.

Casa Rosada

Das sicherlich auffälligste Gebäude auf der Plaza de Mayo ist der Präsidentenpalast, der seinen rosafarbenenen Anstrich dem Präsidenten Domingo F. Sarmiento verdankt. Sarmiento besaß ein Gefühl für Symbolik, denn er ließ die Farben weiß und rot, die Farben der verfeindeten Föderalisten und Unitarier zusammen mischen. Die Farbe Rosa soll als Symbol für die Einheit

Unterwegs-Spezial

JOSÉ DE SAN MARTÍN – DER GROSSE BEFREIER

Als Sohn spanischer Eltern wurde José de San Martín am 25. Februar 1778 in Yapeyú, Argentinien, geboren und wuchs in Spanien auf. Während seiner zwanzigjährigen Offizierslaufbahn in der spanischen Armee sympathisierte er zunehmend mit dem von spanischen Kolonialherren besetzten Südamerika. 1812 bildete er zur Befreiung Chiles eine Revolutionsarmee aus, wurde aber vorerst Gouverneur der westargentinischen Provinz Mendoza und erwählte den chilenischen General Bernardo O'Higgins zu seinem engsten Vertrauten.

1817 besiegte San Martín im legendären Andenfeldzug mit einem seinerzeit Aufsehen erregenden Riesenaufgebot an Soldaten und Hilfstruppen die Spanier bei Chacabuco in Chile und besetzte Santiago de Chile. Bevor er nach Peru ging, vergrößerte er zunächst seine Armee durch neue chilenische Truppen und konnte die Spanier schließlich im Dezember 1820 bei Pisco besiegen. Am 28. Juli 1821 verkündete er die Unabhängigkeit Perus.

Aufgrund immer wieder neu aufflammender Differenzen unter seinen Soldaten und des nach wie vor hartnäckigen spanischen Widerstandes bat San Martín den venezolanischen General und Revolutionär Simón Bolívar um militärischen Beistand. Bei einem gemeinsamen Treffen in Guayaquil wollten sie einen Plan zur Schlichtung der Streitigkeiten ausarbeiten und über die Zukunft entscheiden. Es hatte sich heraus gestellt, dass die beiden Freiheitskämpfer völlig verschiedene Vorstellungen davon hatten, wie es mit den befreiten Ländern weitergehen sollte. Während San Martín eine Monarchie anstrebte, wollte Bolívar eine Republik errichten. Aus irgendeinem Grund ließ San Martín Bolívar den Vortritt und zog sich zurück. Warum er so widerstandslos das Feld räumte, ist bis heute nicht geklärt. Möglicherweise glaubte er, dem gemeinsamen Ziel damit dienlicher zu sein. Vielleicht erfolgte diese Entscheidung aber auch unter dem Druck Bolívars, der ihm möglicherweise die Unterstützung in Peru versagt hätte. Bis heute kann man darüber nur spekulieren.

1824 zog sich José de San Martín nach Europa zurück. Am 17. August 1850 starb er in Nordfrankreich und 1880 überführte man seine sterblichen Überreste nach Argentinien, wo der größte Held des Landes in einem Mausoleum der Kathedrale in Buenos Aires beigesetzt wurde. Heute gibt es kaum eine Stadt, in der nicht eine große Straße oder ein Platz nach ihm benannt ist. Die Argentinier lieben ihren Sán Martin und halten sein Andenken in Ehren.

Argentiniens stehen. Besuchenswert ist das Museo de la Casa Rosada, das sich im Palast befindet und von dem aus man die Katakomben der früheren Festung aus dem 18. Jahrhundert besichtigen kann.

Cementerio de Chacarita

Neben dem legendären Recoleta-Friedhof gibt es den Friedhof Cementerio de Chacarita. Unzählige Prominente liegen hier begraben, unter anderen Carlos Gardel. Seine lebensgroße Statue hält immer eine brennende Zigarette zwischen den Fingern.

Angesichts der monströsen Größe des Friedhofs ist es recht schwierig, ein bestimmtes Grab zu finden. An jedem 2. und 4. Samstag im Monat gibt es um 11.00 Uhr kostenlose Führungen.

Avenida Guzman 680
www.cementeriochacarita.com.ar

Catedral Metropolitana Santísima Trinidad de Buenos Aires

Die katholische Hauptkirche und Mutterkirche des Erzbistums heißt „Catedral Metropolitana Santísima Trinidad de Buenos Aires" und liegt an der Plaza de Mayo. Das imposante Kirchengebäude, das der Hl. Dreifaltigkeit geweiht ist, vereinigt diverse Architekturstile. Kirchenschiff und Kuppel entstammen dem 18., die Fassade dem 19. Jahrhundert. Der Innenraum zeichnet sich durch kostbare Statuen und vielfältige Dekorationen im Neorenaissance- und Neobarock-Stil aus. Von den im Mausoleum bestatteten hohen Militärs ist der Unabhängigkeits-Kämpfer General José de San Martín ohne Zweifel der legendärste. Gestaltet wurde die letzte Ruhestätte des Freiheitskämpfers von dem französischen Bildhauer Albert Carrier-Belleuse. Beeindruckend sind die drei lebensgroßen weiblichen Figuren über dem Grab, die symbolisch für Argentinien, Chile und Peru stehen. An seinem Grab steht noch heute eine Mahnwache der Grenadiere, der Truppe, die er gegründet und in den Kämpfen um die Unabhängigkeit Argentiniens angeführt hat.

Congreso Nacional Argentino

Bei dem Congreso Nacional Argentino handelt es sich um das Par-

Sehenswürdigkeiten

El Cabildo, das alte Rathaus von Buenos Aires

lament Argentiniens. Großartige, atemberaubende Gebäude säumen den Platz rund um den Congresso. Seine Fassade wird von einem Säulengang geadelt, den man über eine breite Treppe begeht. Über dem Gebäude erstrahlt die Wagenskulptur von Venetian Víctor de Pol, die riesige Kuppel darüber misst 80 Meter.
Plaza del Congreso

El Cabildo

Während der Kolonialzeit war „El Cabildo" das Rathaus der Stadt Buenos Aires. Entworfen wurde das 1764 an der Plaza de Mayo errichtete Gebäude von Giovanni Andrea Bianchi. Einige Gebäudekomplexe fielen im Laufe der baulichen Veränderungen der großen Avenidas zum Opfer und mittlerweile wurden so viele Umbaumaßnahmen vorgenommen, dass von dem alten Gebäude kaum noch etwas übrig ist. Klar, dass aufgrund des Erbauungsdatums ein großer Kult um das Gebäude gemacht wird, schließlich sind ältere Bauten eher die Seltenheit in Argentinien. Deshalb gibt es wohl auch kaum eine Schulklasse in der Gegend, die noch nicht durch dieses Haus geführt wurde und das kulturelle Erbe der Stadt mit seinen alten Fahnen, Möbeln und Waffen in Augenschein genommen hat. „Museo Nacional del Cabildo y la Revolución de Mayo" (Nationalmuseum des Cabildo und der Mai-Revolution), so heißt das Museum offiziell. Der ganze Stolz ist der Originalbrunnen von 1835, der heute im Innenhof des Gebäudes steht.

Bolivar 65, Plaza de Mayo

ESMA: Mechanikerschule der Marine – Escuela Superior de Mecánica de la Armada

Es war längst überfällig, dass die Regierung die ehemalige Marineschule in Buenos Aires als Gedenkstätte der Öffentlichkeit zugänglich machte. Während der Militärdiktatur von 1976 bis 1983 war das Gebäude das größte Haft- und Folterzentrum des Landes und noch heute läuft den Porteños ein Schauer über den Rücken, wenn sie an dem Wahrzeichen dieser Schreckenszeit vorbei kommen. Zehntausende von Menschen wurden hier eingesperrt, gefoltert und umgebracht. Noch heute gibt es Familien, die keine Ahnung haben, was mit ihren spurlos verschwundenen Angehörigen geschehen ist. Man wusste nur eines: Die Aussichten, aus diesem recht schmucken, dreistöckigen Gebäude lebendig wieder herauszukommen, waren äußerst gering. 5000 Menschen waren während der Militärdiktatur hier untergebracht. Im Keller wurde gefoltert, im Dachgeschoss schliefen die Gefangenen, meistens angekettet und mit einer Kapuze über dem Kopf. Kurios ist die Tatsache, dass die Aufseher und Folterknechte ebenfalls in dem Gebäude schliefen, sozusagen Tür an Tür mit den Gefangenen. Rubén Jacinto Chamorro, der erste Direktor der ESMA, wohnte gleich neben dem Offizierskasino und seine Tochter tobte spielend und lachend mit ihren Schulkameradinnen durch das Gebäude, während nebenan Schein-Exekutionen und Elekroschoks als bevorzugte Foltermethoden angewandt wurden.

Überhaupt war diese Zeit voller Absurditäten, wie es eigentlich immer ist, wenn der Wahnsinn ein Land beherrscht. Die ganze Welt blickte

Sehenswürdigkeiten

Avenida 9 de Julio

1978 während der Fußball-WM auf das Land. Im Foltergefängnis konnten die Insassen die Jubelschreie aus dem zwei Kilometer entfernten Stadion River Plate hören und wie die Leute auf den Straßen feierten. Das Klagen und Weinen und die Schreie der Gefolterten hörte in dieser Zeit niemand. Viele ältere Argentinier können sich noch an diese Zeit erinnern. Es ist ja auch noch nicht so lange her, als dass man die Schreckensherrschaft so schnell würde vergessen können. Seinen Anfang nahm der Terror am 24. März 1976, als die Machthaber von Marine, Luftwaffe und Heer die Regierung stürzten und ein totalitäres Regime zur „nationalen Reorganisation" installierten. „Guerra sucia" – „Schmutziger Krieg" nennen die Argentinier dieses Kapitel ihrer Geschichte, deren Wunden längst nicht verheilt sind. Die blutige, jüngste Vergangenheit ist weit davon entfernt, vollständig dokumentiert oder gar aufgearbeitet zu werden. Man möchte lieber nicht wissen, wie viele der Henker und Folterer heute noch hohe Ämter besetzen, ihre Freiheit und ihre staatliche Pension genießen und im schicken Café am Nebentisch ihr Frühstück einnehmen. Es verschwanden einfach zu viele Akten, und bevor es überhaupt zu Verhandlungen kommen konnte, verschwanden auch die Zeugen oder starben plötzlich. 2011 wurde aus der Marineschule nun endlich ein Museum. Im prunkvollen Hauptgebäude hat das öffentliche „Instituto Espacio para la Memoria" (Raum für die Erinnerung) eine Dauerausstellung zum Thema „Staatsterrorismus" eingerichtet. Im Offiziers-

kasino können die Besucher die ehemaligen Schlafräume und den Folterkeller besichtigen. In den leeren Räumen befindet sich außer ein paar Informationstafeln nicht viel. Man muss schon etwas Fantasie mitbringen, um die Atmosphäre dieses Gebäudes zu erfassen. Und dann: Nichts wie raus hier!
Avenida del Libertador
www.institutomemoria.org.ar

Edificio Kavanagh

Kurz nach der feierlichen Eröffnung des Empire State Building in New York Anfang der 1930er Jahre gab die Millionärin Corina Kavanagh den lokalen Architekten Sánchez, Lagos und de La Torre den Auftrag zur Konstruktion des Wolkenkratzers im Art-déco-Stil. Nach seiner Fertigstellung 1936 galt das Edificio Kavanagh als das höchste Gebäude Südamerikas. 1999 wurde der Wolkenkratzer mit seinen 120 Metern offiziell zum Historischen Denkmal von Buenos Aires erklärt.
Florida 1065

Hipódromo

Einer der unterhaltsamsten Orte in Buenos Aires ist die Pferderennbahn. Die Einheimischen sind ganz verrückt nach Pferderennen und dementsprechend gut ist die Stimmung. An den Schaltern kann man auch für ein paar Peso auf seinen Favoriten setzen. Die wichtigsten Rennen finden am Montag zwischen 15 und 22 Uhr statt, außerdem abwechselnd freitags und samstags ab 14 Uhr.
Avenida del Libertador 4101

Iglesia San Ignacio

Die 1734 eingeweihte Kirche ist die älteste der Stadt und ein Nachbau der barocken Jesuskirche in Rom. Nach mehreren Renovierungen und Umbauten gibt es nur noch wenige originale Überbleibsel aus alter Zeit. Ganzer Stolz ist ein Stein im Inneren der Kirche, auf dem die Jahreszahl 1675 steht.
Bolívar 225 (Ecke Alsina)

Museo de los Niños

Weniger ein Museum als ein riesiger Kinderspielplatz ist dieser wahr gewordene Traum für alle Kids bis 12 Jahre. Auf mehreren Stockwerken können Kinder das Erwachsenendasein spielen und haben jede Menge Spaß dabei. Für Erwachse-

Sehenswürdigkeiten

Auf dem Plaza de Mayo versammelten sich die Mütter, die gegen das Verschwinden ihrer Kinder während der Militärdiktatur protestierten.

ne kann die Lautstärke natürlich nervtötend sein, aber was erduldet man nicht alles, um die Kleinen glücklich (und müde) zu machen.
Avenida Corrientes 3247

Museo Nacional de la Immigración

Um die Geschichte zu verstehen, die diese Stadt geprägt hat, sollte man sich einmal das Museum der Einwanderer ansehen, das sich am Fluss in der Nähe des Stadtviertels Retiro befindet. Neben Filmen, Fotos und etlichen Alltagsgegenständen aus dieser Zeit besitzt das kleine Museum eine Datenbank, in der man Nachforschungen über eingewanderte Vorfahren anstellen kann. Das Gebäude selbst spielte eine wichtige Rolle im Einwanderungsgeschehen. Wer überhaupt nicht wusste, wohin er sollte, nachdem er mit dem Schiff in Buenos Aires angekommen war, durfte hier fünf Tage kostenlos übernachten. Das Haus bot 4000 Leuten Platz und man kann sich gut vorstellen, was das hier für ein Gewimmel an Menschen aller Herren Länder gewesen sein muss. Von den Porteños wurde das 1911 erbaute Haus „Hotel de Immigrantes" genannt.
Avenida Antártida Argentina 1355, Gebäude 6

Obelisk

Das Wahrzeichen von Buenos Aires ist ein riesiger Obelisk im Zentrum der Metropole. Das 67 Meter hohe Denkmal wurde 1936 anlässlich des 400-jährigen Stadtgründungsjubiläums errichtet und ist begehbar. Nach 206 Stufen kann man durch vier Fenster das herrliche Panorama der Millionenstadt genießen.
Plaza de la República

Sehenswürdigkeiten

Planetarium – Spartipp!

Der ganze Stolz der riesigen Kugel auf drei Stelzen ist der deutsche Zeiss-Projektor, der die Kuppel in ein Sternenzelt von 20 Metern Durchmesser verwandelt. Eine Ausstellung im ersten Stock zeigt unter anderem einen echten Mondstein, den die Astronauten der Apollo 11 von ihrem Mondflug mitgebracht haben. Ein weiteres Highlight ist der 1530 kg metallische Meteorit, der 1965 in der Provinz Chaco gefunden wurde. Am Sonntagabend ist die Himmelsguckerei kostenlos.
Avenida Sarmiento
(Ecke Belisario Roldán)
www.planetario.gob.ar
Sa./So. 15–19 Uhr

Plaza de Mayo

Seit der zweiten Stadtgründung von 1580 bildet die Plaza de Mayo das Zentrum von Buenos Aires. Hier sind unter anderem der Präsidentenpalast, die Nationalbank und die Catedral Metropolitana de Buenos Aires versammelt. Traurige Berühmtheit erlangte die Plaza de Mayo während der Militärdiktatur; denn hier trafen sich die Mütter der verschwundenen Söhne und Ehemänner, um gegen die Junta zu demonstrieren.

Plaza San Martín

Der Platz hat eine unrühmliche Geschichte, denn früher befand sich hier der Sklavenmarkt der Stadt. In späteren Zeiten fanden hier Stierkämpfe statt und heute schmückt zu Ehren des Befreiers San Martín ein Denkmal den kleinen, grünen Park. An seinem nördlichen Ende lodert wider das Vergessen der toten Soldaten des Falkland-Krieges ein ewiges Feuer. Und darüber flattert die blau-weiße, argentinische Flagge.

Puerto Madero

Eines der historischen Zentren des Tango argentino ist der Puerto Madero. Der Hafen am Río de la Plata wurde zwischen 1888 und 1897 aus dem Boden gestampft und lockt heute als modernes Vergnügungsviertel Nachtschwärmer aus aller Welt an. Der ursprüngliche Charme des Puerto Madero blieb gleichwohl erhalten. In den ehemaligen Speichergebäuden warten Restaurants und Geschäfte auf Kundschaft und die langgezogene

Hafenpromenade lädt zum Bummeln und Flanieren ein.

Subte A
Die alte Untergrundbahn mit ihren Holzwaggons ist immer noch in Betrieb. Seit dem 1. Dezember 1913 rattert sie unermüdlich unter der Avenida de Mayo entlang. Wer eine Zeitreise in die Vergangenheit unternehmen möchte, sollte mal mitfahren.
www.metrovias.com.ar

Tierra Santa
Buenos Aires nimmt mit dem Angebot dieses Themenparks eine Vorreiter-Rolle ein, denn momentan entstehen in vielen anderen Städten ähnliche Parks, die aussehen wie ein „Disneyland für Gläubige". Besonders in der Osterzeit pilgern unzählige Leute hierher, um die aufwändigen Inszenierungen der Ostergeschichte zu erleben und die Schauspieler zu bewundern, die das letzte Abendmahl, die Kreuzigung und die Verbrennung des Judas nachspielen. Kaum eine andere Stätte dürfte so unterschiedlich beurteilt werden wie dieses sieben Hektar große Areal der Bibelgeschichte. Während die einen völlig verzückt sind, finden die anderen es einfach nur grauenhaft. Interessant ist ein Besuch aber allemal!
Avenida Rafael Obligado 5790

Zoo
Wer dem Trubel der Großstadt ein paar Stunden entkommen möchte, ist in dem 18 Hektar großen Tierpark gut aufgehoben. Geboten werden mehr als 2.500 Tiere aus über 300 Arten von Säugetieren, Reptilien und Vögeln. Im November letzten Jahres sorgte die Geburt von drei weißen Löwen für Furore. Weiße Löwen sind eine Seltenheit und die drei Babys sind die ersten, die in Südamerika zur Welt gekommen sind.
Av. Sarmiento y Av. Las Heras

Die schönsten Parks und Grünanlagen

Parque Tres de Febrero
Will man Straßenlärm und Autoabgase gegen Vogelgezwitscher und Blumenduft tauschen, dann besucht man den „Parque Tres

de Febrero". Er ist so weitläufig, dass selbst das lauteste Gehupe ihn nicht erreicht. Nicht umsonst nennt man ihn auch „Bosques de Palermo" (Wald von Palermo), womit bereits gesagt ist, dass er sich im Stadtteil Palermo befindet und zwar zwischen der Avenida del Libertador und der Avenida Figueroa Alcorta.

Seine Entstehung verdankt er dem **Sturz von Juan Manuel de Rosas** in der Schlacht von Caseros (3. Feb. 1852) sowie der Stadtverwaltung von Buenos Aires, die de Rosas Ländereien kurzum zu einem öffentlichen Park umgestalten ließ.

Der Architekt Julio Dormal und der Stadtplaner Jordán Czeslaw Wysocki begannen 1874 mit ihrer Arbeit, aber seine jetzige Pracht und Größe verdankt der Park dem Landschaftsarchitekten Carlos Thays. Das Sahnehäubchen bildete „El Rosedal" (der Rosengarten).

Über sieben Hektar des Parque Tres de Febrero entfallen auf den **Jardín Botánico.** Er vereint Gewächse aus Amerika, Afrika, Europa, Asien und Ozeanien. Wer über diese Augenweide hinaus auch wissenschaftlich an botanischen Schätzen interessiert ist, kann sich in einem anderen Bereich des Gartens mit ausgesuchten Proben befassen. Zusammengestellt wurden sie nach dem „Syllabus der Pflanzenfamilien" – einem Werk des deutschen Botanikers Adolf Engler. Auch Bildungsprogramme werden angeboten.

Ebenfalls zum Parque Tres de Febrero gehört der zwei Hektar umfassende **Japanische Garten,** einer der größten außerhalb Japans. Im Herzen des Gartens, in den man von der Avenida Figueroa Alcorta aus gelangt, findet man einen von zwei Brücken überspannten See, worin sich Koi-Karpfen tummeln. Gesäumt werden seine Ufer von Azaleen, Ahorn- und Kirschbäumen und Exoten wie Katsura- und Florettseidenbäumen. Außerdem beherbergt der Japanische Garten einen buddhistischen Tempel, ein Restaurant, ein Souvenirgeschäft und ein Gewächshaus, in dem besonders Bonsai-Liebhaber auf ihre Kosten kommen.

Parque Lezama

Im Stadtteil San Telmo liegt der Parque Lezama, benannt nach dem Vorbesitzer des Grundstücks. Über seinen Erholungs- und Dekorationswert hinaus besitzt er historische Bedeutung. Zumindest glauben Historiker, dass es die im östlichen Teil des Parks gelegene Schlucht war, in der Pedro de Mendoza 1536 erstmals einen Fuß auf den Boden des heutigen Buenos Aires setzte.

Inzwischen wechselte das Grundstück mehrmals den Eigentümer und wurde vom letzten, José Gregorio Lezama, bereits so hingebungsvoll verschönert und gestaltet, dass dessen Witwe es nur unter der Bedingung an die Stadt verkaufte, einen Park zum Gedenken ihres Mannes daraus zu machen.

Dabei war wieder der berühmte Landschaftsarchitekt Carlos Thays mit im Spiel. Nachdem 1897 das barocke Herrenhaus an der westlichen Ecke (heute: Calle Defensa) zum Historischen Nationalmuseum wurde, gestaltete Thays 1904 den Garten neu und ließ einen Rosengarten pflanzen sowie einen Pavillon errichten eine Esplanade und einen Skulpturengarten. Auch mehrere Monumente wurden errichtet, allerdings erst in den 1930er Jahren, z. B. das Monumento a Pedro Mendoza. Im Jahre 2008 ließ Bürgermeister Mauricio Macri den Park renovieren. Seitdem gibt es eine Sonnenuhr im Park und eine Umzäunung, wie sie ursprünglich ausgesehen haben soll.

Parque Centenario

Wer im Stadtteil Caballito wohnt und vielleicht sogar in einer der kulturellen Einrichtungen arbeitet, die um den Parque Centenario herum gebaut sind, kann sich schon nach wenigen Schritten inmitten beruhigenden Grüns von der Hektik der Großstadt erholen und um einen 2000 m² großen See spazieren. Vor allem an den Wochenenden ist der Park überlaufen, denn dann ist einiges geboten wie beispielsweise der samstägliche Kunsthandwerkermarkt oder am Sonntag ein schöner Flohmarkt. Auch Musikfans kommen auf ihre Kosten – und das, ohne zu bezahlen! Es spielen so viele Bands, dass praktisch für jeden Geschmack etwas dabei ist, ob Rock, Pop, Percussion, Jazz oder Heavy Metal. Die Qualität der Musiker ist oft erstaunlich gut.

Botanikfreunde freuen sich über regelmäßige Ausstellungen zu Flora und Fauna Südamerikas im Naturwissenschaftlichen Museum. Und auch das Observatorium zieht jede Menge Besucher an.

Gestaltet hat den Parque Centenario – wen wundert's –, Carlos Thays.

Reserva Ecológica

Bei diesem etwa 350 Hektar Naturschutzgebiet handelt es sich um die größte zusammenhängende Grünfläche der Stadt. Das Flachlandgebiet liegt am Ufer des Río de la Plata und kann durch den Eingang am südlichen Ende des Stadtviertels Puerto Madero betreten werden. Beim Schnellstraßenbau in den 70er Jahren war der Schutt abgerissener Gebäude entlang der Avenida Costanera in den Fluss „gewachsen" und hatte durch Sedimentation festes Land ergeben. Entstanden ist eine der argentinischen Pampa ähnelnde Heimat für Nutrias, Reiher, Flamingos, Enten und Papageien. Die spärliche Flora wird überwiegend durch Akazien, Kapokbäume und Weiden gebildet. Die Reserva Ecológica ist ein Eldorado für Ornithologen, Radfahrer und Spaziergänger.

Cafés

An kaum einem anderen Ort der Welt dürfte das Café eine so große Bedeutung haben wie in Buenos Aires. Die argentinische Metropole kann sich diesbezüglich mit Städten wie Rom, Paris oder Wien messen: Der Zauber seiner traditionellen Kaffeehäuser ist einzigartig. Ein Kaffee und dazu ein paar „Medialunas" gehen eigentlich immer, da halten es die Argentinier wie die Italiener und so dürfte kein Tag vergehen, in dem man nicht ein Café besucht und sei es nur für ein paar Minuten. Das Schönste aber ist die Diskretion der Kellner. Selbst wenn man eine Stunde vor seiner Tasse sitzt und gedankenverloren dem Treiben auf der Straße zuschaut: Niemals würde ein Kellner den Gast bedrängen, noch etwas zu trinken oder gar zu bezahlen.

Für die Argentinier ist das Café so etwas wie ein heiliger Raum, vor allem an Regentagen kann man ganze Nachmittage in diesen Kultstätten vertrödeln, bei allerfeinstem Kaffee, Tee und unglaublich fantasievollen Kuchen- und Gebäckstücken.

Bar Plaza Dorrego

Dieses traditionsreiche Café in San Telmo muss man allein aufgrund der Einrichtung einmal besucht haben. Ein bisschen ist der Besuch dieser mit Fotos geschmückten Bar wie eine Zeitreise in die Vergangenheit. Carlos Gardel soll hier ein- und ausgegangen sein und sogar Bill Clinton hat hier schon einmal ein Bierchen geschlürft. Am besten setzt man sich an eines der großen Fenster mit Blick auf die Plaza Dorrego. Für „People-Watching" und Vorsichhinträumen gibt es keinen besseren Ort.
Defensa 1098

Café Monet

Wer auf seiner Shopping-Tour durch das vornehme Viertel Recoleta Lust auf einen Kaffee bekommt, ist im Café Monet genau richtig. Zum Frühstück gibt es köstliche Medialunas, und wer es deftiger liebt, hat hier eine schöne Auswahl wohlschmeckender Gerichte zur Auswahl. Ganz und gar nicht spektakulär, aber extrem sympathisch!
Avenida Presidente Manuel Quintana 400

Confitería Ideal

Wieder so ein prachtvolles Groß-Café, das vom Glanz der alten Tage lebt und für Buenos Aires genauso stilprägend war wie das Tortoni. Kaffee und Kuchen sind natürlich vom Feinsten, aber der eigentliche Grund für viele Besucher ist die gute Möglichkeit, recht schnell einen Tango-Tanzpartner zu finden. Im schönen Tanzsaal im oberen Stockwerk tanzen Paare jeder Altersklasse. Suipacha 380

La Giralda

Das Giralda Café ist ein altes Kaffeehaus aus dem 18. Jahrhundert, das früher von Künstlern und Intellektuellen besucht wurde und heute ein beliebter Treffpunkt von Studenten und Touristen ist. Das Ambiente dieses charmanten Ortes ist unverwechselbar, und wer Lust auf einen duftenden Kaffee oder köstliche heiße Schokolade hat, sollte unbedingt einmal hier vorbeikommen. Avenida Corrientes 1453

La Perla

Wer den „Caminito" besucht, kommt an dem urigen Café nicht vorbei. Unzählige Fotos von Besu-

Restaurants

Café Tortoni

chern und Prominenten schmücken die Wände und erzählen die Geschichte des Lokals, das mit seiner guten Pasta schon Promis wie Diego Maradona, Marcos Zucker oder Claudia Schiffer beglückt hat. Wer sich in der Gegend verabredet, wird in der Regel „La Perla" als Treffpunkt wählen. Und sei es nur auf einen köstlichen, italienischen Kaffee.
Avenida P. de Mendoza 1899

Los Violetas

Dieses Café ist eines der schönsten und traditionsreichsten in Buenos Aires. 1884 eröffnet, hat es seine ursprüngliche Atmosphäre weitgehend bewahrt und noch immer servieren die Kellner in Hemd und Krawatte die Köstlichkeiten des Hauses. Die Kuchen sind unschlagbar, genauso die süßen Teilchen und die hausgemachten Pralinen. Wer etwas Deftiges will, wird ebenfalls begeistert sein. Ein perfekter Ort nicht nur zur Tea-Time, sondern auch für ein ausgedehntes Frühstück! Avenida Rivadavía 3899 Esquina Medrano

Tortoni

Wenn diese Räume sprechen könnten! Der beliebte Treffpunkt von Schauspielern, Politikern und Intellektuellen ist eines der schönsten Cafés in ganz Buenos Aires. Auf jeden Fall das berühmteste und deshalb natürlich auch ein Touristen-Magnet. Die Innenausstattung des Fin de siècle wurde seit der Anfangszeit beibehalten und strahlt noch den alten Glanz des 19. Jahrhunderts aus. Ein Muss für jeden Besucher der Stadt!
Avenida de Mayo 825

Restaurants

Argentinien ist nicht nur für sein besonders gutes Rindfleisch bekannt, sondern auch für seine leckeren Empanadas. Das sind Teigtaschen, die mit Fleisch, Spinat, Tomate-Mozzarella-Basilikum oder

Käse und Schinken gefüllt sind. Doch selbstverständlich ist es das „Bife de chorizo", das ein Einheimischer in einer echten „Parilla" genießt. Wer dieses saftiges Steak vom Holzkohlegrill nicht schätzt, kann auf eine Fülle internationaler Restaurants mit ihren ganz eigenen Delikatessen zurück greifen oder gleich das nächste, vegetarische Restaurant ansteuern. Wem die berühmten Nachspeisen mit „Dulce de leche" zu süß sind, wird sicherlich bei den unzähligen, leckeren Eissorten fündig. Eine der besten Eisdielen der Stadt befindet sich direkt an der Plaza Dorrego in San Telmo. Gewöhnungsbedürftig sind die Essenszeiten der Argentinier. Vor 21 Uhr ist so gut wie nichts los in den Lokalen und nicht selten kommen die Leute erst um 23 Uhr, um sich ein opulentes Mahl einzuverleiben. Einen Überblick über sämtliche angesagten Restaurants der Stadt, von afrikanisch bis vegetarisch findet man auf www.whatsupbuenosaires.com/todo

Al Carbón

Modernes **Parilla-Restaurant** für gehobene Ansprüche. Auf den Grill kommen alle möglichen Fleischsorten, allen voran feinste Stücke von Lamm und Rind. Auch der gegrillte Fisch ist nicht zu verachten. Die hausgemachten Nudeln sind einfach ein Gedicht, ebenso die Nachspeisen! Reconquista 875 – Zentrum, Tel. 43125694

A Nonna Anyulina

Wer sich nach dem deprimierenden Besuch des Friedhofs Recoleta etwas Gutes tun will, kann seine Melancholie gleich gegenüber bei der „Oma Anyulina" mit einem Glas Rotwein hinunterspülen und am besten vorher eine ordentliche Unterlage mit einem leckeren Nudelgericht schaffen. Die Kellner sind ausgesprochen freundlich und das Essen sehr zu empfehlen.
Junín 1789 – Recoleta

Aramburu

Dieses Lokal ist ein echter Geheimtipp für **Feinschmecker.** Ein 10-gängiges Spitzenmenü kostet um die 50 Euro und jeder Gang hält eine neue Überraschung bereit. Die Qualität des Essens und der Weine ist nach europäischem Ermessen durchaus „sternewürdig".

Unbedingt besuchen und viel Zeit mitbringen, denn hier wird das Essen regelrecht zelebriert. Salta 1050 Tel. 43050439

Banchero

Die **Pizzeria** ist eine **Legende in Buenos Aires,** denn angeblich landete hier die allererste „fugazza con queso" auf einem argentinischen Teller. Der italienische Einwanderer Banchero hat die Pizzakultur nach Buenos Aires gebracht, und wer es nicht glaubt, kann dies anhand diverser Schriften an den Wänden sogar nachlesen. 1932 eröffnete Banchero das erste Lokal in La Boca, in dem bald sogar Prominente und allen voran Evita selbst ihre mit dickem Käse belegte Pizza gegessen haben sollen. Aber egal, wie viele Prominente bisher schon hier waren, die Hauptsache ist doch, dass die Pizza nach wie vor grandios schmeckt. Mittlerweile in **drei Lokalen** zu genießen:
- Ecke Avenida Almirante Brown und Suarez – La Boca
- Corrientes 1290 (Ecke Talcahuano) – Zentrum
- Avenida Pueyrredón 123 – Stadtviertel Once

Chiquilín

Ein **traditionsreiches Haus,** das angeblich die besten Schinken und Würste der Stadt zu bieten hat. Die Kellner sind freundlich und aufmerksam und kennen sich mit Weinen aus. Überhaupt sind die Weine hier absolut empfehlenswert, und was gibt es schließlich Schöneres, als zu einem zarten Rindersteak den passenden Tropfen zu genießen. Gutes Preis-Leistungs-Verhältnis! Sarmiento 1599 (Ecke Montevideo) – Zentrum, Tel. 43735163

Cardón

Für **Fleischliebhaber**, die keine Schnitzelberge, sondern liebevoll arrangierte Speisen bevorzugen, ist das „Cardón" genau das richtige Restaurant. In Sachen Steaks kann dem Küchenchef niemand etwas vormachen. Die Kreationen sind nicht nur eine Augenweide, sondern ein Genuss erster Güte. Auch das elegante Ambiente im vornehmen Landhausstil erfreut die Sinne. Dardo Rocha 2738
Martinez – La Boca

Casa Cruz

Ein bisschen kommt man sich in

diesem eleganten Restaurant vor wie in einem Nachtclub. Das mag vermutlich an der diskreten Beleuchtung liegen oder an dem sieben Meter langen Chesterfield-Sofa, das sich gleich am Eingang in einem riesigen wohnzimmerartigen Raum befindet. Das Lokal zählt schon seit 2004 zu den angesagtesten Restaurants der Stadt. Unter der Leitung von Germain Martitegui zaubert die Küche die köstlichsten Kreationen: Besonders das Kaninchen ist zu empfehlen, ebenso der gegrillte und vorher in Olivenöl eingelegte Tintenfisch und das Risotto mit Trüffel-Öl.
Uriarte 1658, Honduras – Palermo
Tel. 48331112

El Desnivel

Auch so ein **Klassiker** in Buenos Aires, den man sich nicht entgehen lassen sollte. Trotz der großen Beliebtheit bei Einheimischen und Touristen hat das El Desnivel seinen Charme einer typischen Parrilla behalten. Hier dominieren traumhaft leckere Holzkohlegrillspeisen die Karte und natürlich bestes, argentinisches Rindfleisch. Neuerdings kann man sich auch Steaksandwiches für den Hunger zwischendurch mitnehmen. Defensa 855 (Ecke Estados Unidos) – San Telmo
Tel. 43009081

Duhau Restaurante & Vinoteca

Ein Restaurant, das in allen Bereichen in der obersten Liga spielt. In dem eleganten Lokal speist man vom Feinsten und man tut gut daran, sich von dem hervorragenden Sommelier beraten zu lassen. Als Vorspeise sollte man eine Suppe versuchen, danach vielleicht Salat und warmen Ziegenkäse und als Hauptgang beispielsweise Filet Mignon, das wirklich nirgends auf der Welt besser schmecken könnte als hier. Im Grunde kann man mit keiner Speise etwas falsch machen. Dass dieser Genuss nicht ganz billig ist, versteht sich von selbst. Aber das sagt ja schon die Adresse, schließlich hat jedes Park Hyatt nur exzellente Restaurants zu bieten.
Avenida Alvear 1661, Park Hyatt Buenos Aires, Tel. 51711340

Faena Hotel

Eines der ausgefallensten Restaurants befindet sich in dem wun-

Restaurants

derschönen, von Philippe Starck konzipierten Nobelhotel Faena. Die weiße Pracht ist einfach blendend: Weiße Wände, weiße Ledersofas und weiße Einhornköpfe an den Wänden. Der Küchenchef heißt Mariano Cid de la Paz, ein Schüler des span. Molekularpapstes Ferrán Adriá serviert molekular-inspirierte Gourmetmenüs. Wer dieser Art von Speisen skeptisch gegenüber steht, kann sich hier eines Besseren belehren lassen. Martha Salotti 445 – Puerto Madero, Tel. 4010 9000

TIPP: „El Obrero" im Stadtteil La Boca. Typisches argentinisches Gasthaus mit günstigen Preisen.

La Americana

Man sagt, hier gebe es die **größte Auswahl an Empanadas** in ganz Buenos Aires. Da muss etwas dran sein, denn in dem meist von Einheimischen überfüllten Lokal ist es zu Stoßzeiten fast unmöglich, einen Platz zu kriegen. Besonders lecker schmecken die Empanadas mit Fleisch oder Käse. Für wenig Geld kann man sich hier richtig satt essen. Schnell noch ein Quilmes hinunter gespült und spätestens dann ist es Zeit, ein Taxi heranzuwinken und im bequemen Hotelbett eine ausgiebige Siesta zu halten.
Avenida Callao 83

Spartipp:
La Cabrera Boutique

Happy Hour von 19.00 Uhr bis 20.30 Uhr – alles 40 % günstiger. Unbedingt die Parrilla Peña probieren! Siehe auch Übernachtungstipps Cabrera Garden. Cabrera 5855

La Esquina de las Flores

Ohne Frage eines der beliebtesten **vegetarischen** Restaurants der Stadt. Sämtliche Speisen gibt es auch zum Mitnehmen, es empfiehlt sich aber wirklich, vor Ort zu essen und die freundliche, entspannte Atmosphäre auf sich wirken zu lassen. Die Speisen sind nicht nur gesund

und lecker, sondern obendrein äußerst liebevoll angerichtet. Für Vegetarier ein Traum! Gurrachaga 1630 – Palermo (Ecke Honduras) Tel. 48311537

Oviedo

Das Oviedo zählt zu den besten Restaurants von Buenos Aires und ist trotzdem in keinster Weise „abgehoben", auch preislich nicht. Hier stimmt einfach alles: der Service, die hervorragende Weinkarte und die großartigen Speisen. Egal ob Fisch, Fleisch oder hausgemachte Pasta: Einfach grandios!
Beruti 2602, Tel. 48225415

Plaza del Carmen

Endlich mal ein Restaurant, das dem hungrigen Nachtschwärmer mehr zu bieten hat als einen Burger und ein paar olle Pommes. Das Plaza del Carmen hält rund um die Uhr köstliche Steaks bereit, da kann man sich nach dem Clubbesuch früh um drei einen Fernfahrerteller bestellen und im nächsten Club gleich weiter tanzen. Lediglich am Dienstag von 2–6 Uhr hat der Laden geschlossen, schließlich muss auch mal der Boden geschrubbt werden. Avenida Rivadavía 1795 (Ecke Callao) – Zentrum
Tel. 43748477

Red Resto & Lounge

Ein Fest für alle Sinne: Das Ambiente, die Speisen und die Art, wie sie arrangiert werden. Egal ob Fleisch, Sushi oder die Nachspeisen: lecker! Preise gemessen an der Qualität absolut im Rahmen!
Juana Manso 1691
Tel. 57767676

Tegui

In diesem schicken Restaurant trifft sich gerne die Künstler-Avantgarde der Stadt. Den Besitzer, German Martitegui, halten viele für einen der besten Küchenchefs der Stadt. Auch vom Wein versteht er etwas. Und seine Kellner scheint er nach dem Äußeren auszusuchen, denn die sind auch was fürs Auge! Tolles Ambiente, großartige Speisen.
Costa Rica 5852
Tel. 52913333

Mal was Neues:
Puertas cerradas

In den letzten Jahren hat sich in der Restaurant-Szene eine interessan-

Hotels

te Subkultur entwickelt. Gemeint sind die Restaurants der „Puertas cerradas", also „geschlossenen Türen". Hört sich nicht besonders einladend an, ist aber DER Renner in Buenos Aires. Was sich dahinter verbirgt, ist eine aufregende und geheimnisvolle Restaurant-Erfahrung: Gespeist wird entweder in noblen oder besonders fantasievollen Privatwohnungen und der Koch ist entweder ein Sommelier oder Profikoch – teilweise jene der ganz edlen Restaurants, die gerade Lust auf eine Privatvorstellung haben, oder Damen und Herren, die in ihrem „wirklichen Leben" etwas ganz anderes machen und aus lauter Freude am Kochen ihre meisterlichen Kreationen mit anderen teilen möchten. Wenn an einem großen Tisch gegessen wird, hat das Ganze gleich etwas sehr Privates – auch wenn man die anderen Gäste vorher nicht gekannt hat. Das ganze Ambiente ist natürlich viel persönlicher als in einem „herkömmlichen Restaurant" und gerade für Alleinreisende ist dies eine gute Möglichkeit, mit anderen ins Gespräch zu kommen. Die meisten Restaurants halten Identität und Adresse geheim – beides erfährt man erst nach der Reservierung per Mail oder am Telefon.

Mittlerweile gibt es aber auch einige etablierte Adressen:
- www.treintasillas.com/closed.php
- www.nolabuenosaires.com

Ein Traum! Und ein Hauch von New Orleans mitten in Buenos Aires.
- www.lacocinadiscreta.com

Einfach wunderbar! Hier verwöhnt Alejandro seine Gäste.
Tel. 47723803
contact@lacocinadiscreta.com
- www.casacoupage.com

Für Weinfreunde: Hier bitten zwei nette, argentinische Sommeliers zu Tisch. Wer genug Zeit hat, sollte das 7-Gänge-Menü probieren – einfach großartig!
Soler 5518 – Palermo
- www.casasaltshaker.com

Dahinter steckt der Starkoch und Sommelier Dan Perlman, unbedingt das 5-Gänge-Menü probieren.
Uriburu & Pena – Barrio Norte
Tel. 61324146

Wer sich zurecht fragt, was diese öffentlichen „Puertas Cerradas" noch mit Subkultur zu tun haben, sollte auf Mundpropaganda setzen. Vielleicht fängt man gleich mal an der Hotelrezeption an, den grimmig dreinblickenden Taxifahrer würde man vielleicht eher nicht behelligen … viel Glück!

Hotels

In Buenos Aires gibt es so viele großartige und außergewöhnliche Hotels, dass die Auswahl schwer fällt. Gerade in den Szenevierteln findet man kleine Pensionen und Hotels, die liebevoll bis ins kleinste Details durchgestyled sind und an Komfort und Geschmack kaum zu überbieten sind. Die Preise selbst für luxuriöse Zimmer sind oft überraschend niedrig, und wer rechtzeitig bucht, kann im Internet jede Menge Schnäppchen machen. Weil die Buchungs-Agenturen mitverdienen, lohnt es sich, direkt auf den Seiten der Hotels nach Angeboten zu suchen. Dort findet man oft aktuelle Kombi-Angebote, die im Zimmerpreis Restaurant-, Wellness- oder Theaterbesuche enthalten.

Art Factory

Würde dieses traumhafte Hotel in New York stehen, müsste man mindestens 300 Dollar pro Nacht hinlegen. Im angesagten Künstlerviertel von Buenos Aires kommt man mit 50 Euro davon und kann sich glücklich schätzen, in einem der kreativsten, witzigsten und atmosphärisch coolsten Herbergen zu übernachten. Jedes Zimmer ist ein Kunstwerk für sich – einfach großartig! Obendrein werden Spanisch, Yoga und Tango-Stunden angeboten, außerdem Führungen durchs Viertel, Partys und Grillabende.
Piedras 545 – San Telmo
Tel. 43431463

Alvear Palace Hotel

Eines der schönsten und elegantesten Hotels der Stadt und ein Klassiker unter den Grand-Hotels. Die öffentlichen Räume sind reich mit Marmor und Stuck-Decken ausgestattet, frischen Blumensträußen und kostbaren, antiken Möbeln. Insgesamt findet man hier die perfekte Kombination von modernstem Komfort und nostalgischer Eleganz. Das Hotel lässt keinen Komfort vermissen: exklusive Zimmer, Hermes-Produkte im Bad, Spa, ein fantastisches Frühstücksbuffet und eine Zigarrenbar mit Havannas und edlen Whiskys. Selbstverständlich sind die Preise gehoben, aber wer öfters mal auf die Webseite guckt, findet bestimmt ein gutes Angebot.

Tipp für Gourmets: Das Hotel beherbergt eines der besten Gourmet-Restaurants der Stadt, das **„La Bourgogne"**. Selbst wer hier kein Menü speisen möchte, sollte sich am Nachmittag einen kleinen Snack gönnen – einfach wunderbar! Avenida Alvear 1891 – Recoleta
Tel. 48082100, 48040034
reservas@alvear.com.ar
www.alvearpalace.com

Be Hollywood!

Mitten im beliebten Szeneviertel und umgeben von tollen Restaurants, Bars und Geschäften befindet sich dieses kleine und urgemütliche Boutique-Hotel mit einer ganz eigenen, familiären Atmosphäre. Pool auf dem Dach und leckeres Frühstücksbuffet. Moderate Preise, echter Geheimtipp!
Humboldt 1726
Tel. 55558100

Bobo-Hotel

In dem kleinen, feinen Hotel fühlt man sich sofort wie zuhause. Die Leute sind einfach zu freundlich, allen voran Christian, der sich wirklich richtig reinhängt für die Gäste. Gerne wird die alte Villa von Künstlern frequentiert. Schöne Atmosphäre und tolles Preis-Leistungs-Verhältnis. Das Frühstück ist wunderbar und von der Terrasse des Restaurants hat man eine schöne Aussicht. Guatemala 4870
Tel. 47740505

Hoteltipp für Fußballverrückte
Boca

Mit dem **Themenhotel** „Boca" hat der Verein Boca Juniors in der Nähe seines Stadions ein nobles Hotel geschaffen, in dem die Fans ihren Stars ganz nahe sein können. Wer Glück hat, schläft Tür an Tür mit seinem Idol, speist im gleichen Restaurant oder sitzt mit ihm in der Sauna. Naja, ganz so wird es wohl nicht sein, denn das Hotel verfügt selbstverständlich über einen separaten Bereich für die Promis. Gestaltet wurde die avantgardistische 5-Sterne-Edelherberge von dem Architekten Carlos Ott, der

das Hotel in die Vereinsfarben gelb und blau tauchte und gleich am Eingang einen grasgrünen Teppich verlegen ließ. Dazu die Ikonen des Clubs in Lebensgröße an den Zimmertüren, denn wo wäre der überdimensionierte Personenkult in Argentinien angebrachter als hier! Das Hotel lässt keinen Komfort vermissen und wie es sich für ein ordentliches Themenhotel gehört, werden auch interessante Fußballpakete angeboten. Zum Beispiel der Besuch des Trainingsgeländes der Boca Juniors, ein gemeinsames Elfmeterschießen mit den Spielern, ein Gruppenfoto, die Teilnahme an einer Fußballerkonferenz samt Strategiediskussion und vieles mehr. Die Preise sind übrigens gar nicht so abgehoben, wie man annehmen möchte. Das „Corporate Programme" zum Beispiel inklusive Museumstour und Stadionführung kostet umgerechnet 100 Euro pro Nacht im Doppelzimmer. Es lohnt sich, auf die Webseite zu gucken, da gibt es wechselnde Angebote.
D. Tacuarí 243, Tel. 45908510

Cabrera Garden

Mitten in Parlermo, dem stylischsten Stadtviertel der Stadt, betritt man durch eine unscheinbare Eingangstüre ein kleines, innenarchitektonisches Kleinod. Zweifelsohne gehört das Cabrera Garden zu den besten Bed and Breakfast-Hotels des Landes. Auch das Frühstück im traumhaften Garten sucht seinesgleichen – ein echter Geheimtipp!
Cabrera 5855, Tel. 47777668

CE Design Hotel

Wer viel Platz braucht und einen fantastischen Blick über die Stadt genießen möchte, sollte sich in diesem traumschönen Hotel ein geräumiges Loft mieten. Gemessen an internationalen Standards ist das Design-Hotel mit seinen weißen Zimmern und seiner stylischen Einrichtung ein echtes Schnäppchen. Für Erkundungen zu Fuß findet sich kaum eine bessere Lage, denn die meisten Sehenswürdigkeiten befinden sich ganz in der Nähe. Tolles Personal und leckeres Frühstück!
Marcelo T. de Alvear 1695
Tel. 52373100

Claridge

Das Hotel befindet sich in idealer **Zentrumslage** und bietet jeden

erdenklichen Komfort. Nach der Stadttour eine Runde im Pool zu drehen, tut einfach gut, vor allem während der unerträglich heißen Sommerzeit. Stilvoll und bezahlbar!
Tucumán 535
Tel. 43142020

Faena Hotel and Universe

Das Faena Hotel ist eines der **luxuriösesten und elegantesten Hotels** der Stadt, und wer sich gerne in Gesellschaft prominenter Leute aus Politik, Film und Fernsehen befindet, ist hier genau an der richtigen Adresse. Die Suiten und Zimmer lassen an Komfort keine Wünsche offen und allein ein Gin Tonic am riesigen Pool lohnt den Besuch. Die Bedienungen selbst sehen aus wie Filmstars und die großzügige Bar mit seinen ultrabequemen Ledersofas ist der wahr gewordene Traum eines jeden Bonvivants.
Martha Salotti 445 – Puerto Madero
Tel. 40109000

Grand Hotel Hispano

Direkt neben dem legendären Café Tortoni und mitten **im Herzen der Stadt** liegt dieses geschichtsträchtige und charmante 2-Sterne-Haus. Die Lage gleicht das magere Frühstück und die etwas zu klein geratenen Zimmer aus. Grand Hotel ist natürlich etwas übertrieben, denn von Luxus fehlt jede Spur. Absolut gute Preise und sehr freundliche Leute!
Avenida de Mayo 861
Tel. 43452020

Madero

Wer das kühle und minimalistische Ambiente eleganter Designhotels liebt, wird sich hier rundum wohl fühlen. Ein Schwimmbad auf dem Dach, coole Lounges, Bars und Restaurants und edel ausgestattete Zimmer machen den Besuch zu einem echten Genuss. Für Liebespaare empfiehlt sich das „Love is in the air"-Programm. Für rund 250 Dollar übernachtet und frühstückt man vom Feinsten und kann sich obendrein sechzig Minuten richtig schön durchkneten lassen.
Rosario Vera Penaloza 360 – Puerto Madero, Tel. 57767777

Own Hotel

Dieses Hotel befindet sich mitten im angesagten **Ausgehviertel Palermo**. Es besticht durch seine

geräumigen Zimmer, einen ausgezeichneten Service und seine schlichte und puristische Eleganz. Besonders zu empfehlen ist die 55 qm große Master-Suite. Von der komfortablen Terrasse aus genießt man einen herrlichen Blick.
José Antonio Cabrera 5556
Tel. 47728100

Room Mate Carlos

Die Lage des avantgardistischen Hotels ist genauso überzeugend wie sein Ambiente. Unweit des Obelisken, dem Wahrzeichen der Stadt, übernachtet man hier in **Designerlofts** und genießt ein kleines, lebendiges Kunstwerk mit viel Glas und exzentrischer Geometrie inmitten der turbulenten Innenstadt. Die Gäste machen es sich nach einem anstrengenden Fußmarsch durchs Zentrum in der Chillout-Bar gemütlich und nippen an fantasievollen Cocktails. Die klimatisierten Lofts verfügen über Flachbild-Kabel-TVs, weiße s-förmige Sofas und wunderschöne Badezimmer. Gute Preise!
Calle Adolfo Alsina 1112
Tel. 59842458

Tesorito Bed & Breakfast

Dieses Hotel ist ein echter **Geheimtipp.** Wer einmal hier übernachtet, weiß die familiäre Atmosphäre zu schätzen und kommt immer wieder. Denn die Gastgeber sind vorbildlich und bieten nicht nur vernünftige Übernachtungspreise, sondern obendrein ein leckeres Frühstück, das keine Wünsche offen lässt.
Equador 1250
Tel. 57781039

Ultra Hotel Buenos Aires

Was gibt es Schöneres, als es sich nach einem Stadtbummel am Dach-Pool dieses eleganten Hotels gemütlich zu machen! Gerade mal zwei Straßenzüge vom berühmten Ausgeviertel um den Serrano-Platz entfernt, liegt dieses „**ultraschicke" Hotel** mit seinen großen, komfortablen Zimmern und einer faszinierend schönen Lobby. Das Personal könnte nicht freundlicher und zuvorkommender sein. Ein wirklich durch und durch empfehlenswertes Hotel!
Gorriti 4929 – Palermo Viejo
Tel. 48339200

Kunst und Kultur

Vitrum Hotel

Mitten im Szeneviertel Palermo Hollywood befindet sich dieses luxuriöse **Design-Hotel** mit seiner farbenfrohen Fassade. Man spürt sofort, dass der Architekt dieses Haus liebevoll bis ins kleinste Detail geplant hat. Das Vitrum ist ein echtes Kunstwerk, das über geräumige, sehr komfortable und individuell gestaltete Zimmer verfügt und so hipp ist wie das Viertel an sich. Sehr zu empfehlen ist neben dem Spa auch ein Besuch des hoteleigenen Restaurants, dessen Stilrichtung die moderne argentinische Küche mit Einflüssen aus aller Welt verbindet. verbindet. Wirklich gutes Preis-Leistungs-Verhältnis.
Gorriti 5641

Kunst und Kultur

Was die kulturelle Infrastruktur angeht, braucht sich Buenos Aires vor den europäischen Metropolen nicht zu verstecken, ganz im Gegenteil. Die Kunst ist fast überall präsent und oft dort, wo man sie gar nicht erwartet.
Auf den Kunsthandwerks-Märkten gibt es herrliche Unikate und das

Kunst zum Draufsetzen

Stadtbild wird geprägt von fantasievollen Graffitis, die in ihrer künstlerischen Perfektion ihresgleichen suchen. Die von vielen Postkarten her bekannte, **legendäre Straße „El Caminito"** wurde sogar zur Museums-Straße erklärt.
Wer ein Auge für das Detail hat und selbst eine künstlerische Ader besitzt, wird in Buenos Aires immer wieder aufs Neue überrascht. Das beginnt bei den avantgardistischen Einrichtungen der Bars und Hotels und endet bei den liebevoll bemalten Stühlen, auf denen man seinen Maté genießt. In dieser Stadt spürt man sofort, dass der Einfallsreich-

tum und der Hang zum Außergewöhnlichen keine Grenzen kennen. In San Telmo und La Boca kann man im Vorbeigehen den Darbietungen von Tango-Musikern lauschen, die hier für ein Trinkgeld die Flaneure zum Stehenbleiben zwingen. Die meisten dieser Bands spielen qualitativ in der obersten Liga und dürften selbst in der Carnegie Hall die Herzen der anspruchsvollen New Yorker im Sturm erobern.

Keine Frage, dass in der argentinischen Hauptstadt die Ballkunst ebenfalls ganz groß geschrieben wird. So kann man auf jeder freien Wiese und auf den Bolzplätzen unzählige talentierte Jungs bewundern, die alle darauf hoffen, von einem Funktionär entdeckt zu werden und eines Tages für die Boca Juniors in der Bonbonera zu kicken.

Casa Carlos Gardel

Eingefleischte Gardel-Fans schauen sich dieses schmale Haus natürlich an, indem Gardel mit seiner Mutter einige Jahre lang lebte. In dem Abasto-Viertel hatte der schon zu Lebzeiten bekannte Tangosänger seine ersten Auftritte. Das Museum zeigt unter anderem seinen berühmten Poncho, Fotos, alte Schallplatten und Partituren. Wer die letzte Ruhestätte des Künstlers besuchen möchte, muss zum Friedhof Chacarita (Federíco Lacroze). Hier gibt es übrigens einen eigenen Bereich für deutsche Einwanderer.

Avenida Sebastián Elcano 4530 – Abasto-Viertel

TIPP

Der südöstliche Stadtteil San Telmo ist sozusagen das Soho von Buenos Aires und ein absolutes Muss für jeden kulturinteressierten Touristen. Hier findet sich alles, was das Herz begehrt: Restaurants mit täglichen Tangoshows, exquisite Bars, renommierte Museen wie das Museo de Arte Moderno und vor allem viele Galerien mit zeitgenössischer Kunst für jeden Geschmack.

Cementerio de la Recoleta

Das Pendant zum weltberühmten Père Lachaise in Paris ist auf der anderen Seite des Atlantiks der Friedhof La Recoleta (Cementerio de la Recoleta). Hier haben bekannte, berüchtigte und vor allem wohlhabende Persönlichkeiten ihre letzte Ruhe gefunden. Neben zahlreichen Künstlern, Sportlern, Wissenschaftlern und argentinischen Präsidenten wie Raúl Alfonsin und Miguel Juárez Celman kann man das Grabmahl von Evita Perón und das von Isabel Walewski Colonna, der Enkelin von Napoleón Bonaparte, besuchen.

Man muss zugeben, dass jeder, der eine Weile durch diese steinerne Stadt der Toten streift, möglichst schnell wieder von hier verschwinden möchte. Denn so bedeutend dieser Friedhof auch ist: Ein Platz für die Lebenden ist er nicht. Kaum eine Blume und kein bisschen Grün gesellen sich zu den kunstvoll verzierten, protzigen Denkmälern aus ewigem Stein. Den Toten, die hier begraben liegen, glaubt man ihr Totsein und seien wir mal ehrlich: Etwas Schlimmeres kann ein Friedhof kaum ausstrahlen. Beim Verlassen sollte man schnurstracks Trost bei Oma Anyulina suchen. (gleich in der Nähe)
Calle Junín, Esquina Guido
Tel. 48031594

Galerien

Die Top-Adressen für Gegenwartskunst ändern sich in Buneos Aires ständig. Hier eine Liste besonders empfehlenswerter Orte:

- **Espacio del Arte Fundación OSDE**
  Suipacha 658, 1. Etage
  www.artefundacionosde.com.ar
- **Espacio Eclectico**
  Humberto Primo 730
  www.espacioeclectico.com.ar
- **Braga Menendez**
  Humboldt 1574 – Palermo
  www.galeriabm.com
- **Ernesto Catena Fotografia**
  Honduras 4882 – Palermo
  www.fostercatena.com
- **Jardín Oculto Galeria**
  Venezuela 926
- **Nora Fisch Galerie**
  Güemes 2967
  www.norafisch.com
- **Zavaleta Lab**
  Venezuela 567
  www.zavaletalab.com
- **Galerie Alberto Sendrós**
  Pasaje Tres Sargentos 359
  www.albertosendros.com

La Bombonera

Eine heilige Stätte der anderen Art

Kunst und Kultur

ist die Bombonera, genauer Estádio Alberto Jacinto Armando im Stadtteil La Boca und Heimatstadion der Boca Juniors. Hier leidet und glüht die argentinische Fußballseele, hier kommt es zu ekstatischen Gefühlsausbrüchen, infernalischem Geschrei und dem Herumwirbeln unzähliger Klopapier-Rollen, die von den Tribünen geworfen werden.

Neben dem Maracană in Río gilt die Arena als das bedeutendste Stadion in Südamerika. Der Name „La Bombonera" (die Pralinenschachtel) verweist auf die rechteckige Form des Stadions. Steil ansteigende Tribünen und ein Abstand von weniger als zwei Metern zwischen der ersten Sitzreihe und dem Spielfeld sorgen für eine Atmosphäre, die selbst den stärksten Gegner einzuschüchtern vermag.

An vielen Stellen im Innenraum des Stadions kann man von Péres Celis geschaffene Wandbilder bewundern, die sämtliche Spieler-Legenden zeigen. Sehr empfehlenswert ist auch das 2001 eröffnete Vereinsmuseum, in dem ein Saal dem Fußballgott Diego Armando Maradona gewidmet ist, der seine Weltkarriere bei den Bocas begann und natürlich eine eigene Tribüne in der Bonbonera besitzt.

Eingeweiht wurde das Stadion am 25. Mai 1940 mit einem freundschaftlichen Kräftemessen der Boca Juniors gegen San Lorenzo, das die Juniors 2:0 gewannen. Man kann sich vorstellen, dass auf den Straßen eine Einweihungsparty stattfand, die sich gewaschen hatte. Nach diesem und den folgenden Spielen dürften die Alkohol-Leichen in den Notaufnahmen der Krankenhäuser Rekordzahlen erzielt haben.

Das mit Vorliebe von Kleinganoven frequentierte Viertel dürfte sich dank des enormen Polizeiaufgebotes regelmäßig in den sichersten Ort der Welt verwandeln. Wer die Möglichkeit hat, ein Derby der rivalisierenden Vereine Boca gegen River mitzuerleben, sollte sich diese Chance auf keinen Fall entgehen lassen. Ein WM-Finale ist nichts gegen das Spektakel, das die Einheimischen nach dem Anpfiff aufführen. Im wahrsten Sinne des Wortes mit Pauken und Trompeten werden die Spiele begleitet, die Stadien verwandeln sich in echte Hexenkessel. Unter www.bocaex

perience.com kann man Fußballtouren mit Begleitung und Sonderplätzen buchen.

Ganz wichtig:
Lassen Sie sich keine Eintrittskarten für Fußballspiele auf der Straße andrehen. Die sind entweder gefälscht oder völlig überteuert. Der Mann an der Hotelrezeption hat da sicher eine seriösere Quelle. Ganz seriös, aber etwas teurer sind die Karten hier:
www.bocajuniors.com
www.riverplate.com
Brandsen 805 – La Boca
Tel. 43094700

MALBA
Das 2001 eröffnete Museum ist allein aufgrund seiner Architektur schon beeindruckend. Es beherbergt eine große lateinamerikanische Kunstsammlung bedeutender Künstler des 20. Jahrhunderts. Diego Rivera, Roberto Matta und Frieda Kahlo sind nur einige von ihnen. Interessante Wechselausstellungen zeigen die Kunstwerke zeitgenössischer Maler und Bildhauer. Für Kunstfans ein Muss!
Fundación Costantini,
Avenida Figueroa Alcorta 3415
www.malba.org.ar

Museo de Arte Español Enrique Larreta
Das feine Museum mit seinem romantischen Garten „El Jardín Andaluz" besitzt eine Sammlung des argentinischen Hispanisten und Schriftstellers Enrique Larreta. Es beherbergt vor allem spanische Malerei, Skulpturen sowie Möbel und Keramiken aus dem 16. und 17. Jahrhundert. Juramento 2291
www.museos.buenosaires.gob.ar/larreta.htm
Öffnungszeiten: Mo.–Fr. 10–18 Uhr.

Museo de Arte Hispanoamericano Isaac Fernández Blanco
Dieses Museum verdankt seine umfangreiche Sammlung an spanischen sowie lateinamerikanischen Kulturgütern und Kunstwerken der 1882 entfachten Sammelleidenschaft seines Gründers, des Ingenieurs Isaac Fernández Blanco. Zu sehen sind Gemälde, Bücher, Ikonen, Möbel und Dokumente. 1922 verkaufte Blanco all seine Schätze an die Stadt Buenos Aires, die sie

Unterwegs-Spezial

MARÍA EVA DUARTE DE PERÓN – EVITA

Denkt man an Argentinien und an seine Helden, dann kommt einem unweigerlich auch „Evita" in den Sinn. María Eva Duarte de Perón, die Gattin des argentinischen Staatspräsidenten Juan Perón wuchs in großer Armut auf. Als sie am 7. Mai 1919 als letztes von fünf unehelichen Kindern in Los Toldos das Licht der Welt erblickte, wurde ihr wohl ein starker Wille mit in die Wiege gelegt. Wie hätte sie sonst der damals streng hierarchisch gegliederten und höchst standesbewussten Gesellschaft Argentiniens trotzen und zur „First Lady" aufsteigen können?

Weil sie das Elend der Armen öffentlich anprangerte und das Bild vom kultivierten Argentinien in Frage stellte, war sie zahlreichen Anfeindungen ausgesetzt. Obendrein war sie ja selbst mit dem „Makel ihrer ärmlichen Herkunft und einstigen Promiskuität" belastet – ein rotes Tuch für fanatische Hüter einer doppelzüngigen Moral! Das argentinische Volk verehrte sie dennoch als „Engel der Armen".

Ein politisches Amt bekleidete Eva Perón nie, kämpfte aber indirekt für ihren Mann, indem sie sich z. B. durch Rundfunksendungen für die „descamisados" („Hemdlosen") einsetzte. Darüber hinaus gründete sie die Eva-Perón-Stiftung, eine Institution zur Hilfe der Armen, sowie die Frauenorganisation der Perónistischen Partei. Ihrem Einfluss auf ihren Mann ist es zu verdanken, dass 1947 das Frauenwahlrecht eingeführt wurde.

Als Evita am 26. Juli 1952 starb, trauerte die ganze Nation. Ihr früher Krebstod machte sie zur unsterblichen Märtyrerin. Hunderttausende pilgern jährlich auf den Friedhof La Recoleta, wo ihr Leichnam – nach jahrzehntelanger Irrfahrt – am 22. Oktober 1976 im Familiengrab der Duartes bestattet wurde. Was die Kritiker ihr vorwerfen, spielt keine Rolle mehr. Dass die Wirtschaftskraft des Landes ihre sozialen Ideen auf Dauer nicht hätte finanzieren können, ist heute genauso unbedeutend wie die Tatsache, dass sich die schöne First Lady gerne in Samt und Seide kleidete und ein Leben in Luxus führte. Fakt ist, dass Evita mehr für die Frauen ihres Landes erreicht hat als jeder andere Mensch in Argentinien.

noch im selben Jahr im „Museo de Arte Colonial" der Öffentlichkeit zugänglich machte.

Von besonderer historischer Bedeutung sind z. B. die Werke aus der „Cuzco Schule", entstanden während der Kolonialzeit. Nicht minder beeindruckend ist das koloniale Silber, das die größte öffentliche Sammlung in Südamerika darstellt. Suipacha 1422
Tel. 43270228
www.museos.buenosaires.gob.ar/mifb.htm
Öffnungszeiten: Di.–So. 14–19 Uhr, im Januar geschlossen, Do. freier Eintritt

Museo de Arte Moderno

Die geistigen Väter des „Museo de Arte Moderno" waren der Kunstkritiker Rafael Sqirru sowie der Bildhauer und Diplomat Pablo Curatella Manes, der damit gleichsam auch eigenen Werken ein Heim schuf. Zu den über 6000 Exponaten zählen außerdem Werke von Marta Minujín, Wassily Kandinsky, Romulo Macció, Emilio Pettoruti und Josef Albers, um nur einige zu nennen. Den Saal mit zeitgenössischer argentinischer Kunst sollte man übrigens nicht übergehen!
Derzeit ist der überwiegende Teil der Sammlung in den Anbau an der Calle Adolfo Alsina ausgelagert, weil das Hauptgebäude des Museums an der Avenida San Juan renoviert wird. San Juan 350
Tel. 43611121
www.museos.buenosaires.gov.ar/mam.htm
Öffnungszeiten: Mo.–Fr. 10–20 Uhr, Sa. und So. 11–20 Uhr.

Museo de Arte Popular José Hernández

Einblicke in das Leben der Ureinwohner und Gauchos gewährt dieses Museum durch seine Bibliothek, die sich der Gaucholiteratur verschrieben hat, sowie mittels einer liebevoll zusammengestellten Sammlung an kunsthandwerklichen Arbeiten. Einige der indianischen Kunstwerke kann man auch kaufen. Libertador 2373
Öffnungszeiten: Mi.–Fr. 13–19 Uhr, Sa. u. So. 10–20 Uhr, im Februar geschlossen.

Museo de la Pasión Boquense

Fußballfans werden von diesem

Museum begeistert sein! Hier können sie den Werdegang bedeutender Idole nachvollziehen und sich beim Ansehen zahlloser Videos an geschichtsträchtige Tore erinnern. Selbstverständlich wird auch die Geschichte der „Bombonera" veranschaulicht und ganz Neugierige dürfen, für ein paar zusätzliche Pesos, Stadionluft schnuppern. Möchte man am selben Tag ein Fußballspiel besuchen, so kann man das Ticket (6 US$) gleich mit der Eintrittskarte fürs Museum erstehen.
Brandsen 805, Tel. 43621100
Öffnungszeiten: Di.–So. 10–18 Uhr

Museo de la Policía Federal

Dieses Museum ist etwas für ganz Unerschrockene. Es befasst sich mit der Kriminalgeschichte von Buenos Aires und wartet mit forensischen Sektionen auf. Gänsehaut garantiert!
San Martín 353, piso 8 y 9
Tel. 43946857

Museo Evita

Das Museum, das einmal ein von Evita Perón initiiertes Heim für alleinerziehende Mütter und deren Kinder war, zeigt eine Menge Interessantes aus dem Leben der verehrten Evita. Wie es immer ist beim Personenkult, werden jede Menge persönliche Gegenstände gezeigt: Videos, historische Fotos, Plakate und sogar die Fingerabdrücke der Präsidentengattin. Weil die schöne First Lady nicht nur ein Herz für die Ärmsten der Armen hatte, sondern auch eines für kostbare Kleider, Juwelen und sündhaft teure Accessoires, darf sich die modebegeisterte Besucherin auf den Anblick ganz besonders edler Ausstellungsstücke freuen.
Afinur 2988, Tel. 48070306
www.museoevita.org

Museo Nacional de Bellas Artes (MNBA)

Bei dem Museo Nacional de Bellas Artes (MNBA) handelt es sich um das bedeutendste Kunstmuseum der Stadt. Es verfügt über eine der wichtigsten Sammlungen Lateinamerikas und beherbergt unter anderem Schätze von Lucas Cranach, Wassily Kandinsky, Paul Klee und Van Gogh.
Im Erdgeschoss finden sich in 24 Ausstellungsräumen internationale Werke vom Mittelalter bis zum 20.

Jahrhundert sowie eine riesige Bibliothek. Der erste Stock gehört den wichtigsten argentinischen Malern des letzten Jahrhunderts wie etwa Antonio Berni, Alfrede Guttero und Lino Enea Spilimbergo.
Avenida Libertador 1473
Di.–Fr. 12.30–20.30 Uhr,
Sa. u. So. 9.30 bis 20.30 Uhr

Museo de Bellas Artes de la Boca Benito Quinquela Martín

Allein seine Geschichte klingt wie aus einem Film. Am 21. März 1890 wurde Benito Quinquela Martín als Säugling vor einem Waisenhaus gefunden und sechs Jahre später adoptiert. Tagsüber auf dem familiären Kohlehof schuftend, bildete sich der Vierzehnjährige auf einer Abendschule zeichnerisch weiter und wurde drei Jahre später Mitglied des Pezzini Stiatessi Konservatoriums. Auf dem „Salón Nacional" (Nationale Ausstellung) ehrte man ihn 1920 mit dem zweiten Preis. Benito Quinquela Martín fühlte sich „seinem" Stadtteil La Boca so verbunden, dass er seine dortigen Eindrücke ein Leben lang in farbenfrohe Bilder umsetzte – ob Hafenanlagen, Schiffe oder Arbeiter. Daneben sind im Museo de Bellas Artes de la Boca aber auch noch zeitgenössische argentinische Künstler vertreten. So kann man z. B. originelle, bemalte Kielfiguren bestaunen.
Pedro de Mendoza 1835
Tel. 43011080
Öffnungszeiten: Di.–Fr. 10–17.30 Uhr, Sa. u. So. 11–17.30 Uhr, im Januar geschlossen.

Museo del Cabildo y la Revolución

Allein der „Cabildo de Buenos Aires", einstiger Regierungssitz während des Vizekönigreichs des Río de la Plata und derzeitige Unterkunft des Museums, ist einen Besuch wert. Hier wurde einst der geistige Funke der Unabhängigkeitsbewegung entzündet und im Innenhof kann man noch den original erhaltenen Brunnen von 1835 besichtigen.
Heute vermitteln im „Museo del Cabildo y la Revolución" (Nationalmuseum des Cabildo und der Mai-Revolution) Artefakte, Gemälde, Schmuck und Kleidung aus dem 18. Jahrhundert den Besuchern eine Vorstellung von der damaligen Zeit. Plaza de Mayo

Tel. 43341782
Öffnungszeiten: Di.–Fr. 10.30–17.00 Uhr, So. 11.30–18.00 Uhr

Museo del Cine

Mitarbeitern des Filmmuseums in Buenos Aires ist es zu verdanken, dass man Fritz Langs Klassiker „Metropolis" wieder in voller Länge sehen kann, denn sie fanden 2008 eine lückenlose Kopie des Stummfilms. Hauptsächlich soll das im alten „chorizo" („Würstchen") untergebrachte Museum seinen Besuchern die Geschichte des Films vor Augen führen, insbesondere die des argentinischen Kinos ab 1896 – anhand zahlreicher Utensilien, angefangen von den ersten Kameras und Projektoren über Ankleidezimmer und Plakate bis hin zu persönlichen Gegenständen berühmter Regisseure und Schauspieler.
Defensa 1220 – San Telmo
Tel. 43032882

Museo Etnográfico J B Ambrosetti

Schon beim Betreten des historischen Gebäudes von 1880 fühlt man sich in die Vergangenheit zurück versetzt. Zu sehen sind Silberarbeiten, Keramiken und Textilien der Inkas und verschiedener Indianer-Stämme. Außerdem gibt es jede Menge Informationen über Leben und Leid der Ureinwohner. Am Samstag und Sonntag finden um 16.00 Uhr Führungen statt.
Moreno 350, Tel. 43458197
Öffnungszeiten: Di.–Fr. 13–19 Uhr und Sa. u. So. 15–19 Uhr

Museo Histórico Nacional

Das malerisch auf der Westseite des „Parque Lezama" gelegene Museum thematisiert auf verschiedenste Art und Weise die Mai-Revolution und den argentinischen Unabhängigkeitskrieg. Für Besucher sind Spanischkenntnisse vorteilhaft, denn die Informationen in Englisch sind leider etwas spärlich. 1997 wurde das „Museo Histórico Nacional" übrigens zum Nationalen Historischen Monument ernannt.
Defensa 1600, Tel. 43071182

Tango argentino

Buenos Aires und der Tango sind bekanntlich untrennbar miteinander verbunden und nicht ohne

Grund gilt die Metropole am Río de la Plata als die Geburtsstätte und Welthauptstadt des Tangos.

Entwickelt hat sich dieser wohl sinnlichste aller Paartänze vor über 100 Jahren in den Bordellen und ärmeren Vororten der Stadt. Von dort aus startete er seine bis heute andauernde Welttournee.

Jedes Jahr finden in Buenos Aires ein Tangofestival sowie die Tango-Weltmeisterschaft statt. Hochkarätige Konzerte, Tango-Shows und Geschäfte gibt es fast überall. Zur großen Freude der Tango-Fans erlebt man immer mehr junge Musiker, die den melancholischen Zauber des Tangos wieder entdeckt haben und ganz eigene, völlig neue Stilrichtungen entwickeln.

Wer selbst das Tanzbein schwingen möchte, begibt sich in die zahlreichen Milongas, die täglich an über 15 verschiedenen Veranstaltungsorten stattfinden. In der Zeitschrift „El Tangauta" finden sich alle aktuellen Informationen. Und wer genau wissen möchte, an welchem Tag welches Lokal zu bevorzugen ist, sollte sich einmal auf der Seite www.tangotanzen.de/buenos-aires umschauen. Hier gibt es interessante Infos rund um den Kult-Tanz.

Hier eine kleine Liste der wichtigsten Tango-Lokale.

- Confitería Ideal (der Klassiker der Tango-Tanzlokale!) Suipacha 384
- Salón Canning (Top-Tänzer), Scalabrini 1331
- Sunderland Club (Tango auf besonders traditionelle Art), Lugones 3161
- La Viruta (Anfänger, Massentanzstunden), Armenia 1366
- La Marshall (beliebt bei homosexuellen Tanzpaaren), Maipú 444

Gut, um Leute kennen zu lernen:

Confitería Ideal

Dieses altehrwürdige, gemütliche Café ist eines der beliebtesten Lokale der Tangoszene. In der Mitte befindet sich eine große Tanzfläche und für Leute, die sich das Ganze erst einmal aus gebührender Entfernung ansehen möchten, bevor sie selbst die ersten Tango-Schritte aufs Parkett legen, ist dies der ideale Ort. Wer mutig genug ist oder

und nach einigen Gläsern selbst bestrebt ist, den erotischsten aller Tänze zu erlernen, kann an Ort und Stelle Tangokurse belegen.
Suipacha 384 – San Nicolás

Centro Región Leonesa

Das Centro Región Leonesa ist ein nostalgischer Tanzsaal im Barrio Constitución, der sich seit der Belle Èpoche kaum verändert hat. Besonders zu empfehlen ist ein Besuch am späten Donnerstagabend, wenn hier die extrem beliebte Milonga El Niño Bien stattfindet. Dann wirbeln in dem langgezogenen Tanzsaal elegant in Schwarz gekleidete Paare über das alte Parkett und man kann hervorragend die Rituale des Tanzes beobachten. Traditioneller geht's nicht, man sollte das einmal gesehen haben!
Humberto Primero 1462
Tel. 43045595

Teatro Avenida

1908 wurde dieses Theater mit einem Stück von Lope de Vega eröffnet unter der Regie der spanischstämmigen Theaterdirektorin María Guerrero. Fortan hatte sich das Teatro Avenida praktisch dem spanischen Theater verschrieben. Nach einem Brand im Jahre 1979 fast völlig zerstört, wurde es im Juni 1994 wieder eröffnet und hat heute seinen Schwerpunkt in der klassischen Oper. Per Anfahrt mit der U-Bahn ist das Teatro Avenida besonders gut erreichbar, denn von der Station „Saenz Pena" aus sind es nur noch wenige Schritte.
Avenida de Mayo 1200

Teatro Colón

Das gigantische Teatro Colón mit seinen 2500 Sitz- und 1000 Stehplätzen zählt zu den berühmtesten und zweifellos schönsten Opernhäusern der Welt. Erbaut wurde es zwischen 1889 und 1908 von einigen der renommiertesten Architekten ihrer Zeit (Francesco Tamburini, Angelo Ferrari, Victor Meano, Julio Dormal). Hier gibt sich seit seiner Eröffnung das Who is Who der Klassikszene die Klinke in die Hand. So entfachten unter anderen Maria Callas, Montserrat Caballé, Enrico Caruso, Luciano Pavarotti, Plácido Domingo, Daniel Barenboim, Richard Strauss und Sir Simon Rattle wahre Begeisterungsstürme.
Wer die Oper liebt, darf sich einen

Besuch des Teatro Colón auf keinen Fall entgehen lassen, denn die ohnehin äußerst leidenschaftlichen Argentinier quittieren ihre Begeisterung und ihren Unmut auf so unmittelbare Art und Weise, dass die Sänger sofort wissen, was am nächsten Tag über sie in den Zeitungen geschrieben steht.
Tagsüber werden auch Führungen durch die Oper angeboten.
Cerrito 628, Tel. 43787100
www.teatrocolon.org.ar/es/

TANGO-LEGENDE CARLOS GARDEL

Als Charles Romuald Gardés wurde Carlos Gardel an einem 11. Dezember geboren – ob 1890 in Toulouse (Frankreich) oder 1887 in Tacuarembó (Uruguay) ist bis heute noch nicht zweifelsfrei geklärt. Seit 1893 jedenfalls wuchs er in Abasto auf, einem Ortsteil von Balvanera (Buenos Aires), und bekam den Beinamen „El Morocho del Abasto" (Der Dunkelhäutige von Abasto) verliehen. 1902 von dem bekannten italienischen Sänger Titta Ruffo entdeckt und gefördert, kehrte er der Schule 1906 den Rücken und sang in Restaurants und Cafés. Aus einem „Tango-Duell" mit dem Sänger José Razzano gingen 1912 beide als Sieger hervor, indem sie das Duo „Gardel-Razzano" schufen.

Ab 1917, ein Jahr nach einem lebensbedrohlichen Lungensteckschuss und der Trennung von Razzano, widmete sich Gardel fast nur noch dem Tangogesang und komponierte mit seinem Partner, dem Journalisten und Dichter Alfredo Le Pera, klassische Tangos, wie z. B. „Golondrinas", „Soledad", „Volver" oder „Mi Buenos Aires querido". Daneben verfasste er aber auch Folkloristisches, englische Foxtrotts und französische Lieder. 1925 war Gardel besonders in Spanien erfolgreich, drei Jahre später debütierte er in Paris und sang in vielen Musikfilmen.

Ein Flugzeugunglück in Kolumbien riss den „König des Tangos" am 24. Juni 1935 gemeinsam mit Alfredo Le Pera und mehreren Begleitern in den Tod. Bestattet wurde Carlos Gardel in Buenos Aires auf dem Friedhof La Chacarita. Seine Lieder sind noch heute überall in der Stadt lebendig. Es heißt, wenn man vor seiner Statue am Abasto in Buenos Aires steht, kann man ihn singen hören.

Teatro General San Martín

Das dem gleichnamigen Kulturcenter angeschlossene Teatro General San Martín ist eines der bedeutendsten in Argentinien. Sowohl Bühnenauftritte als auch Kunstausstellungen und Filmvorführungen werden dort in erstklassiger Qualität geboten – ob Tanz-Darbietungen, internationale Klassiker oder Inszenierungen argentinischer Texte. Sarmiento 1551

Teatro Ópera Citi

Für die Freunde der leichteren Muse bietet sich das Teatro Ópera Citi mit seiner schlichten, aber durchaus originellen Fassade an. Stars wie Ava Gardner, Edith Piaf und Ella Fitzgerald ließen sich in diesen Räumen bejubeln und fast jeden Abend finden hier hochkarätige Chanson-Abende, Musicals, Jazz und Rockkonzerte statt.

Das Theater bietet 2500 Besuchern Platz und besitzt eine vielfältig einsetzbare Bühne, an der Decke funkelt ein simulierter Sternenhimmel. Auch der Keller des Gebäudes wird von der Kunstszene genutzt. Im „Petit Ópera" finden Sneak-Previews von Filmen und jede Menge anderer kultureller Events statt. Wie es sich gehört, kann man hier

---

Tipp in Sachen Off-Theater – Espacio Callejón

Außerordentlich empfehlenswert ist die alternative Off-Theater-Szene in Buenos Aires! Ihre Trendquartiere hat sie hauptsächlich in den Stadtvierteln Palermo, Almagro, Villa Crespo und Abasto. In der Regel wird nach den großen Sommerferien wieder geöffnet.

Besonders **zu empfehlen** ist das **„Espacio Callejón",** ein kleines, aber feines Theater, in dem herausragende Ensembles gastieren – so z. B. 2011 die junge Argentinierin Romina Paula, die mit ihrer „Compañía el Silencio" ihre originelle Fassung der „Glasmenagerie" von Tennessee Williams, „El tiempo todo entero" (Die Zeit ganz und gar), präsentierte. Unbedingt vorher **reservieren,** denn es gibt **nur 55 Plätze** und die sind schnell weg!

Humahuaca 3759, Tel. 4862/1167, www.espaciocallejón.blogspot.com

etliche Künstler bewundern, von denen mit Sicherheit einige irgendwann ein Stockwerk höher große Erfolge feiern werden.
Avenida Corrientes 860
Tel. 43261335

Nachtleben

Nirgends in Argentinien ist das Nachtleben so bunt und aufregend wie in Buenos Aires. Die Ausgeh-Viertel verwandeln sich nachts in wahre Party-Meilen und man kann sich gar nicht entscheiden, wo man zuerst hingehen soll. An der Plaza Serrano beispielsweise und in den Straßen des derzeit angesagtesten Ausgehviertels **Palermo Hollywood** reiht sich eine Bar an die andere und jede versucht durch tolle Livemusik oder spektakuläres Interieur auf sich aufmerksam zu machen.

Alleine die Graffitis und Dekorationen in dem Szeneviertel sind einen Besuch wert. Seinen Namen hat das „Palermo Hollywood" dem Umstand zu verdanken, dass mittlerweile fast alle Film- und Fernseh-Produzenten hierher gezogen sind. Seitdem ist die Dichte der Restaurants, Clubs und Bars einfach unschlagbar und nicht selten sieht man Filmteams und prominente Schauspieler durch die Gegend spazieren. Nach wie vor hoch aktuell ist natürlich das Vergnügungs-

Szenekalender für Partygänger

Dienstag: Im „Le Bar" im Zentrum spielen Indie-Bands. Dieser Abend ist Kult! (Tucuman 422).
Mittwoch: Ebenfalls total angesagt: Rocking Rio im Río Café (Honduras 4772). Auch sehr gut: +160: Abfeiern zu Drums und Base (Lavalle 345)
Donnerstag: Zuerst in die Isabel Bar (Uriarte 1664) und danach auf die Dengue Dancing Party im Gong (Av. Córdoba 634).
Freitag: Zuerst auf einen Drink ins Mundo Bizarro mit seiner herrlichen Fünfzigerjahre-Atmo (Serrano 1222), danach in den Niceto Club – gute DJ Line-ups (Av. Cnel. Niceto Vega 5510)

Nachtleben

viertel am alten Hafen von Buenos Aires. Im bunten **Stadtteil La Boca** reiht sich eine Hafenkneipe an die andere und vor allem nach einem gewonnenen Spiel im Fußballstadion der gelb-blauen Boca Juniors brennt hier die Luft!

Momentan entwickelt sich auch das Viertel **Puerto Madero** zu einem der Hotspots des Nachtlebens. Am Abend und in der Nacht kommen immer mehr junge und wohlhabende Porteños, um zu dinieren, einen Drink in einer der vielen Bars zu sich zu nehmen oder einfach ihre neuesten Kleider am Hafenbecken spazieren zu führen. Die Docks sind der perfekte Ort, um sich in moderner und stylischer Atmosphäre zu verabreden.

Vor 22 Uhr lohnt es sich kaum, sich in die Vergnügungsviertel zu begeben. Es sei denn, man möchte die Happy-Hour-Stunden nutzen, die in den meisten Bars angeboten werden. Für die meisten aber beginnt um zehn erst einmal ein ausgedehntes Abendessen in einem der vielen Restaurants. Später treffen sich die Nachtschwärmer in den Bars und Cafés der Stadt, um danach in den Clubs und Diskos bis weit in den nächsten Vormittag abzutanzen. Für jeden Musikgeschmack hält Buenos Aires etwas

Ausgehviertel Palermo, kunstvoll bemalter Kiosk

Nachtleben

bereit und die Qualität kann sich sehen lassen. Buenos Aires bei Nacht, das muss man einmal erlebt haben!

Wenn man Künstler treffen will geht man in den **Shampoo Club,** ein altes Kabarett (Quintana 362), in die Bar **Bereber** (Armenia 1880), ins **Río Café** (Honduras 4772) oder ins **Bobo Hotel** (Guatemala 4870 – Palermo Soho, Tel. 47740505). Die Teatime verbringt man im **Croque Madame Café** im Museo de Arte Decorativo (Av. Del Libertador 1902).

Antares

Im Antares dreht sich alles um das Bier, denn hier werden etliche Sorten aus eigener Produktion angeboten. Für eine gute Unterlage sorgen hervorragende Tapas. Tolle Atmosphäre und gute Chancen, nette Gespräche zu führen, wie das unter Biertrinkern halt so ist.

Von 19 bis 20 Uhr, zu einer Zeit also, in der kein normaler Argentinier sich in irgendeiner Kneipe blicken lässt, gibt es die Happy Hour. Jeden Montag gibt es Live-Musik und am Mittwoch kann man seine eigene Musik mitbringen.

Armenia 1447 – Palermo

Amerika

Die Diskothek ist ein bisschen verrucht, aber in jedem Falle einen Besuch wert. Hier tummeln sich Transvestiten, Schwule, Lesben und Leute wie du und ich. Gespielt wird Techno, Cumbia, Salsa und 80er Jahre-Musik und zwischendurch gibt es Showeinlagen von Barby, dem hausinternen Transvestiten-Showgirl. Am besten kommt man am Freitag oder Samstagnacht. Meistens gibt es dann „Canilla libre", sprich einen günstigen Einheitspreis für alle Getränke. Sonntags ab 9 Uhr treffen sich die müden Tänzer dann im „Chill out", um die lange Nacht ausklingen zu lassen und bei tranciger Musik zu entspannen.

Gascon 1040

Bahrein

Der Club des Restaurants Bahrein bietet drei verschiedene Lounges: die „Yellow Bar", das „XSS Excess" und den „Funky Room". Im Bahrein dürfte für jeden Musikgeschmack etwas dabei sein, die Stimmung ist großartig. Jeden Dienstag liegt der Fokus bei Drum & Bass, am Samstag gibt's heiße Rock-Nächte.

Lavalle 345 – Microcentro

Nachtleben

Bar Baro

Das geschichtsträchtige alte Gebäude beherbergt im Erdgeschoss eine Bar, in der man im Sommer draußen sitzen kann, darunter befindet sich ein gutes Restaurant. Bereits beim Eintreten wird man von einem Ambiente überrascht, das eher untypisch für ein Flamenco-Restaurant ist, und auch die Küche entspricht ganz und gar nicht der Tradition. Die Flamenco-Shows allerdings machen das wett und übertreffen alle Erwartungen.

Weil Shows nur sporadisch stattfinden, sollte man sich vorher danach erkundigen.

Tres Sargentos 415 – Retiro
Tel. 43116856
www.barbarobar.com.ar

Cantares

Kein Geringerer als Hector Romero, einer der beliebtesten Flamenco-Gitarristen, spielt im zentral gelegenen Cantares. Zu essen gibt es wunderbare, spanische Tapas. Die Shows finden in der Regel von Donnerstag bis Sonntag statt. Weil es recht voll werden kann, sollte man einen Tisch reservieren.

Rivadavía 1180 – Congreso
Tel. 43816965
www.cantarestablao.com.ar

Casa Pedraza

Hier kann man mit etwas Glück die Geburtsstunde eines Stars miterleben, denn das „Casa Pedraza" bietet nicht nur „World Music in Belgrano", es ist überdies eine Talentschmiede und noch ein echter Geheimtipp für Touristen. Lokale Bands zeigen hier ihr oftmals hochkarätiges Können und dies ist oft außergewöhnlich! Will man also mal etwas Außergewöhnliches erleben und nicht zuviel ausgeben, dann nichts wie hin am nächsten Freitag! An einer kleinen Bar gibt es hausgemachte Empanadas sowie den traditionellen Fernet.

Manuela Pedraza 2630 – Belgrano

Cheetara

Eine bei Einheimischen sehr beliebte und angenehm überschaubare Diskothek ist das „Cheetara" in Villa Devoto. Im Vergleich zu den angesagtesten Großraumdiscos der Stadt finden hier „nur" 6000 Nachtschwärmer Platz und Touristen verirren sich so gut wie gar nicht hierher. Tolle Lichtershows, ein gu-

ter Musikmix, Karaoke, Tombolas, coole Vorführungen und witzige Animateure machen den Club-Besuch zu einem echten Erlebnis.
Avenida Francisco Beiro 2575

Club 69

In dem legendären Club tummeln sich zwischen fantasievoll gestylten Transvestiten neuerdings jede Menge Touristen. Es hat sich herumgesprochen, dass es hier immer was zum Gucken gibt und sich ein Besuch alleine dank der spektakulären Breakdance-Einlagen rentiert. Wie in vielen anderen Clubs erscheinen die meisten Leute hier recht früh am Morgen. Wer die Zeit bis 2 Uhr in der Nähe überbrücken möchte, kann es sich auf der Terrasse der gegenüber liegenden Bar Carnal gemütlich machen.
Federico Lacroze 3455 – Palermo

Cronico

Die Cronico Bar an der Plaza Serrano ist genau der richtige Ort für Rockmusik-Freunde. Überall hängen Rock LP's und alte Fotos von Rock-Stars und wie es sich für eine

---

Tipp! La Bomba de Tiempo

Die Gruppe tritt jeden Montag auf und setzt sich aus ungefähr einem Dutzend Schlagzeugern zusammen, dirigiert von Santiago Vasquez. Dabei vereinen sich die Rhythmen der Trommler, steigern sich und gehen schließlich auf in einer fantastischen, von Energie nur so sprudelnden, wilden Show mit dem Flair des südamerikanischen Karnevals. Und das schier Unglaubliche daran – alles ist völlig improvisiert! Dabei ist jede Show anders, denn jede Woche verleiht ein Gastmusiker – vom DJ bis zum Folkgitarristen – diesem Spektakel seine ganz individuelle Note. Hingerissen tanzt das Publikum, darunter viele Backpacker und Rastas, die ganze Nacht durch. Eine wirklich ansteckende Atmosphäre, in die man unbedingt mal eintauchen sollte!
Im Winter findet die Show in einem großen Warenhaus statt, auf dem Gelände des Konex-Komplexes in Abasto, im Sommer im Freien, unter den Sternen – zum Sparpreis!
Sarmiento 3131 – Abasto, Tel. 58643200, www.labombadetiempo.com

ordentliche Rockbar gehört, gibt es leckeres Bier und Fastfood vom Feinsten sprich Pizzas mit extrem viel Käse! Außerdem ist die Ecke an sich legendär zum Ausgehen. Unbedingt mal hinschauen!
J. L. Borges 1646 – Palermo

El Podesta Super Club
Diese zweistöckige Disko liegt im angesagtesten Ausgehviertel der Stadt und wird viel von einheimischen Studenten und Touristen frequentiert. Oben legen DJs elektronische Musik auf, unten gibt's gemischten Rock und Pop in coolem Ambiente. Wer vor ein Uhr kommt, muss keinen Eintritt bezahlen, danach sind 15 bis 25 Pesos fällig.
Armenia 1740 – Palermo

Frank's Bar
Es lebe die Prohibition. Jeder redet über diese geheimnisvolle Szene-Bar, in die man nur per Passwort kommt. Das muss man auf Facebook herausfinden. Sämtliche Besucher, die es geknackt haben, waren hingerissen von dem „geheimen Ort" mit seinen pompösen Kronleuchtern, der glamourösen Einrichtung und den spektakulären Cocktails. Also einfach mal ausprobieren oder jemanden fragen, der gerade heraus kommt. Einen Versuch ist es wert! Arevaleo 1445 – Palermo Hollywood

Milion
Das Milion ist ein beliebter Nachtclub, der sich in einem vornehmen Altbau befindet. In den verschiedenenen Räumen ist genug Platz zum Tanzen und Cocktail-Schlürfen und wer Lust hat, sich mit köstlichen Tapas zu stärken, macht es sich in dem schönen Restaurant gemütlich. In einer lauschigen Nacht ist es im Garten besonders schön.
Paraná 1048 – Barrio Norte

Mundo Bizarro
Diese Bar im Retrostil der 50er Jahre ist der wahr gewordene Traum eines jeden Cocktail-Fans. Neben den Klassikern gibt es jede Menge fantasivoll präsentierter Kreationen besonders pfiffiger Barkeeper. Spätestens vor dem dritten Drink sollte man für eine ordentliche Unterlage gesorgt haben. Besonders zu empfehlen sind hier die mexikanischen Gerichte, frische Salate und die leckeren Sandwiches. Serrano 1222

Nachtleben

Pachá

Disko- und Clubfans kommen an der ältesten und bekanntesten Party-Location nicht vorbei. Obwohl der Eintritt höher ist als andernorts, stehen die Besucher ab 2.00 Uhr nachts Schlange am Eingang, um den Sounds der berühmten, internationalen DJs zu lauschen und bis zum Vormittag abzutanzen. Am besten kommt man etwas früher, um sich die Warteschlange zu ersparen. Außerdem ist das Essen recht lecker und die Cocktails – dem hohen Preis angemessen – einfach fantastisch.
Avenida Costanera – Norte

Rumi

Gut frequentiert ist auch das „Rumi" im eleganten Stadtviertel Belgrano. Während am Mittwoch regelmäßig Afteroffice-Partys stattfinden, wird am Freitag bis zum Morgen auf Pop und Rock und am Samstag auf Elektro-Ambient getanzt. Die meisten Besucher stärken sich vor der langen Nacht im hauseigenen Restaurant. Die Qualität und das Preis-Leistungs-Verhältnis der Speisen sind absolut in Ordnung. Figueroa Alcorta 6442 y La Pampa, Belgrano

Soul Café

Der Besitzer dieses Bar-Restaurants ist der argentinische Rockstar Fabián von Quintiero und so wundert es nicht, dass die Besucher mit guter Soul- und Funk-Musik unterhalten werden. Im Boogie-Restaurant gibt es hervorragendes Sushi. Das leichte Essen ist genau richtig, um hinterher ordentlich abzurocken. Tolle Atmosphäre!
Baez 246 – Las Canitas

Thelonious Jazz Club

Der Name ist Programm. Benannt nach dem legendären Jazz-Pianisten Thelonious Monk, kann dieser Club gar nicht anders, als Life-Jazz vom Feinsten anzubieten. Alles andere wäre schließlich eine Beleidigung. Hier stimmt einfach alles: die Qualität der Musiker, die Beleuchtung, der Sound, die Cocktails … alles eben! Da der Raum nicht allzu groß ist, empfiehlt es sich, rechtzeitig zu kommen, um vorne einen guten Platz zu kriegen.
Salguero 1884 – Palermo

Tiempo de Gitanos

Wer traditionellen Flamenco liebt, kommt im „Tiempo de Gitanos"

sicher auf seine Kosten – trotz des relativ hohen Preisniveaus. Von Mittwoch bis Freitag finden Shows mit Auftritten von Schlagzeugern, Gitarristen, Sängern und Tänzern statt. Es empfiehlt sich, einen Tisch zu reservieren. El Salvador 5575 – Palermo, Tel. 47766143
www.tiempodegitanos.com.ar

Virasoro

Klein, aber fein ist diese Jazz-Bar in Palermo, und auch die Preise bleiben im Rahmen. Nichtsdestotrotz wird hier „World-Music" geboten. Hat man das Glück, einen Platz nahe der kleinen Bühne zu ergattern, so kann man das virtuose Spiel des Trompeters auch optisch genießen – eingehüllt in Kerzenschein und gedämpftes Rotlicht.
Guatemala 4328 – Palermo
Tel. 48318918
www.virasorobar.com.ar

Eigenarten und Kurioses

Die süßeste Versuchung der Welt: Dulce de leche

Dulce de leche darf ohne Übertreibung als eines der **Nationalgerichte** Argentiniens bezeichnet werden. Das Land versuchte im Jahre 2003 sogar, das Zuckerzeug als Weltkulturerbe bei der UNESCO anzumelden, was am Protest des Nachbarlandes Uruguays allerdings gescheitert ist.

Manfred Klemann schlürft Mate von Adrian Heynen beim Besuch einer Estancia

Eigenarten und Kurioses

Hergestellt wird das klebrigste Zeug der Welt, indem man Milch, Zucker und Vanille stundenlang und unter ständigem Rühren bei niedrigster Hitze in einem Kupfertopf kocht. In Buenos Aires kommt man an der pappsüßen und kalorienreichen Creme mit Sicherheit nicht vorbei. Denn Dulce de leche lauert überall: als Weißbrotaufstrich am Frühstückstisch oder als Füllung in den berühmten Alfajores, als Tortenfüllung, in Eis, Flan oder Pudding.

Stundenweise „schlafen"

Nirgends auf der Welt gibt es so viele **Stundenhotels** wie in diesem Land. Viele Argentinier treffen sich dort heimlich mit ihrer Geliebten, andere wissen einfach nicht wohin, vor allem Paare ohne Trauschein, die noch bei ihren Eltern leben. Kein Wunder, dass die üppig ausgestatteten **„transitorios"** heiß begehrt sind. Hier können sich die Liebenden sicher sein, dass niemand von ihrem Schäferstündchen etwas mitbekommt. Man betritt die Zimmer ungesehen und selbst die Bezahlung erfolgt anonym durch eine Schiebetür. Nicht selten sind die Etablissements mit Whirlpool und anderem Komfort ausgestattet und wer ein gerade wenig frequentiertes Stundenhotel findet, kann für eine Nacht einen guten Preis aushandeln. Bequemer als die üblichen Hotels sind diese Liebesherbergen allemal.

Mate – das Nationalgetränk

Ein Leben ohne Mate ist für den Argentinier undenkbar. Selbst während der Autofahrten verzichten die Leute nicht auf ihren Yerba, den sie in einer runden Kalebasse mit heißem Wasser aufgießen und dann durch die **bombilla** (eine Art Strohhalm) geräuschvoll in sich hinein schlürfen. Das **Lebenselixier** der Argentinier wirkt stimulierend, hungerstillend, verdauungsanregend und gilt obendrein als äußerst gesund und vitaminreich.
Besonders gerne wird der Mate in großer Runde getrunken und dies ist dann ein gesellschaftliches Ritual: Sobald einer das Gefäß ausgetrunken hat, wird es neu aufgegossen und solange weiter gereicht, bis der Sud keinen Geschmack mehr hat. Dass alle Beteiligten aus der gleichen bombilla trinken,

scheint niemanden zu stören. Wer „danke" sagt, muss sich nicht wundern, wenn die Kalebasse an ihm vorbei gereicht wird. Denn „gracias" bedeutet, dass man nichts mehr möchte.

Der Aberglaube und seine irren Blüten

Gerade mal ein Jahr war Carlos Menem Staatspräsident von Argentinien, aber das hat ausgereicht, um die abergläubischen Argentinier davon zu überzeugen, mit ihm stimme etwas nicht, er habe den „bösen Blick", und selbst wenn man nur seinen Namen laut ausspreche, werde man vom Unglück verfolgt. Gabriela Sabatini kann beispielsweise ein Lied davon singen, denn kaum lieferte sie sich ein Match mit dem Präsidenten, verstauchte sie sich doch glatt den Fuß. Ungleich schlechter ging es zwei Menem-Ministern, die während seiner kurzen Regierungszeit das Zeitliche segneten, und auch an gewonnenen und – noch lieber – an verlorenen Fußballspielen gab die Bevölkerung dem Mann die alleinige Schuld. Sobald irgendwo sein Name fällt, fassen sich Männer an die Hoden und Frauen an die Brust, um das Allerschlimmste abzuwenden. Wer das nicht glaubt, kann es ja mal ausprobieren – an einem öffentlichen Ort laut seinen Namen rufen …

Echt oder nicht – oft trügt der Schein

Wenn auf der Straße zufällig Diego Maradona oder Tango-Legende Carlos Gardel an einem vorbei schlendert, dann handelt es sich wahrscheinlich (bei zweitem ganz ohne Zweifel) um ein Double. Doppelgänger gibt es nämlich wie Sand am Meer und wenn sie nicht so aussehen, dann klingen sie zumindest so wie jener berühmte Tangosänger, der als „Gardelito" die Damenherzen zum Schmelzen brachte.

Asado – ohne Fleisch geht gar nichts

„Wir machen ein Asado", ist sicherlich einer der beliebtesten Sätze in Argentinien und wer zu einem Asado eingeladen wird, kann sich glücklich schätzen. Denn nicht umsonst gibt es in diesem Land die schmackhaftesten Rinder der

Eigenarten und Kurioses

Welt, die dann als saftiges Steak oder als Blut- und Bratwurst auf dem Grill landen. Wer Gast bei dem gesellschaftlichen Ereignis ist, darf sich über ein ausgedehntes Mahl freuen, das meistens mit würzigem Grillkäse beginnt und dann so ziemlich alles zu bieten hat, was ein Rind so hergibt: Nach den Würsten kommt der **Darm (chinchulines)** und der **Bries (mollejas)** und schließlich das **Filet (lomo)** oder das von Kennern bevorzugte **Rumpsteak (bife de chorizo)**.

Ein sehr melancholisches Völkchen!

Man sagt, in Recoleta blühten die Jacaranda-Bäume und die Neurosen. Da muss etwas dran sein, denn nirgends auf der Welt gibt es eine derartige Dichte an Psychiatern und Therapeuten wie in diesem Stadtteil. Selbst in New York, die Stadt der Neurotiker par excellence, kommen auf 100.000 Einwohner gerade mal 100 Therapeuten, während es in Buenos Aires 795 sind. Der Grund mag wohl an der großen Zahl von Einwanderern und ihren Geschichten liegen, an Flucht vor Krieg und Armut und natürlich an den Folgen der Militärdikatur und den vielen Toten des Falkland-Krieges.

Hundeausführer – ein begehrter Job

Man sieht sie in Buenos Aires überall: Die Hundeausführer, die buchstäblich alle Hände voll zu tun haben und oft mit mehr als zehn Tieren an der Leine durch die Stadt spazieren. Wie die Hundesitter es anstellen, nicht ständig über die Leinen zu stolpern, ist einem ein echtes Rätsel. Oft sieht man die ihnen anvertrauten Tiere, die ja eigentlich Auslauf kriegen sollten, angebunden an einem Zaun oder einer Laterne in trauter Gemeinschaft mit weiteren Artgenossen in der Sonne dösen. Ihre Aufseher sitzen um die Ecke im Café beisammen und vertreiben sich die Zeit mit einem Kartenspiel.

Shopping

Buenos Aires ist ein Traum für alle Shopping-Freunde. Unzählige **Märkte, Boutiquen und Einkaufszentren** bieten eine Fülle ausgefallener Stücke und schöner Mitbringsel. Vor allem **Lederwaren** kann man hier gut kaufen. Die Qualität kann sich sehen lassen und die Preise für Schuhe, Jacken oder Gürtel sind erheblich niedriger als bei uns.

Die **Fußgängerzone Florida** ist eine der schönsten Einkaufsmeilen der Stadt. Hier gibt es zahlreiche hochpreisige Designer-Boutiquen und edle Schmuckläden. Das schönste Kaufhaus der Gegend, wenn nicht das prächtigste von ganz Buenos Aires, befindet sich ebenfalls hier. **"Galerías Pacífico"**, so heißt der Gebäudekomplex, der Ende des 19. Jahrhunderts im französischen Stil erbaut wurde und vor allem bei Einbruch der Dunkelheit eine Eleganz ausstrahlt, wie es sonst nur das Londoner Harrod's zu bieten hat. Kunsthistorisch nimmt das Gebäude ebenfalls einen hohen Stellenwert ein, denn in seinem Inneren finden sich Gewölbedecken mit Gemälden berühmter argentinischer Künstler. Edle Geschäfte und etliche Cafés und Restaurants locken die Kunden heute in sein elegantes Inneres. Ganz oben befindet sich das **Centro Cultural Borges**, ein Kulturzentrum mit wechselnden Angeboten. Auch im Szene-Bezirk **Palermo Viejo** gibt es jede Menge Shops, die ausgefallene Designer-Klamotten verkaufen.

Wer Kleidung für den kleineren Geldbeutel sucht, ist mit den Einkaufsmeilen von Once (nahe der Plaza Miserere) gut beraten. Antiquitäten im altspanischen Stil gibt es auf dem Markt von San Telmo. Handeln ausdrücklich erlaubt!

Luxus und Nostalgie – die Avenida Alvear hat beides

Das **Viertel Recoleta** ist eines der exklusivsten der Stadt. Auch das **Luxushotel "Alvear Palace"** befindet sich hier, das berühmt ist für seinen Sonntags-Brunch. In der Avenida Alvear reiht sich ein Designer-Laden an den anderen und auch die darum liegenden Straßenzüge zeugen von einer glamourösen Vergangenheit. Wer viel Geld ausgeben kann und möchte, ist hier genau richtig. Und wer einen Hauch von jenen eleganten Städten Europas schnuppern möchte, wie sie vor dem Zweiten Weltkrieg ausgesehen haben, kann hier eine Zeitreise in die Vergangenheit unternehmen.

Plaza Serrano

Während sich am Abend die Plaza Serrano in eine Partymeile verwandelt, werden tagsüber in den coolen Locations die Kreationen junger, emporstrebender Designer angeboten. Am **Sonntag** findet hier zusätzlich ein toller **Flohmarkt** statt. Wer etwas besonders Ausgefallenes sucht, ist hier genau richtig und kann sich nach dem Shopping in einer der vielen Bars und Restaurants den ersten Mojito des Abends genehmigen.

Galerías Bond Street

Diese Straße ist der Shopping-Himmel für rebellische Teenager und Leute mit besonders ausgefallenem Geschmack. Extravagante Schuhe und Kleider warten auf mutige Käufer und allerlei Krimskrams und Schischi verleiten zum Kauf jeder Menge verrückter Mitbringsel. Unzählige Tattoo-Nadeln summen an jeder Ecke, denn in dieser Gegend gibt es die größte Dichte an Tattoo- und Piercing-Läden.

Mode

Maria Cher (El Salvador 4724), **A.Y. Not Dead** (J Alvarez 1905), **Lupe** (El Salvador 4567) und **Jazmín Chebar** (El Salvador 4702), **Pablo Ramirez**, der seinen Store in San Telmo, im Süden der Stadt hat (Perú 587). **Mariano Toledo** (Armenia 1450), **Rapsodia** (Avenida Santa Fé), **Complot** (Av. Santa Fé 2058), **Mores Trash Couture** (Angel Carranza 1979). Bei **Muscaria** (Gurruchaga 1739), **Tramando** (Avenida Salguero 3212), **Josefina Ferroni** (Armenia 1471)

Schuhe:

Justa Osadia (Armenia 1577), bei **Ricky Sarkany** (Av. Santa Fe 1610) oder **Paruolo** (Av. Santa Fe 3253 Local 1015)..

Hüte:

Cecil Sain (Av. Quintana 591)

Lederwaren:

bei **Prüne** (Av. Santa Fé 3253).

Shopping

Schmuck:
Carolina Gonzalez Iwanow
www.portamentojewelry.com

Die schönsten Flohmärkte

Ein schöner Floh- und Kleinkunstmarkt findet jeden Samstag und Sonntag auf der **Plaza Francia** statt. Angeboten werden unter anderem feine Lederwaren, wunderschöner Silberschmuck und Keramik.

Der sicherlich schönste Flohmarkt von Buenos Aires ist die rund um die Plaza Dorrego stattfindende **Feria de San Pedro Telmo.** Hier findet man so ziemlich alles, was alt und kostbar ist, angefangen von ausgefallenem Schmuck, wunderschönen Kronleuchtern, Kriegsandenken bis hin zu alten Grammophonen und Schallplatten (Defensa, Ecke Humberto 1). Fast immer tritt eine Tangogruppe auf und manchmal sogar ein ganzes Orchester. Die Stimmung ist grandios und animiert dazu, selbst das Tanzbein zu schwingen.

Auch der **Hippie Markt** vor dem Centro Cultural Recoleta ist sehenswert, er findet jeden Samstag und Sonntag statt und bietet jede Menge Kunsthandwerk, Trödel und Schmuck.

Ein bisschen weiter vom Schuss, aber unbedingt besuchenswert ist die **Feria de Mataderos,** ein bunter sonntäglicher **Jahrmarkt** im Stadtviertel Mataderos. Mittlerweile hat es sich auch bei den Touristen herumgesprochen, dass dies ein besonderer Ort ist, trotzdem gehört die Szene noch weitgehend den Einheimischen. Neben Lederwaren, Kunsthandwerk, Musik und Tanz gibt es auch Reitervorführungen und köstliche Grillspezialitäten (Avenida Lisandro de la Torre, Ecke Los Corrales). Nirgends kommt man der Folklore Argentiniens näher als hier!

Weine

Eine große Auswahl an argentinischen Weinen bietet der schöne **Laden „Alpataco"** in der Avenida Alvear. Die Bandbreite von Rebsorten, Anbaugebieten und Preisen ist nahezu unglaublich. Außerdem bekommt man hier auch besonders edle, mit Silber verzierte Mate-Gefäße, kostbare Lederwaren, Geldklammern und etliche Mitbringsel für den gehobenen Anspruch.

Leder und mehr
Cardon – Cosas Nuestras
Eines der schönsten Geschäfte in ganz Buenos Aires befindet sich auf der schicken Avenida Alvear. Angeboten werden feinste Lederwaren, Damen- und Herrenkleidung, Gaucho-Utensilien, Reiterbedarf wie Sattel- und Zaumzeug aus Leder und Silber, edle Messer und kostbarer Silberschmuck. Einfach alles, was man hier in die Hand nimmt, ist edel und von höchster Qualität. Alleine das Herumstöbern in dem wunderbaren Laden lohnt sich!
Avenida Alvear 1847

Buchladen El Ateneo

Bücher
El Ateneo
Im Grunde ist der Buchladen El Ateneo schon so etwas wie eine Sehenswürdigkeit in Buenos Aires und ein echtes Highlight für Bücherfreunde. Das prächtige Geschäft befindet sich in einem alten Theater und späterem Kino, woran Deckenmalerei, Beleuchtung und Bühnenvorhang erinnern. Hier kann man stundenlang in Bildbänden und Büchern zu stöbern.
Avenida Santa Fé 1860 –
Barrio Norte

Mode für Männer
Die **Brüder Estebecorena** stellen hochqualitative Herrengarderobe her. Egal ob klassisch oder modern, hier ist für jeden Geschmack und tatsächlich auch für jeden Geldbeutel etwas dabei. Läden in Palermo Viejo, El Salvador 5960 und im Paseo Alcorta Shopping Center
www.hermanosestebecorena.com

Tango-Schuhe handgemacht
In dem Laden **„Flabella"** gibt es Tangoschuhe für Damen und Her-

Unterwegs-Spezial

SCHÖNHEITSWAHN IM BARBIE-LAND

In Buenos Aires leben nicht nur die meisten Psychiater, sondern auch die meisten Schönheitschirurgen Südamerikas. **Und nicht zu vergessen: die schönsten Frauen der Welt.** So sagt man jedenfalls.

Dass diese Dinge irgendwie in Zusammenhang stehen, wundert niemanden so recht. Denn wo der Schönheitswahn regiert, wächst der Druck ins Unermessliche. Nirgends werden die Mädchen schon von Kindesbeinen von ihren Müttern so auf Schönheit getrimmt wie hier. „Ach wie niedlich", möchte man ausrufen angesichts einer Dreijährigen, die komplett gestylt in ihrem modischen Outfit auf ihren kleinen, lackierten Füßchen daher kommt. „Gott wie grauenhaft", denkt man als nächstes, sobald man die stolze Mutter betrachtet, die ihr Kind vorführt wie eine Barbie-Puppe und schon jetzt davon träumt, eines Tages mitsamt ihrer höchstpreisig verkauften Tochter in das Haus ihres superreichen Schwiegersohns einzuziehen.

Die kleinen Mädchen sollen bitteschön sämtliche Schönheitswettbewerbe gewinnen, Bildung und Intelligenz sind da eher vernachlässigenswert. Kein Wunder, dass jedes zehnte Mädchen in Argentinien an Magersucht leidet und sich spätestens mit sechzehn die Lippen aufspritzen lässt und die Eltern um Brustimplantate anbettelt, bevor sich der Busen richtig entwickeln konnte. Man muss sich nur einmal die Fernsehwerbung ansehen, um zu verstehen, wie dominant das Geschäft mit der Schönheit in Argentinien ist und wie aggressiv die Kosmetikbranche die Frauen von Kleinauf beeinflusst.

Wen wundert es da, dass in Buenos Aires der **erste Barbie-Store der Welt** eröffnet wurde, in dem die kleinen Mädchen sich schminken und frisieren lassen und überhaupt alles kaufen können, was eine Barbie in ihrer perfekten Welt so benötigt. Auf einem Laufsteg dürfen die gestylten Mädchen ihre Kleider vorführen und in einem Barbie-Café mit den Freundinnen rosarote Muffins essen. Für die kleinen Möchtegern-Models natürlich der absolute Traum, für andere der wahr gewordene Albtraum.

Wer den rosapinken Wahnsinn einmal selbst erleben möchte, hier die Adresse:
Scalabrini Ortiz 3170 – Palermo.

ren in allen Größen und Farben.
San Nicolas, Suipacha 263,
www.flabella.com

Shoppingcenter
La Plaza Shopping Centre
Hier findet eine Art „Erlebnis-Shopping" statt, denn den Besuchern wird das Geldausgeben mit Open-Air-Theater und Live-Musik versüßt. Außerdem gibt es jede Menge Restaurants, in denen man gut essen kann. Corrientes 1600

Alto Palermo
Wer Kinder- oder Damenbekleidung, Sportartikel und Schuhe sucht, ist hier genau richtig. Vor allem Familien mit Kindern kommen gerne hierher, weil es im obersten Stockwerk eine Art Vergnügungspark für Kinder mit einer tollen Schiffschaukel gibt.
Coronel Díaz 2098

Patio Bullrich
Diese Mall beherbergt zahlreiche teure Edelboutiquen nationaler und internationaler Modedesigner. Hier gibt es Kleidung, Accessoires, Schuhe und Schmuck für die gehobenen Ansprüche.

Tipps für Ausgefallenes

Juana de Arco: Eines der schönsten und ausgefallensten Kleidergeschäfte der Stadt. Die einzigartigen Kreationen wirken, als wären sie gerade einem Traumland entsprungen. El Salvador 4762 – Palermo Soho.

Lust auf ein Mitbringsel der besonderen Art? Das Tattoo Studio **Welldone Tattoos** ist nicht nur eines der besten der Stadt, sondern vielleicht sogar DAS beste. Ein Souvenir mit lebenslanger Haltbarkeit – warum nicht? Gorriti 4421, 48326160, welldonetattoos@hotmail.com.

Der **Friseursalon „Roho Peluqueria"** ist ein Kunstwerk für sich. Man sollte sich den verrückten Laden unbedingt einmal ansehen. Er gleicht mehr einem Club denn einem Friseursalon und repräsentiert die Kunstszene der Stadt wie kein anderer. Ein echter Starfriseur und nicht ganz billig. Malabia 1931, Palermo, Tel. 4833-7227/9545

Ausflugs-Tipps

Tigre-Delta

Das beliebteste Ausflugsziel der Einwohner von Buenos Aires ist die kleine, nur 35 Kilometer entfernte Stadt Tigre und das Delta, das es umgibt. Etliche Kanäle, Seitenarme und Nebenflüsse durchziehen dieses Gebiet, das von rund 5000 Menschen bewohnt wird. Die Einheimischen leben von der Holzgewinnung, dem Obstanbau und der Herstellung von Weidengeflecht, das sie auf dem schönen Markt von Tigre verkaufen. Die Fortbewegung findet in dieser Gegend vor allem auf dem Wasser statt. Unzählige schwimmende Taxis, Segel- und Motorboote und Katamarane sind unterwegs und machen den Aufenthalt zu einem exotischen Erlebnis. Das Freizeitangebot ist vielfältig und wer nicht gerade angeln oder Wasserski laufen möchte, kann durch einen Freizeitpark spazieren oder über den bunten Markt im Puerto Tigre schlendern. Das Delta, das seinen Namen ursprünglich einer Jaguarart verdankt, die früher einmal hier anzutreffen war (tigre americano), erreicht man von Buenos Aires aus am besten mit dem Zug von der Plaza San Martín aus oder vom Bahnhof La Recoleta.
Tipp: Im **Sommer** herrscht **Moskito-Alarm**. Die Biester können ganz schön lästig werden, es empfiehlt sich daher, den Bungalow nicht ohne „Autan" zu verlassen!

Alpenhaus, Hotel Spa und Restaurant – Geheimtipp

Wer Heimweh bekommt und sich nach **deutscher Küche** und nach gutem **Fassbier** aus der Heimat sehnt, sollte das berühmte Alpenhaus aufsuchen und sich dort in einer der exklusiven Bungalow-Suiten mit Blick auf den Fluss niederlassen. Für Spa-Freunde ist dieses Hotel der ideale Ort. Angeboten werden Ausflüge mit Kajaks und Indianerbooten und wohltuende Massagen. Außerdem gibt es eine große Parkanlage für ausgedehnte Spaziergänge.
Arroyo Rama Negra a 500 mts del Río Capitán, Buenos Aires

La Becasina Delta Lodge

Wer aus der hektischen Stadt in absolute Ruhe und traumhafte Natur flüchten möchte, sollte sich ein paar Tage in dieser luxuriösen Anlage gönnen. Schon die Bootsfahrt zu dieser Lodge ist ein Genuss für die Sinne. Die sehr geschmackvoll eingerichteten Bungalows sind auf Pfählen gebaut und von Bäumen und Wasser umgeben. Es gibt nichts Schöneres, als es sich auf den bequemen Liegen der eigenen Terrasse gemütlich zu machen und dem Gesang der Vögel zu lauschen. Seine Zeit verbringt man mit Lesen, Schwimmen, Massagen, Angeln oder Kajakfahren. Das 3-Gänge-Menü lässt keine Wünsche offen!

Arroyo Las Canas, Tigre

Luján – Unterwegs auf Pilgerwegen

75 Kilometer westlich von Buenos Aires befindet sich einer der bedeutendsten Wallfahrtsorte Südamerikas. Kaum ein gläubiger Argentinier würde auf die Gelegenheit verzichten, die Kathedrale von Luján zu besichtigen, wenn er die Hauptstadt des Landes besucht. Jedes Jahr im Oktober wird das kleine Städtchen mit seinen gerade mal 76.000 Einwohnern von Tausenden wanderfreudigen Pilgern aus Buenos Aires angesteuert. Etwas komfortabler haben es die Gläubigen, die von Luján aus den Pilgerweg in Richtung San Nicolás de los Arroyos nehmen. Diese dürfen dann ganz altmodisch, aber trockenen Fußes im Pferdewagen reisen.

Die Legende der Wallfahrtskirche ist beispielhaft für Argentinien: Einst sollte eine Marienstatue von Buenos Aires nach Brasilien gebracht werden, doch der Transportkonvoi stoppte plötzlich in der Nähe von Luján und von da an war die Statue der Mutter Gottes nicht mehr von der Stelle zu bewegen. Der Karren steckte in der Erde fest und bewegte sich keinen Millimeter weiter. Dies konnte nur als göttliches Zeichen verstanden werden und so beschloss man, die Figur an Ort und Stelle zu belassen. Die erste Kapelle wurde bereits 1671 errichtet, aber aufgrund der ständig anwachsenden Pilgerströme brauchte man immer mehr Platz und 1930 schließlich wurde dann die riesige Basilika von Luján im neogotischen Stil eingeweiht. Sie ist das größte und in jeder Hinsicht bedeutendste Bauwerk der Stadt. Sehenswert sind neben dem Gotteshaus auch das historische Kolonialmuseum und das Transportmuseum, das zu den interessantesten des Landes zählt.

Schnell mal nach Uruguay

Man sagt, Montevideo sei die kleinere und gemütlichere Kopie von Buenos Aires. Es lohnt sich, einen Abstecher in die Hauptstadt Uruguays zu unternehmen, zumal sich die Stadt gleich gegenüber der Provinz Buenos Aires auf der anderen Seite des Río de la Plata befindet. Die Fahrzeit beträgt keine drei Stunden und wenn man schon am frühen Morgen losfährt, hat man genug Zeit, ausgiebig die Stadt zu erkunden. Zwar gibt es jede Menge organisierter Touren, aber davon sollte man Abstand nehmen, weil Touristen von den Reiseführern gerne in große Einkaufszentren gefahren werden und nicht – wie es sein sollte – an den Hafen oder in die hübsche Altstadt. Da ist es schon ratsamer, die Überfahrt nach Uruguay auf eigene Faust zu unternehmen. Unbedingt empfehlenswert ist ein Besuch des Hafenmarktes. Hier kann man gut essen, dem bunten Treiben der Händler und Trommelgruppen zusehen und preiswerte Mitbringsel erstehen. Auch die malerische Altstadt sollte man auf keinen Fall auslassen. Mit ihren steil abfallenden, engen Kopfsteinpflaster-Gassen und den hübschen Steinhäuschen gehört sie mittlerweile zum Unesco-Weltkulturerbe.

Der größte Fährenanbieter für den Trip nach Montevideo ist das Unternehmen Buquebus, Avenida Antártida Argentina 821,
Tel. 43166500

Nützliche Adressen in Buenos Aires

Apotheken

Apotheken sind an jeder Ecke zu finden und es gibt immer mindestens eine, die rund um die Uhr geöffnet ist. Die Farmacity-Kette betreibt gleich mehrere, z.B. hier: Lavalle 919, Tel. 48213000 u. Av. Santa Fé 2830, Tel. 48210235. Medikamente sind selten verschreibungspflichtig und der Apotheker kann bei eher komplikationslosen Krankheiten wie z.B. Erkältungen, Kopfschmerzen, Migräne usw. Ratschläge erteilen und entsprechende Arzneien verkaufen. In vielen Drogerien gibt es Abteilungen mit Medikamenten.

Bahnhof

Insgesamt gibt es drei Bahnhöfe:
Estación Retiro:
Nahverkehrszüge nach Tigre, Fernzüge nach Tucumán (Av. Libertador, Ecke Av. Ramos Mejia, Tel. 43129506)
Estación Federico Lacroze:
Züge nach Misiones (Av. Federico Lacroze, Ecke Av. Cirrientes,
Tel. 45546018)
Estación Constitución:
Fernzüge in den Süden. Für Patagonien-Reisende ist dies der richtige Bahnhof (Av. Brasil, Ecke Av. 9 de Julio, Tel. 43040028)

Botschaften

Deutsche Botschaft:
Villanueva 1055,
Tel. 47782500, Fax 47782550
Schweizer Botschaft:
Avenida Santa Fé 846. 12ter Stock,
Tel. 43116491
Österreichische Botschaft:
Calle French 3671, Tel. 48095800

Busbahnhof

Die Überlandbusse starten in Retiro, Avenida Antártida Ecke Avenida de los Immigrantes, Tel. 43100700, www.tebasa.com.ar. Im Obergeschoss befinden sich die Schalter der verschiedenen Busunternehmen.

Busse

Die Fahrt mit dem Bus durch Buenos Aires ist ein echtes Abenteuer. Fast alle Busfahrer sind verhinderte Formel 1-Fahrer, soviel ist sicher. Das Busnetz der so genannten colectivos ist engmaschig und deckt die ganze Stadt ab. Am besten kauft man sich am Zeitungskiosk die Guía T, das ist der beste Transportmittelführer, den man kriegen kann.
Die Tickets kauft man im Bus, meistens am Automaten, wofür man unbedingt Münzen braucht. Wer auf das nervige Kramen nach Münzen verzichten will, besorgt sich die überall gültige Magnetkarte **SUBTE,** die man am Kiosk oder an den U-Bahn-Stationen aufladen kann.

Nützliche Adressen in Buenos Aires

Spar-Tipps

Kostenlose, klassische **Konzerte** finden jeden Samstag um 18 Uhr in der Juristischen Fakultät statt (Facultad de Derecho, Avenida Figuerosa Alcorta 2263). Auch **Führungen** werden von der Stadt gratis angeboten. Siehe hier: www.bue.gov.ar. Eine nichtstaatliche Organisation bietet ebenfalls kostenlose Führungen an: www.cicerones.org.ar (besonders zu empfehlen, weil die Führungen auch abseits der ausgetretenen Touristen-Pfade stattfinden). Im **Planetarium** kann man am Sonntagabend kostenlos die Teleskope benutzen. Kostenlosen **Tangounterricht** gibt es im Mueso Casa Carlos Gardel.

Gutscheine im Internet

Das eifrige Herunterladen von Gutscheinen für alle möglichen Events und Restaurants hat sich mittlerweile zu einem allseits beliebten Trend entwickelt. Ein bisschen albern kommt man sich ja schon vor, wenn man dem freundlichen Kellner nach einem guten Essen einen Gutschein entgegen streckt. Man sollte dabei allerdings nicht vergessen, dass die Restaurants freiwillig auf den Groupon-Listen stehen und es den Kellnern völlig egal ist, ob man mit Geldscheinen oder Gutscheinen bezahlt, egal ob sie flüchtig aus einer Zeitschrift herausgerissen wurden oder sorgfältig mit der Schere ausgeschnitten. Hauptsache, am Ende sind alle Zufrieden und das Trinkgeld stimmt.
www.groupon.com.ar

Erhältlich ist die Karte in Postämtern, in der Sucre 2430 und in der San Martín 921.

Flughäfen

Der **Flughafen Ezeiza** (offiziell Aeropuerto Internacional Ministro Pistarini) ist ein internationales Drehkreuz und wird von allen Ländern regelmäßig angeflogen. Er liegt etwa 35 km vom Zentrum entfernt und bietet alles, was ein großer Flughafen haben muss: Geldautomaten, Geschäfte und Restaurants (Autopista Riccieri, km 33,5).

Die Inlandsflüge landen in der Re-

gel auf dem **Aeroparque Jorge Newberry**, der recht citynah gelegen ist (Av. Rafael Obligado).
Infos zu beiden Flughäfen:
www.aa2000.com.ar, Tel. 54806111. Mit dem Stadtbus Nr. 86 kommt man günstig in die Innenstadt.

Internetseiten zu Buenos Aires
- www.bue.gob.ar
- www.turismo.gob.ar
- www.argentina.gob.ar
- www.buenosaires.gob.ar
- www.tangotanzen.com

Krankenhaus
Hospital Alemán/Deutsches Krankenhaus Avda. Pueyrredón 1650, Tel. 48211700
programaespeciales@hospitalaleman.com
www.hospitalaleman.org.ar

Stadttouren
Für den ersten Eindruck empfiehlt sich die fast dreistündige Fahrt mit dem Cabrio-Doppeldeckerbus. Alle halbe Stunde beginnt die Fahrt an der Straßenecke Florida und Roque Saenz Peña. Die Tickets kauft man im Bus, man kann an jeder Haltestelle wieder aus- und einsteigen. Die Sehenswürdigkeiten werden über Audiogeräte in mehreren Sprachen erklärt.
www.buenosairesbus.com

Stadtplan
An jedem Kiosk bekommt man den Taschenstadtplan Guía T. De Bolsillo – Capital Federal. Wirklich sehr zu empfehlen.

Taxi
Taxis gibt es ohne Ende in Buenos Aires. Die offiziellen schwarz-gelben Wagen düsen Tag und Nacht durch die Stadt. Eine Besonderheit sind die Plastiküberzüge auf den Sitzen, die dafür sorgen, dass man an besonders heißen Tagen auf der Rückbank zu schwimmen anfängt. Generell sind die Taxifahrer außerordentlich freundlich und kommunikativ. Viele haben großes Interesse daran, den Touristen so viele Informationen wie möglich über die Stadt zu geben. Tagsüber kann man bedenkenlos Fahrzeuge am Straßenrand anhalten, nachts empfiehlt es sich, Radiotaxis oder Remises zu rufen. Zum Beispiel unter 49561200 oder 52380000.

Nützliche Adressen in Buenos Aires

Für wenig Geld übernachten

Buenos Aires hat einige Hostels zu bieten, die besonders günstige Schlafmöglichkeiten anbieten. Meistens treffen sich dort Studenten und Backpacker, die keine großen Ansprüche an die Zimmer und auch keine Probleme damit haben, im Gemeinschaftsraum zu übernachten. Die Preise für die Zimmer liegen zwischen 10 und 20 Euro, ganz nach Zimmerwunsch. Besonders empfehlenswert ist das Hostel Sol Buenos Aires, das über einen schönen Innenhof verfügt. Man kann zwischen einem privaten Zimmer oder verschieden großen Gemeinschaftsräumen wählen. Neuerdings gibt es sogar kostenlose Tangokurse! (Santiago del Estero 949). Ebenfalls sehr zentral gelegen ist das Hostel America Studios All Suites, das über jede Menge Zweibettzimmer mit eigenem Bad verfügt. Diese Herberge ist in Sachen Preis kaum zu unterbieten und die Betreuung der Gäste ist tadellos. Was will man mehr? (Uruguay 847).

Touristen-Information

Centro de Información Turística,
Florida 100, Microcentro,
täglich geöffnet: 9–18 Uhr.

Telefonieren und Internet

An jeder Straßenecke gibt es so genannte **locutorios**, in denen man ins Internet oder von Telefonkabinen aus telefonieren kann. Für Gespräche nachhause sollte man das Handy nicht strapazieren, sondern die viel günstigeren Telefonkabinen wählen. Für Inlandsgespräche empfiehlt es sich, im Telefonladen (z. B. Claro oder Personal) eine SIM-Karte fürs Handy zu kaufen. Die dazugehörigen Aufladekarten gibt es ebenfalls in den Telefongeschäften oder am Kiosk. Am besten lässt man sich das Telefon gleich von den Leuten hinter der Kasse aufladen, das geht ruckzuck. Die kostenlose Telefonauskunft erreicht man unter 110.

Vorwahl: 11

Nützliche Adressen in Buenos Aires

Zeitung

Jeden Samstag erscheint die deutschsprachige Zeitung „Argentinisches Tageblatt".

Kalender – Veranstaltungen und Feiertage

Alle Termine und Veranstaltungen findet man auch in der Gratiszeitung „Cultura BA".
Infos über alle Festivals gibt es auch hier: www.festivales.gov.ar

Januar

1. Januar: Neujahr (Feiertag)
Während des Sommerfestivals im Jan. und Feb. gibt es etliche Veranstaltungen, die teilweise kostenlos unter freiem Himmel stattfinden. Weitere Infos hier:
www.airesbuenosaires.gov.ar.

Februar

An den Wochenenden Karneval (auch Mo. und Di. genau vierzig Tage vor Ostern)
ATP Tennisturnier,
www.copaclaro.com.ar

März

24. März: Tag der Erinnerung (Feiertag)
Ältestes **Tangofestival** der Stadt,
www.cosmotango.com

April

2. April: Día de las Malvinas (bewegl. Feiertag).
Pferdeausstellung: Prämierung der schönsten argentinischen Pferde, Rodeo, Shows, Musik, www.nuestroscaballos.com.ar
BAFICI: Kinofestival,
www.bafici.gov.ar
Buchmesse auf dem Messegelände La Rural, www.el-libro.org.ar

Mai

1. Mai: Tag der Arbeit (Feiertag)

Straße mit Graffiti

Nützliche Adressen in Buenos Aires

ArteBA: Messe für Gegenwartskunst in den Hallen der Rural, www.arteba.com

Campeonato de Baile de la Ciudad: Stadtmeisterschaft im Tangotanzen in diversen Tanzlokalen, www.tangobuenosaires.gov.ar

Juni
11. Juni: Stadtfeiertag mit etlichen Veranstaltungen
20. Juni: Tag der Flagge
24. Juni: Todestag von Carlos Gardel, alle pilgern zu seinem Grab auf dem Chacarita-Friedhof.

Juli
9. Juli: Unabhängigkeitstag (Feiertag)

August
Festival Buenos Aires Tango: Zwei Wochen alles gratis, egal ob Milongas, Konzerte, Shows oder Unterricht
Tango-Weltmeisterschaft: www.tangobuenosaires.gov.ar
17. August: Beweglicher Feiertag zu Ehren von San Martín

September
FIBA: Theaterfestival, www.festivaldeteatroba.gob.ar

Oktober
Stadtmarathon: www.maratondebuenosaires.com

12. Oktober: Beweglicher Feiertag Día de la Raza (Kolumbustag).

November
Fería de Naciones: Multikulti-Kunsthandwerkermarkt im Centro de Exposiciones, www.feriadelasnaciones.com.
Queer Tango Festival: Tangofestival für gleichgeschlechtliche Paare: www.tangoqueer.com.

Dezember
8. Dezember: (Feiertag der unbefleckten Empfängnis)
11. Dezember: Tangofeiertag (Geburtstag von Gardel): Etliche Veranstaltungen in der ganzen Stadt
25. Dezember: Weihnachtsfeiertag
Weltweit wichtigstes **Poloturnier**: www.aapolo.com
Fería de Artesanías: Kunsthandwerkerausstellung auf dem Messegelände La Rural: www.artesaniasbue.com.ar.
Jazzfestival (eine Woche Veranstaltungen an verschiedenen Orten: www.buenosairesjazz.gob.ar
Festival Cambalache: Theaterfestival, zeitgenössischer Tanz und Tango: www.festivalcambalache.com.ar

Vorwort

Wer an Patagonien denkt, hat sofort dieses typische Bild im Kopf: eine unendlich lange, asphaltierte Straße mit gelben Strichen in der Mitte. Eine Straße, die Hunderte von Kilometern schnurgerade durch einsames und wildes Land führt und das Auge müde macht mit seiner monotonen, von niedrigen Sträuchern bewachsenen Wüste. Selbst der Condor, der am leuchtend blauen Himmel erhaben seine Kreise zieht, scheint dies mit einer bemerkenswert gelassenen Langsamkeit zu tun. Dass er gegen ungeheure Winde ankämpfen muss und Schwerstarbeit leistet, sieht man aus der Entfernung nicht und genauso wenig mag dem Condor auffallen, wie anstrengend die Fahrt auf den nicht enden wollenden Schotterpisten sein kann. Wehe dem, der kein stabiles Auto hat, keinen Ersatzkanister Benzin oder keine Erfahrung mit Gesteinsbrocken- oder Schlagloch-Parcours. Zum Glück sind diese Strecken nicht die Regel und immer wieder kommt man auf die Straßen, wie sie uns auf den berühmten Patagonien-Fotos versprochen wurden: grau und lang und schnurgerade …

Das ganze Jahr über weht ein rauer Wind über die steppenartigen Ebenen und oft sind es nur ein paar Guanakos oder Schafe, denen man begegnet. Wer stundenlang im Wagen unterwegs ist, freut sich über jede noch so kleine Abwechslung. Das Auge lacht, sobald es in der Ferne eine Estanzia entdeckt oder gar eine Tankstelle und noch besser ein Restaurant. In jedem Fall ist Volltanken angesagt und auch die Thermoskanne für den obligatorischen Mate braucht dringend heißes Wasser, das es hier überall kostenlos zu haben gibt. Das Gebräu hilft den Autofahrern, wach zu bleiben und eine ganze Weile ohne Nahrung auszukommen. Wer nachts unterwegs ist, darf sich über unglaublich schöne und intensive Sternenhimmel freuen. Man muss diese Dichte an Sternen einmal gesehen haben, die rundherum leuchten, funkeln und zum Greifen nahe scheinen. Ansonsten glaubt man es nicht!

Genauso ist Patagonien, aber eben nicht nur. Die Landschaft seiner

Provinzen ist nämlich nicht nur von unendlichem Flachland geprägt, sondern auch von umfangreichen Hochebenen und tiefen Weidegründen. Ein bisschen kommt es einem vor, als hätte der liebe Gott bei der Erschaffung der Welt dieses Patagonien genutzt, um jedes erdenkliche Naturschauspiel, jede denkbare Facette von Landschaftsarchitektur in ein einziges Modell zu packen: Patagonien mit seinen Anden auf der einen Seite und dem Meer auf der gegenüberliegenden. Dann die kargen, fast wüstenähnlichen Ebenen, dazwischen fruchtbare Fluss-Landschaften und rötlich schimmernde Gesteinsformationen, die aussehen wie das Canyonland der USA. Wer ein bisschen rumgekommen ist in der Welt, hat hier ständig Déjà-vus. Gerade befindet man sich noch in einer Art Schweizer Alpenlandschaft mit leuchtend blauen Gletscherseen und schneebedeckten Gipfeln, schon geht es weiter durch flaches, grünes, fruchtbares Land an den Flüssen entlang. Ein paar Stunden später schon kann es sein, dass man sich in einer Art Navajo-Land wiederfindet, in einer kargen Steinwüste, deren skurrile Felsenwände rötlich in der Abendsonne schimmern und an Indianerfilme denken lassen. Unendliche Obstplantagen und Weinanbaugebiete komplettieren dieses Urmodell von Weltenplanung. Am Meer dann die steilen Felswände, die jäh zum Meer hin abfallen, oder sanfte Sandstrände, die zum Spazierengehen und Baden einladen. Je südlicher man kommt, desto rauer wird die See und staunend und mit vom Wind zerzausten Haaren steht man auf zerklüfteten Felsen und betrachtet die Brandung, die wild und ungestüm ist wie in der Bretagne oder in Teilen Südenglands.

Patagonien hat von allem etwas zu bieten und dies in doppeltem Sinne. Es ist ein Einwandererland, in dem man an jeder Ecke eine andere Sprache hört. Jeder hat aus seinem Land das mitgebracht und kultiviert, was ihn am meisten an die Heimat erinnert oder für sein Land besonders charakteristisch ist. So hat es sich im Laufe der Jahrzehnte entwickelt, dass man in den walisischen Kolonien die englische Tea-Time noch britischer zelebriert als im Vereinten Königreich, dass die Pizzen in den italienischen Lokalen genauso lecker schmecken wie die käsereiche Pizza in Rom, dass es in den von Österreichern geführten Cafés die köstlichsten Germknödel der Welt gibt, in der argentinischen Schweiz die beste Schokolade und im Hotel Edelweiß das beste Rauchbier, das außerhalb Bayreuths nach deutschem Reinheitsgebot gebraut wird. Die Franzosen haben ihre besten Rebsorten mitgebracht und die Engländer nicht nur ihren Polosport, sondern ihre Disziplin und ihre zurückhaltende Höflichkeit. Die Liste ließe sich endlos fortsetzen. Wichtig ist, dass in Argentinien nicht nur die wunderbare Natur im Vordergrund steht, sondern sich hier ein Menschenschlag entwickelt hat, der aus lauter Fremdlingen besteht, die ihre eigenen Wurzeln mitgebracht haben und diese mit denen vieler anderer zu einem großen, multikulturellen Geflecht verwoben haben, wie es selten zu finden ist. Es ist ein gesundes Multikulti, weil jeder sein Bestes mit hineingegeben hat. Genauso, wie es sein soll!

Neuquén

Egal, wo man sich gerade in der Provinz Neuquén aufhält: Die Landschaft ist überall gleichermaßen beeindruckend und bietet alles, was der Tourist auf seiner Reise durch Patagonien sucht.

Der Besuch von Villa la Angostura, San Martín de Los Andes ist ein Muss und auch El Chocón sollte man einmal gesehen haben. Der Ort zieht Wissenschaftler aus der ganzen Welt an, denn sein Reichtum an paläontologischen Funden kann sich sehen lassen. Hier lebten die seltensten und größten Dinosaurier, die es je gegeben hat. Zu

Neuquén

den ältesten Funden dürften die 95 Mio. Jahre alten Knochen eines Argentinosaurus gehören, die man im Museum Carmen Funes in Plaza Huincul bewundern kann.

Wie der Name schon vermuten lässt, waren es die Ureinwohner, denen die Provinz ihre Bezeichnung zu verdanken hat. Das Wort Neuquén leitet sich vom Wort „Nehuenken" ab, was soviel bedeutet wie „der Reißende" – gemeint ist der Fluß Río Neuquén. Bis General Julio Argentino Roca, einer der größten Indianerschlächter der Geschichte, im Zuge der so genannten Wüstenkampagne zwischen 1877 und 1880 die indigenen Stämme aufs Brutalste vernichtete, war Neuquén überwiegend von Mapuche besiedelt. Das Ziel Rocas war es, die „argentinisch-europäische" Dominanz über die Pampa und Patagonien sicherzustellen, was ihm schließlich mit einem letzten Grenzkrieg 1884 im Chaco endgültig gelungen ist.

An dieser Stelle sei übrigens erwähnt, dass in Argentinien noch mehrere Denkmäler zu Ehren des grausamen Generals auf öffentlichen Plätzen stehen. Historiker fordern schon seit langem vehement, dass wenigstens das prunkvolle Reiterdenkmal in der Hauptstadt Buenos Aires beseitigt werden solle. Einen für Völkermord im großen

San Martín de los Andes

Stile Verantwortlichen an so exponierter Stelle die Ehre zu geben, gehöre sich einfach nicht, meinen die Menschenrechtler. Leider wird ihnen kein Gehör geschenkt und so sitzt Roca seit 1941 bis heute hoch zu Ross auf der Kreuzung Avenida Julio A. Roca und Calle Perú. Die Stadt scheint kein Interesse daran zu haben, ihn endlich aus dem Verkehr zu ziehen.

Einige Indianer haben den Genozid überlebt, so dass heute in Neuquén noch etwa 50 Mapuche-Gemeinden existieren. Man schätzt, dass etwa 40 Prozent der Bevölkerung Neuquéns indigene Wurzeln hat. (Nicht nur Mapuche übrigens, sondern auch Pehuenches und Tehuelches).

Aufgrund kostbarer Bodenschätze wie Erdöl, Erdgas, Kupfer, Blei, Zink, Gold und Silber ist die Provinz relativ wohlhabend. Dazu kommt, dass in der Provinz ein wesentlicher Teil der Elektrizität Patagoniens produziert wird. Und auch der Tourismus nimmt einen immer größer werdenden Stellenwert ein. Schließlich besitzt Neuquén einige der schönsten Nationalparks Argentiniens und eine riesige, wunderbare Seen-Landschaft.

⍟ Neuquén (Stadt)

Wo die Flüsse Limay und Neuquén sich treffen, liegt die Provinzhauptstadt Neuquén mit ihren etwa 300.000 Einwohnern. Sie ist gleichzeitig Verwaltungs- und Wirtschaftssitz der Provinz und gehört dank der Ölfelder im Westen zu den florierenden und höchst entwickelten Städten des argentinischen Patagoniens. Wer gerade aus Buenos Aires kommt, um in den Genuss der argentinischen Naturschönheiten zu kommen, wird wahrscheinlich höchstens eine Nacht in der chaotischen City verbringen. Am besten verschafft man sich vom Parque Centenario aus erstmal einen Überblick über die Stadt und den Verlauf der Flüsse. Die wichtigsten Straßen sind die **Avenida Argentina** und **San Martín**.

Wer dem hektischen Treiben entgehen möchte, sollte den großen, grünen **Stadtpark** im Zentrum Neuquéns besuchen. In unmittelbarer Nähe befindet sich das **Kunstmuseum** und die **„Emilio Saraco Galerie"**. Beide Museen beschäftigen sich vor allem mit lokalen Künstlern. Kunstliebhaber werden die Stadt sicherlich nicht ohne ein schönes Mitbringsel verlassen.

Auch der **„Platz der Handwerker",** auf dem regelmäßig Kunstveranstaltungen stattfinden, ist einen Besuch wert. Hier kann man die traditionellen Produkte der lokalen Handwerker bestaunen und natürlich auch erwerben. Ebenfalls zu empfehlen ist ein Bummel an den Flussufern entlang und ein Besuch der **Insel Isla Verde** und des **Badeortes Gatica**.

Übernachten

Die meisten bezahlbaren Hotels befinden sich in der Av. Olascoaga

Casino Magic Hotel

Eines der beliebtesten Hotels der Stadt liegt an der großen Ausfallstraße nach Süden und nur einen Katzensprung vom Busterminal und dem Flughafen entfernt. Obwohl es nicht gerade zentral liegt, empfiehlt sich dennoch ein Besuch. Selbst für Leute, die ihr Geld nicht am Roulette-Tisch lassen möchten und stattdessen lieber im Pool schwimmen oder sich einfach nur

Tipp für Weinliebhaber

Außerhalb der Stadt befinden sich drei der bedeutendsten Weingüter Patagoniens. Mit ihrem Malbec haben alle Produzenten schon sämtliche Gold- und Silbermedaillen abgeräumt. Es werden schöne Spaziergänge und Weinproben angeboten (am besten vorher telefonisch reservieren). Man sollte einen eigenen Wagen haben, um dorthin zu gelangen, oder eine Tour mit einem Reiseveranstalter buchen.

Familie Schroeder: Calle 7, Nte, San Patricio del Chañar, info@familiaschroeder.com, Tel. 0299/5086767, hier gibt es auch ein vorzügliches Restuarant!

Fin del Mundo: www.bodegadelfindelmundo.com, RP 8 km 9, San Patricio del Chañar, 0299/5555 330, info@bdfm.com.ar

NQN: Ebenfalls grandioses Restaurant – RP 7, Picada 15, Tel. 4897500, www.bodeganqn.com.ar

in den geräumigen und luxuriös ausgestatteten Zimmern ausruhen möchten. Nette Atmosphäre, ausgesprochen freundliches Personal!
Teodoro Planas 4005
Tel. 0800/6662442
www.casinomagic.com.ar

El Olivo Hotel
Ein echter **Geheimtipp** ist dieses Hotel in der Nähe des Busbahnhofs. Liebevoll eingerichtet, blitzsauber, außergewöhnlich freundliches Personal und ein großartiges Preis-Leistungsverhältnis – was will man mehr? Solalique 57
Tel. 4466400

Essen und Trinken

Viele gute Cafés und Restaurants befinden sich in der Av. Argentina (z.B. das wunderbare Restaurant **Mediterraneo** Nr. 584, Tel. 4429325) und in ihren Nebenstraßen wie etwa der **Calle Alberdi.**

◆ Nützliches

Autovermietung: Dollar Rent-a-Car, Carlos H Rodriguez 518,
Tel. 4420875
Busbahnhof: etwa 3 km vom Zentrum entfernt an der Ecke Planas/Solalique, Tel. 4452300, von hier geht es täglich mehrmals u.a. nach Buenos Aires, Bariloche, Comodoro Rivadavia, Jujuy, Mendoza Mar del Plata, Puerto Madryn, Zapala.
Camping: Hier dürfen auch Wohnmobile das ganze Jahr über hinein. Der Platz befindet sich 7 km außerhalb der Stadt Richtung Flughafen, Tel. 4440448
Flughafen: Westlich der Stadt an der RN 22, Tel. 4440525
Fluggesellschaften:
- Aerolíneas Argentinas/Austral, Santa Fe 52, Tel. 4422409.
- LADE, Brown 163, Tel. 4431153. Flussufer am Ende der Calle Bahía Blanca.

Geldautomat:
In der Av. Argentina
Geldwechseln:
Cambio Pullmann, Alcorta 144
Post:
Straßenecke Rivadavia/Santa Fe.
Touristeninfo:
Félix San Martín/Ecke Río Negro.
Tel. 4424089,
www.neuquentur.gov.ar
Vorwahl: 0299
Wäscherei: Lavísec (Roca 137)

♥ Villa El Chocón

In den letzten Jahren hat sich Argentinien zu einem Eldorado für **Dinosaurierforscher** entwickelt. Allen voran die mit Dornbüschen bewachsene Steppe in der Provinz Neuquén kann mit bedeutenden Funden aufwarten und lockt Paläontologen aus der ganzen Welt an. 136 km südwestlich von Neuquén befindet sich der kleine Ort Villa El Chocón, wo die Überreste einiger riesiger, fleischfressender Dinosaurier ausgegraben wurden. Einer von ihnen, der **Gigantosaurus Carolini,** beeindruckt die Besucher im **Museo Paleontológico Ernesto Bachmann** immerhin mit einer Größe von 14 Metern (Tourismusbüro am Ortseingang an der Ruta 237, Tel. 0299/155413002). Doch es geht noch gigantischer! Das Rennen um den **weltweit größten Saurier** haben die Argentinier bereits gewonnen: In Carmen Funes wurde ein Argentinosaurus huinculensis gefunden, der sage und schreibe eine Länge von vierzig Metern misst und eine Höhe von 18 Metern. Das nachgebaute Skelett kann man im **Museo Minicipal** bestaunen. Ein

wirklich beeindruckender Anblick! Was aber für die Forscher in Neuquén noch entscheidender sein dürfte als die Größe, sind die Kuriositäten, die hier zutage gefördert wurden. Zum Beispiel Knochen von seltenen Raptoren oder die des Carnotaurus, eine Art Raubtier mit Hörnern. Noch Aufsehen erregender war der Fund des weltweit ältesten Dromaeosaurus, ein flinker Saurier in der Größe eines Hundes, den man bisher nur in der Nordhemisphäre vermutet hat.

Aktivitäten

Vor 65 Mio. Jahren war die Gegend mit riesigen Süßwasserseen überzogen, die gewaltige Herden von Pflanzenfressern an ihre

Gewässer lockte. Die Skelette der Tiere wurden immer wieder von Überschwemmungen begraben und kamen erst nach der Andenfaltung wieder an die Oberfläche. So kommt es, dass dieser heute sehr dürre Teil Patagoniens eine einzige Fossilienfundgrube ist und dies sogar sehr nahe unter der Oberfläche. Im Grunde kann man hier auf Schritt und Tritt Knochen von Dinosauriern finden. Wer sich als Hobby-Archäologe betätigen will und stundenlang im Staube auf Dinojagd gehen möchte, kann hier sogar an Ausgrabungen teilnehmen, was eine Seltenheit darstellt und sicherlich einen Versuch wert ist. Man muss aber wissen, dass man für seine Arbeit nicht entlohnt wird, im Gegenteil! Etwa 30 Euro muss man für einen Tag hinlegen.
Centro Paleontológico Lago Barreales (65 km nordwestlich von Neuquén), Av. Megaraptor 1450, Ruta Provincial 51, Tel. 0299/154182295
www.proyectodino.com.ar

Übernachten
La Posada del Dinosaurio
Zugegeben: Die Posada hat schon bessere Tage gesehen. Gebaut wurde dieses traumhaft am See gelegene Hotel für die Konstrukteure des Staudamms. Als die Experten mit der Arbeit fertig waren, blieben die geräumigen Unterkünfte sich selbst überlassen. Wer heute anreist, um in der Posada del Dinosaurio ein paar relaxte Tage zu verbringen, kann sich freuen. Das Ambiente darf durchaus als luxuriös bezeichnet werden, wenngleich der alte Glanz natürlich dank fehlender Wartung längst am Verblassen ist. Aber die Preise sind gemessen an dem, was die Unterkunft bietet, einfach grandios günstig und das gute Restaurant mit seinen überaus freundlichen, jungen Bediensteten kann sich ebenfalls sehen lassen. Man sollte sich ein gemütliches Abendessen auf der Terrasse mit Seeblick gönnen. Wenn man Glück hat, scheint der Mond über dem See, dann erlebt man Romantik pur und grenzenlose Stille. Möglicherweise findet sich eines Tages ein betuchter Investor, der aus der Posada eine teure Edelherberge macht. Glück für den, der vorher noch vorbei kommt!
Costa del Lago – Barrio 1, Ezequiel Ramos Mexia, Villa El Chocón

Tel. 0299/4901201,
info@posadadinosaurio.com.ar

📍 Zapala

Die Kleinstadt ist noch sehr jung und hat, abgesehen von einem wirklich spektakulären Fossilien- und Mineralienmuseum, nicht gerade viel zu bieten. Das typische Wüstenstädtchen wurde 1913 als Bahnhof der Eisenbahnlinie Ferrocarril del Sur gegründet. Der ursprüngliche Plan war es, die Strecke über die Anden weiter auszubauen, doch in den 1920er Jahren stellte die Firma die Arbeiten ein und so wurde Zapala zur Endstation der Bahnstrecke von Bahía Blanca über Neuquén.

Heute kommen die meisten Besucher hierher, um das **Museo Profesor Olasacher** zu besichtigen. Mit seinen über 2000 Mineralien und Fossilien gilt es als eines der bedeutendsten seiner Art. Die ältesten Funde der Sammlung sind über 150 Mio. Jahre alt. Eine große Attraktion ist ein komplettes Krokodil, das auf 80 Mio. Jahre geschätzt wird.
Etcheluz 52 (neben dem Busbahnhof), Mo. 9–15 Uhr, Sa. 16–20 Uhr.

Übernachten

Zum Beispiel direkt am Busbahnhof im Hotel Pehuén. Nichts Besonderes, aber sauber und günstig (Etcheluz Ecke Elena de la Vega, Tel. 02942/423135. Das erste Hotel am Platze und gar nicht mal so teuer: Hue Melén, Almte.
Brown 929, Tel. 422407
www.hotelhuemelen.com.

♦ Nützliches

Busbahnhof: Etcheluz/Ecke Uriburu, Tel. 423191, tägliche Fahrten u.a. nach Buenos Aires, Bahía Blanca, Bariloche, San Martín de los Andes und Neuquén.

Camping: Der Campingplatz auf der Ruta Provincial Nr. 13 ist das ganze Jahr über geöffnet (auch für Wohnmobile).

Geldautomat: Banco de la Provincia de Neuquén, Cháneton 410

Post: Avenida San Martín/Ecke Cháneton

Touristeninfo: Wer von Neuquén aus nach Zapala kommt, findet die Touristeninfo gleich am Ortseingang. Die Leute sind sehr hilfsbereit, es gibt gutes Kartenmaterial, Tel. 02941/424296

📍 Parque Nacional Laguna Blanca

Etwa 35 Kilometer westlich von Zapala liegt dieser 11.000 Hektar große und relativ unbekannte **Nationalpark**. Auf dem nur 10 Meter tiefen See ziehen die schützenswerten Schwarzhalsschwäne ihre Kreise, derentwegen der Park im Jahre 1945 geschaffen wurde. Ganz in der Nähe der Lagune kann man in der Salamanca-Höhle einige typische Höhlenmalereien Nordpatagoniens besichtigen. Die Vorstellung, dass hier in prähistorischen Zeiten Menschen gelebt haben sollen, ist schon eigenartig. Wer Einsamkeit sucht, findet sie hier in diesem Park, der über eine ziemlich schlechte Infrastruktur verfügt. Besucher ohne eigenen Wagen können sich auf der Busstrecke von Zapala nach Aluminé am Eingang des Parks raus lassen (dem Busfahrer Bescheid sagen!). Es gibt einen Zeltplatz und ein Besucherzentrum, das an den Wochenenden von 9–18 Uhr geöffnet hat.

📍 Copahue

Vor allem Menschen mit Autoimmunkrankheiten zieht es im Sommer in diese abgelegene Gegend, die schon bei den Mapuche-Indianern im Ruf stand, eine heilende Wirkung zu haben. Auf 2.000 Metern befindet sich das **weltweit höchst gelegene Thermalbad,** das mit seinem schwefelhaltigen Thermalwasser und den Schwefeldämpfen weltweite Berühmtheit erlangt hat. Und dies, obwohl der Ort lange Zeit nur mit größter Anstrengung zu erreichen war und wegen des Schneefalls auch heute nur von Dezember bis Ende April von Interesse ist, wenn der Kurbetrieb aufrechterhalten wird. Die Schotterpisten wurden mittlerweile durch asphaltierte Straßen ersetzt, so dass man mit dem Fahrzeug oder per Bus sehr gut hinkommt. Die bekannteste Quelle in ausnehmend reizvoller Lage ist die **„Laguna del Chancho"** (geöffnet von 8–18 Uhr). Unterschiedlichste Anwendungen gibt es in dem modernen, nicht zu übersehenden Thermenkomplex.
Tel. 495049
www.termasdecopahue.com

Der Name Copahue bezieht sich auf den gleichnamigen, aktiven

Vulkan Copahue und bedeutet so viel wie „Ort des Schwefels". Man kann mit einem Führer bis zum Krater hoch wandern und sich auf ein herrliches Panorama freuen. Auch ein See samt Wasserfall belohnt die Anstrengung.

♦ Nützliches

Bestes Hotel: Hotel Termas (Tel. 495186, www.hoteltermascopahue.com.ar). Schöne Zimmer und gute Küche mit hervorragenden, regionalen Spezialitäten.
Essen: Das Steakhaus Parrillada Nito ist ein Muss für Steakfreunde!
Touristeninfo: Tel. 495036
Thermalbad-Infos: Olascoaga s/n, Copahue, Tel. 495050, www.termasdecopahue.com Nov. bis Mai tgl. 7–21 Uhr.
Vorwahl: 02948

Caviahue

Nur 18 km von Copahue entfernt und umgeben von **Araukarienwäldern,** liegt das viel hübschere Örtchen Caviahue. Hier genießen Touristen und Kurgäste in den Restaurants und Cafés Wohlschmeckendes aus der Region oder wandern am idyllischen See entlang und vorbei an herrlichen Wiesen und Wasserfällen. Die Touristeninformation hat gute Karten für schöne Wanderungen in die Umgebung. Besonders beliebt ist die Tour zu den **vier Wasserfällen „Cascadas Agrio".**

Der Ort ist im Winter dank der guten Schneequalität vor allem bei Wintersportlern gefragt. Etwa 2 km entfernt befindet sich das **Skigebiet „Centro de Ski Cerro Caviahue".** Es gibt Langlaufloipen und mehrere Skilifte und Abfahrten von unterschiedlichsten Schwierigkeitsgraden.

♦ Nützliches

Camping: Municipal Hueney, RP 26, Richtung Thermen, sehr nett unter Bäumen gelegen Tel. 495041.
Übernachten: das Hotel Lago Caviahue befindet sich direkt am See. www.hotellagocaviahue.com, Av. Quimey Co s/n, Tel. 495074.
Skifahrer bevorzugen das Spahotel „Hotel Nieves del Cerro" direkt am Berg. Auch das dazugehörige Restaurant ist empfehlenswert.
Touranbieter: Zum Beispiel zum Volcán Copahue: Caviahue Tours, Av. Bialous Centro Comercial,

Tel. 495138.
Tourismusbüro: befindet sich in der Gemeindeverwaltung, 8 de Abril s/n.
Vorwahl: 02948

📍 Villa Pehuenia

Das hübsche kleine Dorf am **Lago Aluminé** ist komplett auf Tourismus eingestellt und bietet jede Menge Einkaufsmöglichkeiten und Restaurants. Die meisten Besucher besorgen sich hier ihren Proviant für ihre Wanderungen und Ausflüge in die umliegenden Wälder. Wer den 1900 Meter hohen Vulkan Batea Mahuida erklimmen möchte, kann dies zu Fuß, mit dem Wagen oder zu Pferde. Wieder gibt es für die eher fußfaulen Besucher eine gute Möglichkeit, die Gegend mit dem Auto zu erkunden. Der so genannte Circuito Pehuenia dauert vier bis sechs Stunden und geht in Villa Pehuenia los, dann weiter zum Lago Moquehue, Lago Norquinco, Lago Pulmarí und wieder zurück zum Lago Aluminé. Wer nicht selbst am Steuer sitzen möchte, kann die Tour auch bei den ortsansässigen Veranstaltern buchen.

◆ Nützliches

Bank und Geldautomat: RP 13 s/n in der Nähe der Polizeistation
Essen: Unschlagbar lecker sind die Hamburger und Fleischgerichte in der Parrilla Los Troncos (Centro Comercial, Tel. 498006).
Übernachten: Am besten in der Posada La Escondida am Nordufer des Río Aluminé. Die Zimmer haben Seeblick, das Restaurant ist ausgezeichnet (Tel. 15691688). Sehr gut und günstig wohnt man in der Hostería Balconada, einige Zimmer haben Seeblick und kosten etwas mehr. Lohnt sich aber! Tel. 15/473843,
www.hosterialabalconada.com.ar
Touristeninformation:
im Centro Cívico, Tel. 498044
www.villapehuenia.org
Vorwahl: 02942

📍 Aluminé

Der kleine, gemütliche Ort liegt am gleichnamigen Fluss und erfreut sich bei den Touristen vor allem wegen seines großen **Wassersportangebotes** großer Beliebtheit. Unzählige Camper und Angler tummeln sich hier am Ufer des Flusses und an den Seen und dank des großen Fischreichtums steigt einem abends der Geruch von gegrillter Forelle in die Nase. Einmal im Jahr finden hier auch die Meisterschaften der argentinischen Kajak-Fahrer statt. Überhaupt eignet sich der Fluss hervorragend für Kajak- und Raftingtouren. Ein guter Veranstalter hierfür ist „Aluminé Rafting" (Conrado Villegas 610, Tel. 496322).

Die meisten Besucher kommen auf dem Weg zu den patagonischen Seen durch Aluminé oder nutzen den guten Zugang zum nördlichen Teil des Nationalparks Lanín. Im Sommer sind jede Menge Fliegenfischer, Wanderer und Kletterer unterwegs. Wer einmal ein Mapuche-Dorf besuchen möchte, fährt etwa 25 km Richtung Lago Ruca Choroi. Die Bewohner der Dörfer Aigo und Salazar verkaufen wunderschöne Strick- und Webwaren.

Übernachten

Hotel de la Aldea mit seinem herrlichen Blick über den Fluss (Cap. Crouzelles/Ecke Ruta Nacional 23, Tel. 496340
www.hoteldelaldea.com.ar
Auch nicht schlecht ist die **Hostería Aluminé,** in der man köstliche Hausmannskost bekommt (Joubert 312, Tel. 496174).

◆ Nützliches

Bank und Geldautomat: Ecke Conrado Villegas & Torcuato Mordarelli.

Busbahnhof: befindet sich direkt unterhalb der Plaza (Tel. 496048).

Tipp für Vogelkundler

Das traumhafte Resort „Piedra Pintada" mit seinen 12 Zimmern liegt direkt am See Pulmari und lässt keine Wünsche offen. Sowohl die Zimmer als auch das Restaurant und die Wellness-Anlage sind vom Feinsten. Berühmtheit hat das exklusive Hotel im Kreise betuchter Vogelkundler erlangt, denn am Ufer des Sees kann man 180 Vogelarten beobachten. Außerdem im Angebot: Reit- und Fahrradausflüge, Boots- und Trekking-Touren.
RP 11 km 50 Aluminé
Tel. 011/4328-0145
info@piedrapintada.com
www.piedrapintada.com

Touristeninformation: Hier gibt es Karten und Angelscheine: Joubert 321 auf dem Hauptplatz, Tel. 496001.

Fahrradverleih: Mali Viajes (bei der Touristeninformation). Auch für Ausflüge eine gute Adresse!

Camper dürften sich über die vielen, schönen Plätze am Seeufer freuen.

Vorwahl: 02942

Pilolil

Wer die Strecke zwischen Junín de los Andes und Aluminé zurücklegt, sollte sich auf halber Strecke die Siedlung Pilolil ansehen. Hier gibt es interessante Felsmalereien und skurrile Felsformationen zu sehen, die vor allem für Hobbyfotografen interessant sind. Die Siedlerfamilie am Parkplatz besitzt einen Schlüssel zum Eingang und zeigt den Besuchern gerne die Felsmalereien. (Durch die Siedlung fahren, nach etwa 5 km ist das Ziel erreicht.)

Junín de los Andes

Wer den **Nationalpark Lanín** besuchen möchte, sollte den malerischen Ort Junín de los Andes als Ausgangspunkt wählen, denn die Übernachtung ist hier weitaus günstiger als in San Martín de los Andes. Glück für den, der das traditionelle Fest – die Rural – Ende Januar miterleben kann. Dann ist der ganze Ort auf den Beinen, kostümiert und bereit für Reitturniere, Viehmarkt, Tier-Prämierungen, Tanz und Folklore-Musik. Besonders süß sehen die kleinen Jungs in ihrer Gaucho-Tracht aus.

Vor allem für Angler ist die fischreiche Gegend ein einziges Paradies. Nicht umsonst ist Junín die nationale Hauptstadt der Forelle. Neben den schönen Araukarien, die auf der Plaza San Martín zu bewundern sind, zählt das Mapuche-Museum zu den wichtigsten Sehenswürdigkeiten und neuerdings die Via Christi, ein 2000 Meter langer, von riesigen Statuen flankierter Wanderweg zu einem Hügelkreuz hinauf.

Sehenswertes

Mapuche Museum (Padre Milanesio 557), noch empfehlenswerter ist das Museo Roca Jalil in einem alten Gemischtwarenladen. Gezeigt werden Webarbeiten der Ureinwohner (San Martín 610).

Neuquén – Junín de los Andes

Essen und Trinken

Bei „Sigmund" speist man gut, gesund und günstig. Familiäre Atmosphäre (Rosas 690 an der Nationalstraße 234). Ansonsten gibt es nicht viele Alternativen. Außer vielleicht das Ruca Hueney (Ecke Coronel Suárez/Padre Milanesio. Hier gibt es gutes arabisches Essen und solide Hausmannskost in Form von Lamm oder Forelle.

Übernachten
Hostería Huechulafquen

Einfach ein traumhafter Ort zum Übernachten, Relaxen, Speisen und gut für Angelausflüge und Bootstouren. Extrem nette Eigentümer, tolle Atmosphäre! Ruta Provincial 61, Parque Nacional Lanín, Junín de los Andes 11, Tel. 427598

Hostería Chimehuín

Das hübsche Hotel, das direkt am Fluss gelegen ist und einen herrlichen Garten besitzt, gilt als beliebter Treff von Freunden des Fischfangs. Tolle Atmosphäre und große Zimmer. Wer Glück hat, erwischt eines mit Balkon und Blick auf das Wasser. Coronel Suárez, Ecke 25 de Mayo, Tel. 491132

www.interpatagonia.com/hosteria chimehuin

Residencial Marisa

Gut und günstig! Außerdem zentral am Busbahnhof gelegen. Für den kleinen Geldbeutel sehr zu empfehlen. Rosas 360
Tel. 491175

♦ Nützliches

Bank: Av. San Martín, gleich gegenüber der Plaza

Busbahnhof: Olavarría & Félix San Martín, Tel. 492038

Campingplatz: La Isla, Tel. 492748 (Badestrand, heißes Wasser und Strom, jede Menge Platz!)

Fahrradverleih: Ciclismo Maui (Felix San Martín 415).

Feste: Im November wird das „Forellenfest" gefeiert. Besonders interessant ist die im Januar stattfindende Farmerschau „Feria y Exposición Ganadera". Gezeigt werden die besten Schafe, Pferde und Rinder, außerdem gibt es Handwerksausstellungen, diverse Turniere und Prämierungen. Die Mapuche präsentieren während der Semana de Artensanía Aborígen im Juli ihre Handwerkskunst.

Flughafen (Chapelco): befindet

sich auf halber Strecke zwischen Junín und San Martín de los Andes **Touristeninfo**: (hier gibt's auch Angelscheine) Coronel Suárez Ecke Padre Milanesio, Tel. 491160
Büro Nationalpark Lanín:
Milanesio 570, Tel. 492748
Vorwahl: 02972

San Martín de los Andes

Eines der wichtigsten Touristen-Zentren der Region ist die rund 35.000 Einwohner zählende Stadt San Martín de los Andes. An der Ostküste des schönen Sees **„Lago Lácar"** erholen sich viele Großstädter aus Córdoba und Buenos Aires sowie internationale Urlauber, die im Sommer zum Baden, Angeln und Wandern kommen oder im Winter zum Skifahren. Ein bisschen erinnert die relativ teure Stadt an unsere schmucken und blitzsauberen Alpendörfer. Allerdings wird hier unter der herrlichen Bergsonne kein Almdudler serviert, sondern aromatischer Mate-Tee, den die Leute gerne am Seeufer genießen. Wie in allen kleinen Orten, die es zu einer gewissen Popularität gebracht haben, sind es nur die Scharen von Touristen, die den Genuss trüben könnten. An den Sommer-Wochenenden finden nachts auf der gesperrten Hauptstraße Kunsthandwerkermärkte statt und kostenlose Konzerte auf der Plaza Trabun. In den vielen kleinen Woll-Läden kann man handgesponnene Wolle der Mapuche kaufen und kunstvoll gefertigte Handarbeiten. Ein sehr gutes Geschäft befindet sich gleich neben der Touristeninformation. Hier kann man sicher sein, dass die Ware direkt aus den Kommunen der Mapuche stammt, sämtliche Handarbeiten verfügen über ein Zertifikat mit Angabe des Künstlers.

Wer sich für die Kultur der Ureinwohner interessiert, erfährt jede Menge Wissenswertes im **„Museo Regional Municipal"**, das sich gleich neben dem Fremdenverkehrs-Büro befindet. Rund um San Martín dominieren im Sommer Aktivsportarten wie Wandern, Trekking, Bergsteigen, Klettern, Mountainbiking, Rafting, Reiten und Paragleiten. Im Winter bietet das Skigebiet Chapelco mehrere interessante Abfahrten unterschiedlichster Schwierigkeitsgrade.

Essen und Trinken

Auf der Avenida San Martín und der parallel zu ihr verlaufenden Villegas findet man jede Menge netter Restaurants. Besonders beliebt: Pizza Cala, Mendieta (für Gegrilltes) und El Regional (einheimische, vorzüglich zubereitete Spezialitäten von Hirsch, Wildschwein und Forelle).

Torino Bar & Bistro
Wunderbare Speisen in angenehmster Atmosphäre! Auf jeden Fall probieren: die Lamm-Ravioli Torino. Perfekter Service!
Perito Moreno 846, Tel. 412614

Patagonia Piscis
Wer einheimisch essen möchte, sollte sich in dem altehrwürdigen Traditionslokal ein Asado gönnen. Egal ob Hühnchen, Lamm oder Rind: Hier schmeckt einfach alles grandios, auch die hausgemachten Nudeln!
Villegas 598, Tel. 423247
info@patagoniapiscis.com.ar

Übernachten
La Raclette Hostería y Restaurant
Dieses wunderschöne, kleine Hotel befindet sich in einer ruhigen Nebenstraße von San Martín. Ins Stadtzentrum und an den See sind es gerade mal ein paar Minuten zu Fuß. Gemütlich und rustikal eingerichtet, erinnert die Unterkunft ein wenig an die Skihotels in der Schweiz und in Österreich. Netter Service, tolles Preis-Leistungs-Verhältnis!
Teniente Coronel Perez 1170
Tel. 427664, www.laraclette.com.ar
hosterialaraclette@smandes.com.ar

Puma Hostel – Geheimtipp!
In dieser Jugendherberge mit ihren hübschen und geräumigen Zimmern stimmt einfach alles: Man übernachtet gut und günstig und die Leute sind ausgesprochen nett und hilfsbereit. In die City sind es nur ein paar Minuten zu Fuß.
A. Fosbery 535
Tel. 422443
puma@smandes.com.ar

Refugio Melingo
Das kleine, gemütliche Gästehaus in einem ruhigen Stadtteil im Wald bietet einen herrlichen Ausblick ins Grüne. Vor allem Familien mit Kindern freuen sich über die hübschen

3- und 4-Bett-Zimmer, aber auch allein reisende Paare finden hier ein kleines Paradies vor. Die Besitzerin Melanie Wendt bietet ihren Gästen ein für Argentinien sehr untypisches, reichhaltiges Frühstück, außerdem entspannende Thai-Yoga-Massagen, Fahrradverleih und eine außergewöhnlich freundliche und familiäre Betreuung. Die Besitzerin selbst hält den Herbst für die beste Reisezeit, um hierher zu kommen, dann ist es leuchtend bunt in den Bergen und kurz vor dem ersten Schneefall kommen die Papageien und veranstalten ein großes Spektakel im Garten.

Refugio Melingo, Las Lengas 139,
Tel. 412221
info@refugio-melingo.com
www.refugio-melingo.com

♦ Nützliches

Campingplätze findet man an der RN 234 zwischen km 4 und 5.

Flugverbindungen: 20 km außerhalb der Stadt liegt der Chapelco-Flughafen. Von dort gehen Flieger nach Buenos Aires, Bariloche, Neuquén und Esquel.

Busse: Überlandbusse fahren vom Busbahnhof (Villegas 231, Tel. 427044) u.a. nach Aluminé, Buenos Aires, Córdoba, San Carlos de Bariloche, Neuquén, Temuco (Chile) und Zapala.

Club Andino: Coronel Díaz 600, Tel. 427694

Geldwechsel und Geldautomat: Banco de la Nación, San Martín 687

Medizinische Versorgung: Ramón Carrillo Hospital, Tel. 427211, Coronel Rohde & Av. San Martín

Reiseveranstalter vor Ort: Sie bieten alle zu ähnlichen Preisen die gleichen Rundtouren an wie z.B. die Ruta de los Siete Lagos: „El Claro Turismo", Coronel Díaz 751 oder „Destino Andino", San Martín 555 Loc. 2, Experte für Rafting-Touren ist „Ulmen Turismo" (Juez del Valle 837, Tel. 429029, www.ulmen.com.ar).

Touristen-Information: Direkt am Hauptplatz/Ecke Av. San Martín, Mo.–So. 8–21 Uhr, Tel. 427347

Infobüro des Nationalparks Lanín: gegenüber Touristen-Info, Tel. 424359.

Vorwahl: 02972

📍 Die Straße der Sieben Seen

Etliche Veranstalter bieten Tagestouren für die legendäre Strecke zwischen San Martín de los Andes und Villa la Angostura an. Wer ohnehin mit dem Wagen unterwegs ist, sollte es sich aber nicht nehmen lassen, die 120 km lange Strecke auf eigene Faust zu erkunden.

Die Landschaft ist so spektakulär, dass man sich ruhig zwei Tage gönnen sollte, um alles in Ruhe auf sich wirken zu lassen. Hier die Beschreibung der Tour im Zeitraffer:

Los geht's in San Martín, man verlässt die Stadt auf der RN 234 und passiert den Lago Lácar und das Mapuche-Dorf Curruhuinca. Nach 20 km erreicht man den Aussichtspunkt Arroyo Partido. Weiter geht es 5 km bergab bis zu einer Brücke über den Río Hermoso. Weitere 5 km später taucht der dunkelblaue Lago Machónico auf. Wieder 5 km später kommt man zu einer Abzweigung nach rechts, die über eine 2 km lange Schotterpiste zum Lago Hermoso führt. Wer übernachten möchte, sollte dies im zauberhaften „Refugio Lago Hermoso", das neben komfortablen Zimmern und einem guten Restaurant auch reizvolle Ausflüge in die Umgebung per Kanu oder zu Pferde anbietet. Etwa 15 km vom Eingang des Parque Nacional Nahuel Huai entfernt, kommt man in den Genuss der Cascada Vullignanco, eines 20 m hohen Wasserfalls. Fährt man 2 km weiter, gelangt man zwischen dem Lago Villarino und dem Lago Falkner zu einem herrlichen Sandstrand und einem kostenlosen Campingplatz. Zum Übernachten eignet sich außerdem die „Hostería Lago Villarino" (Tel. 02972/427483) am Lago Falkner. Hier kann man gut essen und sich in gemütli-

Lago Lácar

chen Zimmern und Hütten und am Kamin ausruhen. 2 km weiter kommt man zum Lago Escondido. Ein etwa 8 km langer Zickzackpfad führt den Berg hinunter bis zu einer Abzweigung nach links. Wenn man hier noch 2 km weiter läuft, kommt man zum Nordende des Lago Traful, einem beliebten Punkt zum Angeln und Campen, aber ohne jede Infrastruktur. Auf einer wenig komfortablen Schotterpiste geht es nun etwa 30 km weiter, immer bergauf. Man erreicht die Abzweigung nach Villa Traful, bis dorthin sind es dann noch 27 km auf einer besseren Straße, wieder vorbei an verlockenden Campingplätzen mit direktem Seezugang. Weiter geht es auf der Hauptstraße, bis man zu einer Brücke gelangt. Direkt davor nimmt man den Weg nach rechts, der nach 2 km am Lago Espejo Chico endet. Auch dieses Fleckchen Erde am smaragdgrünen See eignet sich hervorragend zum Campen. Wieder auf der Hauptstraße Richtung Süden kann man durch die Bäume mitunter den Lago Espejo Grande erkennen. Mehrere Aussichtspunkte auf der Strecke laden zu Fotostops ein. Am Lago Correntoso angekommen, laden einige Hütten und Hosterías zum Ausruhen ein. Wer weiter möchte, folgt der Straße noch etwa 15 km zu einer Kreuzung, an der man links Richtung Villa la Angostura abbiegt. Von hieraus sind es noch etwa 10 Kilometer.

> **Tipp für Taucher – Bergseetauchen im Lago Lácar**
>
> Eine einzigartige Herausforderung für jeden Taucher ist ein Tauchgang im tiefblauen Wasser des Gletschersees Lago Lácar, der eine große Vielfalt an Steilwänden, Inseln, Wracks und eine einzigartige Flora und Fauna beherbergt. Am schönsten ist das Abtauchen bei der sogenannten „Islita" (Inselchen), die sich etwa vier km von der Küste entfernt befindet. Es gibt in San Martín gleich mehrere Tauchstationen, die das ganze Jahr über Tauchtrips im See anbieten.

Nationalpark Lanín – Lago Huechulafquen

📍 Parque Nacional Lanín

Die gesamte Bergregion westlich von San Martín gehört zu dem riesigen, über 412.000 Hektar großen Nationalpark Lanín, der zu den schönsten Landschaften Lateinamerikas zählt. Auf Erholungssuchende warten herrliche Seen, Flüsse und duftende Wälder, in denen unzählige, seltene Baumarten wachsen wie zum Beispiel die wohlgeformten, riesigen Pehuen (Araukarien) aus der Familie der Pinienbäume. Eine weitere Besonderheit im Park ist der Pudu, der kleinste Hirsch der Welt, der kaum größer wird als ein Hase.

Seinen Namen verdankt der traumhafte Park dem gleichnamigen Vulkan an der Grenze zu Chile, der aufgrund seiner Ähnlichkeit mit dem Berg Fuji zu den schönsten Bergen des Landes zählt. Wer den 3776 Meter hohen Vulkan besteigen möchte, kann dies auf der südlichen Seite am Lago Paimun oder von Norden her vom Tromén-Pass.

Von den 24 gletschergespeisten Seen im Nationalpark ist der Lago Huechulafquen der größte. Er ist auch mit dem Wagen oder per Bus gut zu erreichen. Man kommt zunächst zur Rancherstation Puerto Canoa, dort kann man auch übernachten. Zum Beispiel recht kostenintensiv in der „Hostería Paimún" (Tel. 491758, www.hosteria paimun.com.ar) oder sehr günstig auf einem der Campingplätze, die zum Teil sehr komfortabel sind. Von Puerto Canoa aus kann man in einer vierstündigen, wunderschönen Tour zum Sattel des Lanín gelangen. Die Besteigung des Gipfels sollte man allerdings den geübten Bergsteigern überlassen, die mit Steigeisen und Eispickel umzugehen wissen.

Zum Park gelangt man am besten von Aluminé, von Junín de los Andes und von San Martín aus. Wer gerne die Natur erkundet, sollte von San Martín aus mit dem Boot über den Lago Lácar bis nach Puerto Hua Hum übersetzen und von dort aus eine der herrlichsten Wanderungen überhaupt beginnen.

Kartenmaterial und Empfehlungen für Wanderwege bekommt man im Nationalparkbüro in San Martín de los Andes, E. Frey 749, Tel. 02972/424359
www.parquesnacionales.gov.ar

Villa la Angostura

Auf halber Strecke zwischen San Martín de los Andes und Bariloche befindet sich in traumhafter Umgebung der exklusive Urlaubsort Villa La Angostura. Direkt am nordwestlichen Ufer des Lago Nahuel Huapi gelegen und zwischen den **Bergen Faldeos Bayo, Inacayal und Belvedere** bietet er alles, was Outdoor-Urlauber zu schätzen wissen. Von hieraus kommt man direkt in den **Los Arrayanes Nationalpark** und in das kleine, aber feine **Skigebiet** rund um den **Cerro Bayo**.

Viele Besucher nutzen die kleine Stadt auch als südlichsten Ausgangspunkt für die herrliche Fahrt auf der „Ruta de los Siete Lagos" (Straße der Sieben Seen).

Wichtig zu wissen: Der Ort besteht aus **zwei Stadtteilen**: „El Cruce", das quirlige Geschäftszentrum, und „La Villa" mit seinen schönen Restaurants und Hotels, das man am besten nach einem 3 km langen Spaziergang am See entlang erreicht.

Wie es sich für einen so schicken Ort gehört, gibt es etliche hervorragende Restaurants, die sich vor allem auf die Zubereitung von Wild und Forelle spezialisiert haben. Auch die hier produzierte Schokolade ist nicht zu verachten – den österreichischen Einwanderern sei Dank! Auf keinen Fall versäumen sollte man den Genuss der Nachspeisen, Kuchen und Torten.

Kurzum: Der Ort ist ein Fest für alle Sinne und sollte auf keiner Patagonien-Reise fehlen. Obendrein ist der kleine und relativ unbekannte Nationalpark Arrayanes ein echtes Erlebnis. Er umfasst mit seinen 1753 Hektar die ganze Halbinsel, die sich etwa 12 km in den Lago Nahuel Huapi hinein zieht und dicht bewaldet ist mit den schützenswerten Myrtenbäumen. Viele Touristen besuchen den Park per Boot, es empfiehlt sich aber, eine Wanderung zu unternehmen oder die Gegend mit dem Fahrrad zu erkunden. Karten und Tipps zu Tour-Anbietern gibt's im Büro der Nationalparkverwaltung.

Essen und Trinken

Gute Steaks und Forellen bietet **Los Troncos** (Av. Arrayanes 67). Etwas vornehmer geht es im Promitreff **Tinto Bistro** zu. Kein Wunder, denn der Chef Martin Zorreguita ist der kleinere Bruder von Prinzessin Máxima der Niederlande. Geboten wird eine interessante Mischung aus einheimischer Küche mit asiatischem und mediterranem Einfluss. Dabei durchaus bezahlbar. Na gut, die Weine bilden die Ausnahme … tolle Karte! (Nahuel Huapi 34, El Cruce, Tel. 494924)

In dem Lokal **La Encantada** ist der Name Programm. Die Leute sind begeistert von den Fleisch-Spezialitäten, die so liebevoll arrangiert dargeboten werden. Unbedingt probieren: „Ojo de bife"! (Cerro Belvedere 69, El Cruce, Tel. 495515).

Übernachten

Besonders beliebt ist die **Hostería El Faro** am Seeufer mit Pool und Wellnessbereich. Auch das Restaurant ist sehr zu empfehlen (Av. 7 Lagos 2345, RN 231 km 64,3, Tel. 495485).

Die **Casa del Bosque Aparts & Suites** liegen an einem kleinen Hang und bieten große und hübsche Zimmer mit Whirlpool, Essbereich, Wohnecke und Balkon. Auch ein kleiner Fitnessraum ist vorhanden, außerdem Sauna, Innen- und Außenpool (Los Pinos 160, Puerto Manzano).

Ebenfalls hymnisch gelobt wird die **Posada Hostería & Spa** mit dem schönen Pool und einem herrlichen Blick auf Berg und See. Gutes Preis-Leistungs-Verhältnis! (Avenida de los Siete Lagos, RN 231, km 64,5, Tel. 494450)

Gut und günstig ist das **Italian Hostel**, das bei vielen Rucksack-Touristen als das beste Hostel des Ortes gilt. Gegrillte Leckereien und eine gemütliche Lounge (Los Marquis 215, El Cruce, Tel. 494376).

♦ Nützliches

Aktivitäten: Im Sommer Windsurfen, Kanu- und Kajak-Fahren, Wasserski, Mountainbiking, Trekking, Wandern, Klettern, Reiten, Sportfischen, Tauchen und Segeln, im Winter Langlauf und Alpinski.

Ausgehen: Unbedingt einmal im „Hub" vorbei schauen. Tolles Restaurant und Musikbar. Wer Zeit und Muse hat, isst Fondue und lauscht dabei gutem Jazz.
Arrayanes 256, Tel. 495700

Bank und Geldautomat: Calle Las Frambuesas zw. Cerro Belvedere & Nahuel Huapi, El Cruce

Busbahnhof: Ecke Av. Siete Lagos & Av. Arrayanes – El Cruce

Büro der Nationalparkverwaltung: Nahuel Huapi, La Villa, Tel. 494152

Camping: La Estacada, etwa 12 km südlich von Villa La Angostura auf der Straße nach Bariloche. Sehr schöner Platz, gute Infrastruktur (RN 231, Tel. 494954).

Post: Las Fucsias 40, El Cruce

Touristenbüro: Hier bekommt man auch sämtliche Adressen der Touranbieter und Wanderkarten: Av. 7 Lagos 93, Tel. 494124

Vorwahl: 02944

Unterwegs-Spezial

JULIO ARGENTINO ROCA

Noch nicht mal 15-jährig, trat der am 17. Juli 1843 in Tucumán geborene Alejo Julio Argentino Roca am 19. März 1858 in die Armee der argentinischen Konföderation ein. Während der Präsidentenschaft von Nicolás Avellaneda wurde er zum General ernannt. Als Kriegsminister bereitete er die sogenannte „Wüstenkampagne" vor, die von Adolfo Alsina initiiert wurde. Nach dessen Tod im Dezember 1877 führte er sie fort und 1879 erfolgreich zu Ende.

Damals betrachtete man die Ureinwohner allgemein als feindliche, heidnische Wilde und sah wohl hauptsächlich den riesigen Landgewinn, der aus diesem Völkermord resultierte. Roca wurde als Conquistador des Desierto (Erorberer der Wüste) gefeiert.

Am 12. Oktober 1880 trat Roca das Präsidentenamt an. Mittels Erlass der Laizistischen Gesetze (Leyes Laicas) zwang er die Kirche zur Übergabe einer Reihe von Funktionen und führte ein Verzeichnis aller Eheschließungen, Todesfälle und Geburten (Registro Civil) ein. Wie auch andere Bildungseinrichtungen, die bisher unter kirchlicher Führung standen, verstaatlichte Roca die Grundschulausbildung und machte sie dadurch kostenfrei.

Auch die argentinische Wirtschaft wurde von Präsident Roca verstaatlicht. 1886 entkam er knapp einem Attentat. Nach der 1890er Revolution, einer Periode als Senator und darauf als Innenminister, konnte Roca noch einmal das Präsidentenamt antreten, zunächst interimistisch für den erkrankten Präsidenten Uriburu und am 12. Okt. 1898 regulär. Während dieser Amtszeit verabschiedete er ein Gesetz, das die Landesverweisung von Gewerkschaftsführern erlaubte. 1901 führte er den Wehrdienst ein und 1904, zwei Jahre nach der Beilegung des Grenzkonflikts mit Chile, endete Rocas zweite Präsidentschaft.

In Anbetracht seines Völkermords an Argentiniens Ureinwohnern sind in jüngster Zeit Bestrebungen im Gange, Rocas überall in Argentinien verteilte Denkmale zu demontieren. An die Realisierung dieses Vorhabens glaubt allerdings niemand so richtig.

Río Negro

Die Provinz Río Negro ist eine der am dünnsten besiedelten Gegenden Patagoniens. In den öden Halbwüstenlandschaften lebt kaum ein Mensch pro Quadratkilometer und so kann es passieren, dass einem auf den endlosen Fahrten durch die Pampa stundenlang kein Lebewesen auf zwei Beinen begegnet. Einige Schafe blöken am Straßenrand und hier und da lässt sich ein Hase oder ein Guanako blicken. Lediglich um die Flüsse Río Negro und Río Colorado haben sich Menschen angesiedelt und natürlich in der Hauptstadt Viedma an der Atlantikküste und in den Touristenorten wie etwa San Carlos de Bariloche oder San Antonio Oeste.

Man kann sich vorstellen, wie gerne einst die Tehuelche-Indianer in den fruchtbaren Gebieten des Río Negros gelebt haben müssen, denn die überwältigend schöne Natur hat den Ureinwohnern alles gegeben, was sie zum Leben benötigten. Aber wie in den anderen Provinzen Patagoniens auch, war es mit dem Paradies zu Ende, als die Spanier kamen, und was diese nicht schafften, vollendeten die Schlächter der argentinischen Armee unter General Roca während des unseligen Wüstenfeldzuges. Spätestens da gehörte das Land alleine den Weißen und in der Folgezeit ließen sich immer mehr französische und deutsche Einwanderer in der Gegend nieder.

Während lange Zeit die Haupteinnahmequelle die Schafzucht war, ist es heute die Landwirtschaft in den Flusstälern, von der die Einwohner der Provinz leben. Auch der Tourismus wird immer bedeutender. Egal ob im Winter oder im Sommer: Die von Bergen und Seen umgebene Stadt San Carlos de Bariloche zieht jedes Jahr Tausende

Río Negro – Viedma

von Touristen an und wird nicht umsonst die „Schweiz Argentiniens" genannt. Während sich in der kälteren Jahreszeit die Skifahrer und Snowboarder im Wintersportzentrum „Cerro Catedral" vergnügen, kommen im Sommer jede Menge Gleitschirmflieger, Angler und Wassersport-Fans in die Gegend um Bariloche.

Größter natürlicher Feind des wachsenden Wirtschaftsfaktors Tourismus ist der chilenische Vulkan Puyehue, der zuletzt im Jahr 2011 ausgebrochen ist und mit seinem Ascheregen nicht nur den Flugverkehr in Buenos Aires lahm legte, sondern auch weite Teile der Provinz unter einer dicken Ascheschicht begrub. Bevor man sich also Richtung Anden aufmacht, sollte man sicherstellen, dass der Vulkan gerade keinen Ärger macht, denn nichts ist unangenehmer, als nach der Ankunft in Bariloche im Straßencafé zu sitzen und mit großer Beunruhigung zu beobachten, wie die Passanten mit Mundschutz durch die Straßen eilen, um möglichst wenig Zeit im Freien zu verbringen. Zwar behaupten manche Internet-Seiten, diese Aschereste seien zu einem weiteren Anziehungspunkt für Touristen geworden, aber das ist natürlich völliger Blödsinn. Wenn der Vulkan tobt, sollte man fern bleiben.

Viedma

Viedma und Carmen de Patagones liegen so nahe beieinander, dass man glauben könnte, die beiden Städte gehören zusammen. Doch zwischen ihnen fließt der Río Negro als natürliche Provinzgrenze und so gehört die 19.000 Einwohner große Stadt Carmen de Patagones zur Provinz Buenos Aires, während die bedeutend größere Stadt Viedma mit etwa 60.000 Einwohnern die Hauptstadt der Provinz Río Negro ist. Viel zu bieten hat diese Stadt nicht, wenngleich sie unter der Regierung von Alfonsín einmal kurz davor war, zur Hauptstadt Argentiniens aufzusteigen. Das war im Jahre 1986 und man kann sich vorstellen, dass es unzählige Menschen gab, die in der Hoffnung, in der neuen Hauptstadt Arbeit zu finden, nach Viedma umsiedelten. Als sich die sogenannten „Dezentralisierungspläne" des Präsidenten zerschlugen und die Wirtschaftskrise die Träume von Glanz und Gloria zunichte machte, blieben zwar die Zuwanderer, aber der erhoffte Wirtschaftsaufschwung kam nicht. Die Folge waren Armut und eine hohe Arbeitslosenquote, die noch heute die höchste in ganz Patagonien ist. Heute wird im Tal des Río Negro mit Hilfe von künstlicher Bewässerung Landwirtschaft betrieben, vor allem auf den Obstanbau hat sich die Region spezialisiert. Die größte Hoffnung aber birgt der Tourismus, der immer mehr an Bedeutung gewinnt. Vor allem in die nahe gelegenen Badeorte am Meer wie etwa „El Cóndor" wurde viel investiert und auch die Seelöwenkolonie Punta Bermeja soll künftig noch mehr Besucher anziehen.

Statt Hauptstadt blieb Viedma also weiterhin nur katholischer Bischofssitz und obendrein Austragungsort des jährlich stattfindenden, größten Kajakrennens der Welt. Die Tour beginnt in Neuquén und endet im 420 Kilometer entfernten Viedma. Immerhin einmal im Jahr also ist die Stadt im Blickpunkt der Öffentlichkeit, um danach wieder zu ihrer provinziellen Gemächlichkeit zurückzukehren.

Aktivitäten

Um einen ersten Eindruck zu erhalten, schlendert man am besten erst einmal durch das hübsche Stadtviertel am Flussufer und lässt es sich in einem der zahlreichen Straßencafés gut gehen. Wer sich für die Tehuelche-Indianer interessiert, sollte das „Museo Gobernador Eugenio Tello" besichtigen, das unter anderem einige deformierte Schädel und Gerippe der Ureinwohner zur Schau stellt (San Martín 263, Tel. 425900). Ebenfalls sehenswert sind die Deckengemälde im Kardinalszimmer des Museo Cardenal Cagliero (Rivadavía 34, Tel. 15-308671). Das Museum befindet sich im Centro Histórico Cultural Salesiano an der Ecke Rivadavía und Colón.

Im Sommer empfiehlt sich eine Tour mit dem Katamaran oder eine Kajakfahrt auf dem Río Negro. Diverse Tourveranstalter am Pier bieten Ausflüge an.

Essen und Trinken

Ein absolutes Muss ist der Besuch des Lokals „Achavil del Río"! Das Restaurant mit seinem freundlichen Service ist bekannt für seine delikaten Fisch- und Meeresfrüch-

Río Negro – Viedma

tegerichte (Av. Costanera y Belgrano). Wer gerne reichhaltig und ausgiebig frühstückt, sollte dies in Camila's Café (Ecke Saavedra & Buenos Aires). Auch das Mittagessen kann sich sehen lassen. Ein weiteres Highlight ist das Restaurant „Capriasca" (Alvaro Barros 685, Tel. 426754). Man speist an stilvoll gedeckten Tischen vor allem einheimische Spezialitäten wie Forelle, Lamm und andere Fleischgerichte.

Übernachten

Gut und günstig übernachten kann man im „Parador y Hotel de Campo La Leona" (Ruta 40 y Paso del Río La Leona). Wer einen tollen Blick über den Fluss oder nach Carmen de Patagones genießen möchte, quartiert sich im „Hotel Viedma" ein. Der riesige Klotz wirkt zwar alles andere als charmant, dafür sind die Zimmer absolut in Ordnung und der Service ganz angenehm. (Costanera Avenida Villarino 292, Tel. 422615). Besonders preiswert sind die Zimmer im Hostel Viedma in der Straße Guido 482, Tel. 430771.

◆ Nützliches

Anlaufstelle für Angler: Dirección de Pesca de Río Negro, Touristenzentrum am Flussufer, Tel. 420326

Busse: Wer mit dem Bus weiter möchte, ist in Viedma besser aufgehoben als in Carmen de Patagones. Vom Busbahnhof aus (Guido und Av. Perón) fahren täglich Busse nach Buenos Aires, Puerto Madryn, Trelew und Comodoro Rivadavia.

Camping Municipal: liegt zehn Blocks westlich der RN 3 direkt am Flussufer (Mückenalarm!). Geboten werden heiße Duschen, ansonsten nichts Besonderes (Tel. 15-524786).

Flughafen: Der Aeropuerto Gobernador Castello liegt fünf km südlich von Viedma an der Ruta Provincial 51 (Tel. 425311).

Fluggesellschaften: Aerolíneas/Austral, Colón 212, Tel. 422018, LADE, Saavedra 576, Tel. 424420

Medizinische Versorgung: Hospital Artémides Zatti, Rivadavía 351, Tel. 422333

Post: Ecke 25 de Mayo/San Martín

Touristeninformation: Villarino zwischen Colón und Alvaro Barros, Tel. 427171

Vorwahl: 02920

Zug: Wer viel mit dem Bus unterwegs ist, wird sich über eine schöne

Zugfahrt freuen, die in diesem Falle richtig schön altmodisch mit Bordkino und Speisewagen angeboten wird. Jeden Freitag geht's nach Bariloche, der Zug fährt um 18.00 Uhr vom Bahnhof am südöstlichen Stadtrand ab. Abfahrtszeit lieber auf der Webseite nochmal prüfen, die kann sich schnell mal ändern! Tren Patagónico, Tel. 422130
www.trenpatagonico-sa.com.ar

Carmen de Patagones

Von Viedma aus erreicht man das hübsche, kurz „Patagones" genannte Städtchen über zwei Brücken oder per Fußgänger-Fähre. Seinen Ruhm verdankt die erste Stadt Patagoniens einer siegreichen Schlacht von 1827, als die Bewohner eine zahlenmäßig weit überlegene und besser ausgerüstete brasilianische Flotte schlugen. Noch heute feiert man dieses Ereignis ausgiebig, nämlich ganze zehn Tage lang ab dem siebten März mit der „Fiesta del Siete de Marzo". Wer in diesen Tagen in der Stadt ist, hat das Glück, die Argentinier mal so ganz in ihrem Element zu erleben und sämtliche traditionelle Lieder, Speisen und Gewänder kennen zu lernen.

Sehenswertes

Obwohl Carmen de Patagones bedeutend kleiner ist als Viedma, hat es einiges mehr an Sehenswürdigkeiten zu bieten. Zum Beispiel den von Salesianern erbauten „Templo Parroquial Nuestra Señora del Carmen". Das dort wie eine Reliquie verehrte Heiligenbild einer Jungfrau aus dem Jahre 1780 gehört zu den ältesten Marienbildern Argentiniens. Die brasilianischen Flaggen, die am Altar prangen, wurden beim Kampf gegen die Brasilianer im Jahre 1827 erbeutet. Einen Block weiter gelangt man zu den letzten Überresten eines Forts aus dem Jahre 1780. Sehenswert ist auch die Privatresidenz „La Carlota" (Ecke Bynon & Mitre), in der auf Anfrage Führungen gemacht werden. Zu sehen ist eine typische Innenausstattung des 19. Jahrhunderts. Ebenfalls interessant ist das „Museo Histórico Emma Nozzi", das sich unweit des Parque Piedra Buena befindet und viele Alltagsgegenstände der Ureinwohner zeigt (J. J. Biedma 64, Tel. 462729).

Essen und Trinken

Im Neptuno verkehren gerne die

Einheimischen, was ein gutes Zeichen ist. Auf der Karte stehen klassische Fleischgerichte, Tortilla und leckere Pizzen (Comodoro Rivadavia 310). Die besten Empanadas und Eintopfgerichte speist man direkt am Ufer des Río Negro im „La Tasca de Muello Viejo" (J. J. Biedma 30).

Übernachten

Viele Traveller übernachten im „Hotel Residencial Reggiani", das schon aufgrund seiner zentralen Lage sehr beliebt ist (Bynon 422, Tel. 461-065). Noch besser sind die Zimmer im Hotel Percaz, abgesehen von den alten Teppichen. Nette Leute! (Comodoro Rivadavia 384, hotel@hotelpercaz.com.ar Tel. 464104).

◆ Nützliches

Ausflug zum 2 km entfernt liegenden Cerro de Caballada. Der ganze Stolz der Einwohner ist die 21 Meter hohe Marmorsäule, die den Kriegshelden im Kampf gegen die Brasilianer gewidmet ist. Man übernachtet am besten im Hotel Percaz, Comodoro Rivadavia und Irigoyen, das beste Restaurant heißt „La Terminal".

Bank und Geldautomat: Banco de la Nación, Paraquay 2
Busbahnhof: Ecke Barbieri & Mejico, Tel. 462666
Post: Paraguay 38

Las Grutas

Wer ein paar Tage faul am Strand liegen möchte, kann das gut in „Las Grutas", einem der größten Seebäder Patagoniens. Im Winter ist hier nichts geboten, in den Sommermonaten dagegen kann es recht voll werden. Der Name bezieht sich auf die großen Unterwasserhöhlen, die man hier bei Ebbe sehen kann. Wer Interesse hat, kann sich beim **Touristenbüro** einen Gezeitenkalender holen. Galería Antares, Primera Bajada, Tel. 02934/497470.
Wer Königskrabben und Paella liebt, sollte sich das Restaurant Aladdin nicht entgehen lassen Av. Río Negro 607, Tel. 02934/497266
Gut per **Bus** zu erreichen über San Antonio Oeste (15 km). Der Ort selbst ist nicht besonders sehenswert.

El Cóndor

Neben „Las Grutas" erfreut sich auch das Seebad „El Cóndor"

immer größerer Beliebtheit. Zumindest bei den Bewohnern von Viedma, denn ansonsten ist der zweitgrößte Badeort der Provinz vom Massentourismus weitgehend unberührt geblieben, was ihn besonders sympathisch macht. Legendär ist der Leuchtturm „Faro del Río Negro", er ist der älteste Argentiniens. Ansonsten ist hier nicht viel geboten – genau der richtige Platz, um einmal gar nichts zu tun außer Baden, Spazierengehen und sich am Abend im Lokal an den frischen Köstlichkeiten des Meeres zu laben und dazu einen ordentlichen Weißwein zu genießen. Zum Beispiel bei „Tamarisco" direkt am Strand. Zum Übernachten empfiehlt sich der Campingplatz Ina Lauquen (Ecke Calle 87/Costanera, Tel. 02920/497218) oder Hospedaje Río de los Sauces (Calle 20, Tel. 02920/497193). Auch Papageien scheinen die Gegend zu mögen, an der felsigen Playa del Faro hat sich in den Höhlen der Klippen eine riesige Kolonie eingenistet.

La Lobería

Etwa 160 km von Viedma entfernt befindet sich „La Lobería", eine riesige Seelöwen-Kolonie. Von einer Besucher-Plattform aus kann man die Tiere gut beobachten. Mindestens 600 sind immer da, zur Paarungszeit sogar bis zu 3000.

San Carlos de Bariloche

Egal ob im Winter oder Sommer, die von Bergen und Seen umgebene Stadt San Carlos de Bariloche zieht jedes Jahr Tausende von Touristen an und wird nicht umsonst die **„Schweiz Argentiniens"** genannt. Während sich in der kälteren Jahreszeit die Skifahrer und Snowboarder im berühmten Wintersportzentrum Cerro Catedral vergnügen, kommen im Sommer jede Menge Gleitschirmflieger, Angler und Wassersport-Fans hierher. Jeder Besucher merkt es sofort: Dies hier ist DAS Outdoor-Paradies Argentiniens. Malerisch am Ostufer des riesigen Nahuel-Huapi-Sees und am Rande des gleichnamigen Nationalparks gelegen, ist der Ort mit seinen 200.000 Einwohnern der perfekte Ausgangspunkt für Touren durch den Nationalpark. Warum die Gegend immer wieder mit der Schweiz verglichen wird, liegt übrigens nicht nur an den Postkartenmotiven oder an der Tatsache, dass Hotels Namen wie „Edelweiß" tragen, sondern auch daran, dass hier die leckerste Schokolade des Landes produziert wird. Berühmt geworden ist der Ort auch für seine außergewöhnliche, alpenländische Architektur, die durch die Verwendung von viel Holz an unsere Alpenromantik erinnert, aber mit fantasievollen Steinkonstruktionen einen ganz eigenen Charme entwickelt hat. Das Bürgerhaus ist ein gutes Beispiel für diese Bauweise.

Viele Schulen folgen der Tradition, ihre Schüler nach dem Abi auf Abschlussfahrt nach Bariloche zu schicken, deshalb ist die von dem Deutschen Karl Wiederhold gegründete Stadt auch im Rest Argentiniens bekannt. Ein Foto mit Bariloche, das umrahmt wird von den steil aufragenden Gipfeln der Cerros Catedral, López, Shahugue und Nireco gehört zu den Pflicht-Motiven, die in jedem Foto-Album eines gebildeten Argentiniers zu finden ist. Und wer keine Pralinenschachtel oder wenigstens eine Tafel Schokolade als Souvenir mit nachhause nimmt, hat sicherlich einen der seltsamen Zwerge erstanden, die es hier überall in allen Größen zu kaufen gibt.

Sehenswertes

Die Stadt selbst bietet nur sehr wenig Sehenswertes. Die eigentlichen Schönheiten sind in der herrlichen Umgebung zu finden, an den vielen Seen am Fuße der Anden und im Nationalpark Nahuel Huapi mit dem gleichnamigen See, dem Lago Marcardi, Lago Gutiérrez und dem Berg Cerro Catedral. Trotzdem ist ein Bummel durch das „Centro Cívico" mit seinen schönen Holz- und Steingebäuden natürlich ein Muss. Hier findet man auch die städtische Touristeninformation, die Auskunft über Ausflugsmöglichkeiten gibt und einiges an Kartenmaterial zur Verfügung stellt. Ganz interessant ist das „Museo de la Patagonia", das einige archäologische Funde, indianische Gebrauchsgegenstände, ausgestopfte Tiere und viel Wissenswertes über den Mapuche-Aufstand gegen die Eroberer der Wüste zeigt (Centro Cívico, Tel. 422309).

Aktivitäten

Ausgehen: Unbedingt mal in die Zeitschrift „La Puerta" gucken, da stehen alle Kulturereignisse drin und was sonst noch aktuell ist. Eine der derzeit angesagtesten Bars heißt „Cruz Bar" (Ecke Juramento & 20 de Febrero)

Ausritte, Mountainbiketouren, Wildwasser-Rafting: Overland Patagonia, Villegas 195, Tel. 456327. Tom Wesley Viajes de Aventura, Av. Bartolomé Mitre 385, Tel. 435040.

Fliegenfischen, Schleppangeln: Asociación de Pesca y Caza Nahuel Huapi, Ecke Costanera 12 de Otube & Onelli, Tel. 421515

Gleitschirmfliegen: Parapente Bariloche, Cerro Otto base, Tel. 15-552403. Leihausrüstung: Baruzzi Deportes, Urquiza 250, Tel. 424922. Martín Pescador, Rolando 257, Tel. 422275, martinpescador@bariloche.com.ar

Minibus-Touren nach El Bolsón, zum Nationalpark oder nach San Martín de los Andes: In den Reisebüros in der Avenida Bartolomé Mitre fragen!

Mountainbike-Experten:
„Bikeway", VA O'Connor 867,
Tel. 424202, www.bikeway.com.ar oder „Dirty Bikes", VA O'Connor 681, Tel. 425616, www.dirtybikes.com.ar

Raften & Kajak Fahren:
„eXtremo Sur", Morales 765,
Tel. 427301, www.extremosur.com
„Pura Vida Patagonia,
Tel. 15-414053,
www.puravidapatagonia.com

Reiten: In den Reisebüros in der Avenida Bartolomé Mitre fragen.

Shoppen: In der Stadt der Schoko-Herstellung ist Schokoladeeinkaufen ein Muss. Besonders zu empfehlen: Mamuschka, Av. Bartolomé Mitre 298

Skifahren: Skigebiet „Cerro Catedral", www.catedralaltapatagonia.com, Organisation von Unterricht und Bereitstellung von Ausrüstung: „Baruzzi Deportes", Urquiza 250, Tel. 424922, „Martín Pescador", Rolando 257, martin pescador@bariloche.com.ar,
Tel. 422275

Wandern, Bergsteigen, Trekking: Karten und sonstiges Infomaterial im Club Andino Bariloche, www.clubandino.org, www.active patagonia.com.ar, Tel. 422266. Sehr zu empfehlen ist eine Trekking-Tour mit Führer. Die Asociación de Guías de Montanas hat hier tolle Tipps: Guenmes 691, www.aagm.com.ar

Essen und Trinken

Wie man es von einer mit dem Prädikat „Schweiz" versehenen Region nicht anders erwarten kann, ist das Essen hier fast überall ausgezeichnet. Entlang der Av. Mitre, in der Parallelstraße Elflein und in den Seitenstraßen befinden sich jede Menge guter Lokale. Wer einmal dort speisen möchte, wo Bill Clinton bereits gegessen hat, geht ins teure **El Patacón** in der Av. Bustillo km 7. Für Fans von gegrilltem Fleisch empfiehlt sich die **Parilla El Boliche de Alberdi,** Villegas 347. Italo-Fans gehen in die **Trattoria de la Famiglia Bianchi,** España 590. Die Speisen sind allesamt sterneverdächtig. Und nicht zu vergessen das legendäre Restaurant **Tarquino** (24 de Septiembre & Saavedra, Tel. 421601) Nicht nur das Ambiente ist ein Traum, die Fischgerichte sind unschlagbar!

Und wer besonders verwöhnt ist und nur vom Allerfeinsten speisen möchte, kann dies natürlich auch in einem der Restaurants in dem berühmten **Hotel Llao Llao** (siehe Hotels).

Tipp: Cassis

Ein wahrhaft sternewürdiges Restaurant mit fantastischen Speisen und einer großartigen Weinkarte. Deutscher Besitzer, einfach machen lassen! Ruta 82, Lago Gutiérrez, Peñón de Arelauquen,
Tel. 0054/2944/476167

Übernachten
Camping

Es gibt verschiedene Campingplätze, der am nächsten gelegene ist drei Kilometer entfernt und heißt La Selva Negra (Schwarzwald). campingselvanegra@speedy.com. ar, Av. Bustillo, km 2,9,
Tel. 441013

Hotel Cacique Inacayal

Ein wunderschönes Hotel mit atemberaubendem Blick über den See und angenehmem Wellness-Bereich. Reichhaltiges Frühstück, große Zimmer und gutes Restau-

rant. Absolut zu empfehlen!
Juan Manuel de Rosas 625
Tel. 433888
www.hotelinacayal.com.ar

Hostel Patanuk

Für Leute mit kleinem Budget ist dieses Hotel ein echter Glücksstreffer. Der Ausblick ist großartig und das Ambiente einfach wunderbar.
Av. JM Rosas 585,
www.patanuk.com, Tel. 434991

Hostería Costas del Nahuel

Die kleine Pension ist ein echter Geheimtipp und liegt direkt am See Nahuel Huapi. Das Zentrum erreicht man zu Fuß binnen weniger Minuten. Traumhafter Ausblick und gutes Frühstück!
Av. Bustillo 937, Tel. 439919,
www.costasdelnahuel.com.ar

Alaska

Ebenfalls gut und günstig ist dieses Hostel auf der Straße nach Llao-Llao (Avenida Bustillo) bei km 7,5,
www.alaskahostelbariloche.com,
Tel. 461564

Bungalow Nahuel Malal

Echter Tipp für Naturfreunde: Von der Gartenterrasse hat man einen herrlichen Ausblick und die deutschsprachige Bewirtung ist einwandfrei, Panque 12435, km 12,4 an der Av. E. Bustillo

Hotel Cacique Inacayal

Nicht gerade billig, aber perfekt gelegen über dem See Nahuel Huapi. Gutes Restaurant, stilvoll eingerichtete Zimmer und eleganter Spa-Bereich.
Juan Manuel de Rosas 625

Hotel Llao Llao – für Genießer

Das außerhalb von Bariloche gelegene Hotel Llao Llao ist so etwas wie ein argentinisches Vorzeigehotel der Spitzenklasse. Zwischen den Gipfeln der Berge Cerro López und Cerro Tronador und den Seen Moreno und Nahuel Huapi gelegen, verfügt das Hotel über einen 15 Hektar großen Park, in dem ein Golfplatz mit 18 Löchern, ein Strand, Segelschiffe, ein Solarium, Frei- und Hallenbad im „Infinity" Stil, ein Wellness-Center sowie der Health Club mit Sauna und Fitness Center integriert sind. Die Restaurants sind ebenfalls kaum zu übertreffen, hier fehlt es an nichts!

Río Negro – San Carlos de Bariloche

Península Llao-Llao, Tel. 448530, www.llaollao.com.ar

Hostel Pudu
Richtig schöne Unterkunft für wenig Geld. Tolle Atmosphäre und irgendwie besonders!
Salta 459, www.hostelpudu.com, Tel. 429738

◆ Nützliches

Autoverleih: Avis und Hertz sind am Flughafen zu finden, „Rent a Car Bariloche", Moreno 115, Tel. 427638, „Budget", Mitre 717, Tel. 422482

Busbahnhof: Befindet sich östlich der Stadt auf der anderen Seite des Río Ñireco an der Ruta 237, Tel. 432860. Es fahren täglich mehrmals Busse nach Buenos Aires, Comodoro Rivadavia, Córdoba, Esquel, El Bolsón, Mendoza, Río Gallegos, San Martín de los Andes, Osorno Jujuy, Neuquén und Río Gallegos.

Feste und Events: Am 3. Mai wird die Fiesta Nacional de la Rosa Mosqueta gefeiert (ein Fest zu Ehren der Hagebutte, die hier offenbar sehr beliebt ist). Das bedeutendste Fest ist die zehn Tage während „Fiesta Nacional de la Nieve", die im August stattfindet. Im Januar und Februar gibt es mehrere großartige Festivals rund um die Musik.

Flughafen: Befindet sich 12 km außerhalb der Stadt und ist mit dem Bus 72 vom Zentrum (Moreno 400) aus zu erreichen. Es gehen täglich Flüge nach Buenos Aires, Esquel, Comodoro Rivadavia und Neuquén. Andere Städte werden seltener angeflogen, einfach bei den Airlines nachfragen: Aerolíneas Argentinas: Av. Bartolomé Mitre 185, Tel. 422425, LAN: Av. Bartolomé Mitre 500, Tel. 431077, www.lan.com, LADE: Villegas 480, Tel. 424812

Geldwechsel: Cambio Sudamericano, Mitre 63, Geldautomaten gibt's im Zentrum an fast allen Banken

Nationalpark-Verwaltung:
San Martín 24

Konsulat Deutschland:
Emilio Morales 460, Tel. 425695 oder 425017

Konsulat Österreich: Catedral Alta Patagonio, Tel. 423776/160

Post: Moreno 175

Touristeninformation: im Centro Cívico, Tel. 422266

Vorwahl: 02944

Zug: Verbindungen unter

www.trenpatagonico-sa.com.ar oder am Bahnhof: 12 de Octubre 2400, Tel. 423172.

Ausflüge

Eine Liste mit sämtlichen Tourangeboten mit den aktuellen Preisen gibt es bei der Touristeninformation. Besonders empfehlenswert sind folgende Ausflüge:

- **Cavernas del Viejo Volcán**

Interessant ist ein Besuch des 15 km von Bariloche entfernten Höhlenkomplexes „Cavernas del Viejo Volcán", in dem 8000 Jahre lang verschiedene Indianerstämme lebten. Höhlenmalereien zeugen noch heute von seinen einstigen Bewohnern. Wirklich lohnenswert ist die organisierte Führung! Wer auf eigene Faust zu den Höhlen möchte, kann auch mit dem Linienbus dorthin gelangen. Dies empfiehlt sich aber nicht, weil man kaum etwas spart. Also lieber beim Veranstalter buchen!

- **Parque Nacional Nahuel Huapi**

Der „Nahuel Huapi" ist einer der beliebtesten und größten Nationalparks Argentiniens. Angesichts der vielen Besucher möchte man in manchen Teilen fast bezweifeln, ob die Natur hier wirklich noch Schutzzone ist. Für Wanderer, die

---

Tipp: Ganztagesausflug mit dem Tren Histórico

Eine Zugfahrt mit der historischen Dampflok muss sein! Gebaut wurde das schöne Stück mit seinen fünf Waggons 1912 in Glasgow, eingesetzt wurde die Lok bis in die 60er Jahre zwischen Buenos Aires und Mendoza. Die Fahrt beginnt am Bahnhof von San Carlos de Bariloche und führt an der Küste des Nahuel-Huapi Sees entlang bis zur Station „Perito Moreno". Bevor es zurück geht, kann man einen Spaziergang zur Laguna „Los Juncos" unternehmen. Unterwegs gibt es etliche Möglichkeiten, atemberaubende Fotos von der Andenkette zu machen. Vor allem auf die Berge Catedral Tronador und Capilla hat man eine herrliche Sicht.

Río Negro – San Carlos de Bariloche

es einsamer mögen, gibt es auf dem 705.000 Hektar großen Areal zum Glück dennoch etliche Wege und Plätze, an denen man die Bilderbuchlandschaft in aller Stille genießen kann. Sie ist geprägt von schneebedeckten Andengipfeln, blauen Gletscherseen und duftenden Wäldern. Benannt ist der Park nach dem Nahuel Huapi, dem Quellsee des Río Limay, der das Herzstück des Parks ist und eine ganz eigenartige, langgezogene Form hat. Er misst der Länge nach 100 km und ist an keiner Stelle breiter als 12 km. Der höchste Berg des Parks ist der 3554 m hohe erloschene Vulkan „Monte Tronador". Wer Glück hat, trifft auf seiner Wanderung Rot- oder Damhirsche, die zu den „importierten" Wildarten gehören. Die heimischen Tiere sind der Andenhirsch (huemul) und der winzig kleine Pudú (der kleinste Hirsch der Welt). Campingplätze und Hotels sind vorhanden!

▪ Circuito Chico – ca. 60 km lang

Die beliebteste Rundfahrt beginnt in Bariloche und führt am See entlang nach Westen. Bei km 18 erreicht man auf der Straße nach Llao-Llao die Talstation des Cerro Campanario. Man sollte unbedingt einmal mit dem Lift hochfahren und die spektakuläre Aussicht über den See genießen. Wieder unten angekommen, geht es weiter nach Llao-Llao zum Hafen Puerto Pañuelo. Selbst wer hier nicht übernachten möchte, sollte sich dort das gleichnamige Hotel einmal ansehen, denn es gehört zu den berühmtesten Luxushotels Argentiniens und ist einmalig schön.

Weiter geht die Fahrt über eine schmale Landbrücke zwischen dem Lago Nahuel Huapi und dem Lago Morena. Es gibt hier eine Schweizer Kolonie, in der es sich zu rasten lohnt. Wer Lust hat, kann nicht nur leckeren Kuchen genießen, sondern gleich auf einem der schönen Campingplätze sein Zelt aufschlagen. Wer sich die Wanderung zum 2076 hohen Cerro López zutraut (etwa 3 Stunden), kann hier gleich losstarten. Wer nicht, findet hier leicht den Weg zurück nach Bariloche.

Jedes Reiseunternehmen von Bariloche dürfte diese beliebte Rundfahrt im Programm haben, die ungefähr einen halben Tag dauert.

Wer fit ist und gerne Rad fährt, kann sich auch ein Fahrrad leihen und die Tour binnen eines Tages bewältigen. Die ersten 18 Kilometer sollte man sich sparen und stattdessen mit dem Bus ab Bariloche bis zum Fahrradverleih von Cordillera Bike fahren. Das heißt, man sagt dem Busfahrer, dass man dort aussteigen möchte. Praktischerweise hat man beim Fahrradverleih schon vorher angerufen und ein Mountainbike samt Helm reserviert.

▪ Wanderung zum Cerro Otto (1405 m, Strecke: 8 km)

Es gibt zwei Varianten: Die etwas beschwerlichere Wanderung stadtauswärts an der Av. De los Pioneros entlang bis zur Tankstelle und dann weiter über den nach links abbiegenden Weg Richtung Gipfel. Oder die weniger schweißtreibende Fahrt mit der Kabinenseilbahn „Teleférico" an der Av. De Los Pioneros bei km 5. Wer sich überhaupt nicht bewegen möchte, kann auch den kostenlosen Bus von Bariloche aus zur Talstation nehmen (startet an der Ecke Avenida Bartolomé Mitre/Villegas oder Perito Moreno/Independencía).

Wer mit der Seilbahn hochfährt, kann oben im Restaurant eine überteuerte Stärkung genießen. Wanderer kehren gerne etwa 600 Meter vor dem Gipfel im gemütlichen „Berghof" ein. Übernachtungsmöglichkeiten bietet die Hütte des Club Andino auf 1240 Metern Höhe. Es empfiehlt sich allerdings, frühzeitig zu reservieren, da es nur Platz für zwanzig Leute gibt.

Weitere Infos und Kartenmaterial gibt es beim Club Andino in Bariloche: 20 de Febrero 30,
www.clubandino.com.ar
www.activepatagonia.com.ar
Tel. 422266 oder
bei der Nationalpark-Verwaltung:
San Martín 24.

▪ Übernachten im Nationalpark

Wer nicht auf den Campingplätzen in unmittelbarer Umgebung von Bariloche übernachten möchte, kann sich einen schönen Zeltplatz an einem der folgenden Seen aussuchen: Lago Roca, Pampa Linda, Lago los Moscos, Lago Gutiérrez und Lago Guillelmo. Auch einige schicke Hotels gibt es innerhalb des Parks, zum Beispiel das einsam

gelegene **„Hotel Tronador"**. Abgesehen davon, dass der Ort eine besondere Magie ausstrahlt und man hier hervorragend essen kann, werden etliche Aktivitäten angeboten wie beispielsweise Rafting, Ausreiten, Klettern, Trekking und Angeln. Am Mascari See – 60 km entfernt von Bariloche (24 km auf der Straße nach Mount Tronador, Tel. +54/2944/490556
info@hoteltronador.com
www.hoteltronador.com

Leider gibt es abgesehen von der rühmlichen Ausnahme der preiswerten **Hostería Pampa Linda** (Tel. 490517, www.hosteriapampalinda.com.ar) nicht viele kostengünstige Unterkünfte im Nationalpark. Wer nicht mit dem Zelt unterwegs ist, wird also ohnehin eine Menge Geld hier lassen, warum sich dann nicht gleich in der **Lodge Las Balsas** einquartieren. Die extravagante Unterkunft direkt am See Nahuel Huapi bietet makellosen Luxus in absoluter Abgeschiedenheit. Wer Erholung sucht, ist hier genau richtig. Bahia Las Balsas, Villa La Angostura 8407
Las Balsas Gourmet Hotel & Spa,
Villa la Angostura,
Tel. 02944/494308
reservations@lasbalsas.com.ar

▪ **Schnell mal rüber nach Chile – Cruce de Lagos**
Wer einen Ausflug nach Chile machen und gleichzeitig die Schönheit des Nationalparks genießen möchte, sollte die Gelegenheit nutzen. Denn der „Cruce de Lagos" ins chilenische Peulla gehört zu den schönsten Andenüberquerungen Argentiniens, weil ein Großteil der Strecke auf dem Wasser zurückgelegt wird. Die Ausflüge der Veranstalter bieten alle ein ähnliches Programm: Von Bariloche aus geht es zunächst mit dem Bus in das 25 km entfernte Puerto Pañuelo. Dort besteigt man ein Schiff, das über den Lago Nahuel Huapi bis nach Puerto Blest (etwa 60 Min.) fährt. Von hier aus geht es mit einem Bus ins drei Kilometer entfernte Puerto Alegre und dort wieder mit dem Schiff weiter über den Lago Frías nach Puerto Frías (20 Min). Weiter geht es über Serpentinen hinauf auf den Pass „Vicente Pérez Rosales", wo in 976 m ü.d.M. die Grenze nach Chile überquert wird. Danach geht's

nach Peulla, der ersten chilenischen Ansiedlung, wo auch die Grenzformalitäten stattfinden. Wieder geht es auf das Schiff, diesmal über den Allerheiligen See (Lago todos los Santos) nach Petrohué. Von hier aus geht es mit dem Bus entlang am Lago Llanquihue nach Puerto Varas.

Am besten bucht man den Trip schon von Deutschland aus, zum Beispiel bei Reallatino Tours in Leipzig. Der Veranstalter macht die Tour seit Jahren mit seinen Kunden und kann hilfreiche Tipps geben.
www.reallatino-tours.com

El Bolsón

Wer die traumhaft in einem Andental gelegene Kleinstadt einmal besucht hat, kann gut verstehen, warum nicht nur in den 70ern die Hippies in Scharen hierher kamen, sondern auch heute noch unzählige Rucksacktouristen, Aussteiger und Ökofreaks. Die Gegend rund um El Bolsón bietet einige der schönsten Wanderwege Argentiniens und vom Gewinnstreben anderer Kultstädte ist die bescheiden gebliebene Ortschaft weit entfernt, was sie einfach sympathisch macht. Die meisten Touristen kommen hierher, um den legendären Kunsthandwerkermarkt am Südende der Plaza Pagano zu besuchen. Jeden Dienstag, Donnerstag und Samstag zwischen 10 und 16 Uhr kann man hier nach Herzenslust selbstgestrickte Pullis und Hüte probieren, an handgefertigten Seifen schnuppern und sich mit wunderschönem Silberschmuck eindecken. Der Markt eignet sich hervorragend, um die Daheimgebliebenen mit typisch argentinischen Mitbringsel aus Leder zu erfreuen. Die Qualität ist absolut in Ordnung und die Preise meist günstiger als in den Souvenirläden. Handgemachte Marmelade von den riesigen Obstplantagen bekommt man ebenfalls an jeder Ecke. Biertrinker dürfen sich freuen: In der Stadt steht eine der beiden Bierbrauereien außerhalb von Deutschland, die das berühmte Bamberger Rauchbier produzieren.

Aktivitäten

Ausgehen: Live-Musik gibt es im Morena Café (Ecke Av. San Martín & Pablo Hube), an den Wochenen-

Río Negro – El Bolsón

den empfiehlt sich ein Besuch der Bar 442 (Dorrego 442).

Shoppen: Der perfekte Ort für Shopping-Freunde. In vielen Geschäften wird regionale Kunst verkauft und Selbstgemachtes jeder Art, angefangen von Strickwaren bis zu hübschen Marionetten und Instrumenten. Webwaren und Kleidung gibt's im „Centro Artensanal Cumey Antú" (Av. San Martín 2020) und Keramik, Messer, Silberwaren und Strickwaren der Mapuche kriegt man bei „Monte Viejo" (Ecke Pablo Hube & Av. San Martín).

Skifahren oder Wandern:

Cascada Mallín Ahogado: Zehn Kilometer nördlich von El Bolsón befindet sich ein kleiner Wasserfall. Dahinter geht es zum Refugio Perito Moreno, wo man übernachten und essen kann. Von hier aus starten etliche schöne Wandertouren, zum Beispiel hinauf auf den 2306 Meter hohen Cerro Perito Moreno. Das Gebiet eignet sich hervorragend zum Skifahren, es gibt mehrere Schlepplifte und einen Sessellift.

Wanderungen: Besonders schöne Bergwanderwege führen von der Stadt ins „Valle del Azul" und auf den 2284 Meter hohen Piltriquitrón.

Essen und Trinken

Wie es sich für eine von Ökotouristen und Biobauern geprägte Gegend gehört, kann man in El Bolsón ausgezeichnet speisen. Eine einheimische Spezialität ist die Zubereitung der Regenbogenforelle, die sollte man unbedingt probieren. Belgische Waffeln mit Schlagsahne und Früchtebecher mit viel Sahne dürfen bei keinem Restaurantbesuch fehlen. Wer die Straße San Martín entlang schlendert, findet etliche besuchenswerte Lokale. Zum Beispiel das von „Martin Sheffield" (Nr. 2760, Tel. 491920). Hier lässt man die Forelle in vorzüglichem Wein oder Bier schwimmen. Wer Wildgerichte liebt, geht zu „Jauja" (Nr. 2867, Tel. 492448). Nicht verpassen sollte man einen Besuch bei „Las Brasas", hier gibt es die wahrscheinlich beste Variante des patagonischen Lammes und viele andere leckere Grillspezialitäten. Selbstverständlich auch eine köstliche Forelle! (Ecke Av. Sarmeinto & Pablo Hube, Tel. 492923).

Tipp: Ein Abend bei Otto Tipp

Der Name ist Programm, hier sollte man unbedingt mal vorbei schau-

en und sich auf einen langen und gemütlichen Abend einstellen. Denn die sechs verschiedenen Biersorten dürfen hier kostenlos probiert werden. Ohne eine gute Unterlage braucht man also gar nicht erst anzufangen. Das patagonische Lamm in Schwarzbiersoße eignet sich dafür besonders gut.
Ecke Roca & Islas Malvinas,
Tel. 493700

Übernachten

Etwas außerhalb in traumhafter Umgebung befindet sich die deutschsprachig geführte Hostería Steiner. Hier stimmt einfach alles: der herrliche Garten mit seinem altem Baumbestand, der Pool, gemütliche Zimmer und hervorragendes Essen! (Av. San Martín 670, Tel. 492224). Gut und günstig kann man auch in der Hostería Luz de Luna übernachten. Die Zimmer sind gemütlich und recht geräumig, das Personal ganz besonders nett (Dorrego 150, Tel. 491908). Für das ganz kleine Budget gibt es das Hostel Mandala (Los Maitenes y Amancay, Barrio Los Arrayanes), für die etwas verwöhnteren Urlauber die Hostería San Jorge mit ihren großartigen Zimmern und dem tollen Frühstück.
Perito Moreno & Azcuénaga,
Tel. 491313

◆ Nützliches

Bank und Geldautomat: Banco de la Nación: Ecke Av. San Martín & Pellegrini

Busbahnhof: Den gibt es leider nicht in El Bolsón, aber rund um die Avenida San Martín verkehren jede Menge Busunternehmen wie z.B. Andesmar (Av. Belgrano & Perito Moreno) oder Don Otto (Av. Belgrano 406).

Campingplatz: Río Azul, direkt am Fluß, 6 km südwestlich, Tel. 152932

Club Andino Piltriquitrón: Hier gibt es Informationen und Karten für Wanderer, die sich die Gegend zu Fuß anschauen möchten:
Sarmiento zw. Roca & Feliciano,
Tel. 492600

Feste: Jedes Jahr im Dezember findet in El Bolsón ein Jazzfestival statt. Weil das Bier eine wichtige Einnahmequelle ist und die Einwohner gerne selbst davon trinken, findet im Januar das viertägige Hopfenfest statt.

Flughafen: Es gibt einen kleinen

Flughafen am Nordende der Avenida San Martín (Tel. 492066).
Fluglinien: LADE: Sarmiento 3238, Tel. 492206, www.lade.com.ar
Internet: Av. San Martín Eckje Av. Belgrano
Reisebüro: Patagonia Adventures: Pablo Hube 418, Tel. 492513, Spezialisten für Wander- und Radtouren sind „Grado 42" (Av. Belgrano 406, Tel. 493124, www.grado42.com) oder Maputur (Perito Moreno 2331, Tel. 491440), hier kann man auch Fahrräder ausleihen.

Touristeninformation: befindet sich am nördlichen Ende der Plaza Pagano (Av. San Martín & Roca). Die freundlichen Mitarbeiter verteilen alle möglichen Infos zu Unterkünften und Restaurants, außerdem einen Stadtplan und Wanderkarten.
Post: Av. San Martín 2806
Vorwahl: 02944
Wäscherei: La Burbuja, Paso 425, Tel. 15-639241

Ausflüge

Den in der Provinz Chubut gelegenen, 28.000 Hektar großen **Parque Nacional Lago Puelo** (siehe Seite 158) erreicht man am besten von El Bolsón aus, es pendeln täglich mehrere Busse in den 15 km entfernten Nationalpark. Das Gebiet findet noch nicht in allen Reiseführern Erwähnung und hat deshalb noch Geheimtipp-Status. Wer Einsamkeit sucht, dürfte kaum eine bessere Gegend finden.

Von Bolsón aus kommt man auf dem Weg zum Lago Puelo an den Cabañas der Familie von Fürstenberg vorbei. Es lohnt sich, hier Rast zu machen und ein Ferienhaus inmitten des Kiefernwäldchens und mit großartiger Sicht auf die Berge **„Tres Picos"** zu mieten. Wer sich für asiatische Kampfkunst interessiert, kann hier im DOJO Karate und Taichi trainieren oder einfach nur meditieren. Die Besitzer geben bereitwillig Auskunft über Wanderungen und Trekking-Touren in den Nationalpark Lago Puelo und nehmen gerne auch als Führer teil. Die meist im alpenländischen Stil gehaltenen Cabañas lassen keinen Komfort vermissen. Für Erholungssuchende genau das richtige.
Tel. 499392, Ruta 16 km 13
fuerstenberg@elbolson.com
www.vonfuerstenberg.com.ar

Unterwegs-Spezial

VOLKSHEILIGE OHNE KIRCHLICHEN SEGEN – DIFUNTA CORREA UND GAUCHITO GIL

Dass ihre beiden wichtigsten Volksheiligen von der Kirche nicht anerkannt werden, scheint die Argentinier in keinster Weise zu stören. In jedem noch so kleinen Ort und sogar mitten in der einsamen Weite Patagoniens stehen am Wegesrand Schreine und Altäre zur Verehrung der Difunta Correa oder des Gauchito Gil.

Wer das erste Mal einen Altar der Difunta Correa in der Ferne erblickt, dürfte die Ansammlung unzähliger Plastikflaschen für eine Umweltsünde halten. Weil die Heilige in der Wüste verdurstet ist, wird sie mit Wasser regelrecht überschüttet. Der Legende nach war die Difunta Correa eine Frau, die im argentinischen Bürgerkrieg mit ihrem Baby dem Bataillon ihres kranken Mannes zu Fuß durch die Wüste von San Juan folgte. Als das Wasser und die Vorräte zur Neige gingen, starb sie, das Baby an die Brust gebettet. Vorbeiziehende Gauchos fanden die Tote und ihr Kind, das dank der Muttermilch überlebt hatte. Ein Wunder! Die Gauchos begruben ihren Leichnam; das Grab, das sich in der Nähe von Valecito befindet, ist heute eine der berühmtesten Wallfahrtsstätten Argentiniens.

Die unzähligen Altäre zu Ehren des Gauchito Gil erkennt man ebenfalls schon von weitem an den vielen roten Bändern und Fahnen, die um seinen Schrein hängen. In der Mitte befinden sich meistens ein Gemälde oder die Figur eines Mannes in typischer Gaucho-Tracht. Um sein Leben ranken sich viele Legenden. Eine besagt, dass er im argentinischen Bürgerkrieg desertierte, weil er keine Landsleute töten wollte. Er versteckte sich im Wald und wurde zu einer Art Robin Hood. Als man ihn schließlich erwischte, verurteilte man ihn zum Tode. Als der Henker ansetzte, ihm die Kehle durchzuschneiden, sagte Gauchito Gil, dass der kranke Sohn des Henkers wieder gesund werde, wenn er zu ihm beten würde. Andernfalls würde er sterben. Der Henker, der nach getaner Arbeit nach Hause ging, fand dort seinen Sohn vor, der mittlerweile schwer erkrankt war. Der verzweifelte Mann betete zu dem Toten und siehe da: Der Sohn wurde gesund. Der dankbare Vater baute ein kleines Heiligtum und erzählte allen Leute vom wundertätigen Gauchito Gil. Antonio Mamerto Gil Nuñez, so lautete sein richtiger Name, ist einer der wichtigsten „weltlichen Heiligen", die Südamerika zu bieten hat. Nahezu jeder Bus- oder Lastwagenfahrer hupt, sobald er an seinem Schrein vorbei kommt.

Chubut

Die Provinz Chubut entspricht sicherlich am ehesten dem Bild, das man gemeinhin von Patagonien hat. Abgesehen vom Westen besteht die Provinz nahezu aus einer einzigen, riesigen, von niedrigen Gräsern bewachsenen Fläche, über die der raue Wind peitscht. Wild und romantisch ist es hier und man fragt sich, wie die menschenfeindliche Steppenlandschaft wohl auf die walisischen Einwanderer gewirkt haben mag, die hier mit ihrem Schiff „Mimosa" gelandet sind und inmitten der Einöde ihr neues Leben begonnen haben. Ihrem Fleiß und ihrer Beharrlichkeit ist es schließlich zu verdanken, dass Orte wie Trelew, Gaiman und Puerto Madryn jetzt so gut da stehen. Noch heute leben mehr als 25.000 walisisch sprechende Einwohner rund um Trelew und Trevelin.

Mit mehr als 125.000 Einwohnern ist Comodoro Rivadavia die größte Stadt der Provinz, während die Provinzhauptstadt Rawson gerade mal 25.000 Bewohner aufzuweisen hat. Der Hauptwirtschaftsfaktor ist Petroleum, was sich unter anderem daran bemerkbar macht, dass man überall auf der Fahrt durch die Provinz die von den Argentiniern spöttisch genannten „pájaros bobos" arbeiten sieht. Die monotone Auf- und Abwärtsbewegungen der roboterartigen Fördermaschinen passen irgendwie in das karge Landschaftsbild der unendlich weiten Ebenen.

Neben der Rinderzucht ist auch der Fischfang in Chubut von großer Bedeutung. Mehr als 21 Prozent des argentinischen Gesamtvolumens werden hier aus den Gewässern gefischt. Jeder Tourist, der in Küstennähe Urlaub macht, wird sich über die köstlichen und äußerst preiswerten Fischgerichte freuen.

Überhaupt ist es der Tourismus, der zu den am stärksten wachsenden Wirtschaftsfaktoren gehört. Denn die Provinz Chubut, die sich von den Anden im Westen bis zum Atlantik im Osten erstreckt, hat von allem etwas zu bieten: Auf der einen Seite herrliche Skigebiete, den Los Alerces Nationalpark mit unglaublich schönen Seen und Wanderwegen und auf der anderen Seite eine Küste, die mit ihrer Meereswelt die perfekten Urlaubsorte für Wassersport-Freunde und Strandhungrige bereit hält. Vor allem die Halbinsel Valdés mit ihren See-Elefanten und Walen, Orkas und Pinguinen ist ein wahrer Touristenmagnet.

Esquel

Die meisten Reisenden lassen diese hübsche Kleinstadt links liegen und fahren auf dem Weg nach Chile oder Bariloche einfach daran vorbei. Schade eigentlich, denn es lohnt sich durchaus, in der 1906 von walisischen Siedlern gegründeten Stadt auszusteigen und sich ein wenig umzusehen. Schließlich ist hier eine ganz besondere Sehenswürdigkeit zu finden, nämlich eine von Argentiniens historischen Schmalspurdampfbahnen, die von den Einheimischen zärtlich „Trochita" genannt wird. Der alte Patagonien-Express fährt heute nur noch zwischen Esquel und El Maitén hin und her. Für Touristen gibt es auch eine Kurzfahrt bis zur Mapuche-Siedlung Nahuel Pan. Neben einem kleinen Museum, in dem man allerhand Wissenswertes aus dem Leben der Indianer erfährt, gibt es dort einen kleinen Laden, in dem man extrem günstig hübsche Strickwaren kaufen kann. So lohnt es sich doppelt, in einen der museumsreifen, aber immerhin ofenbeheizten Holzwaggons zu steigen und unter einer Menge Dampf durch die Gegend zu zuckeln. Abgefahren wird in Esquel (Roggero Ecke Brun, Tel. 451403, www.patagoniaexpress.com/el_trochita.htm). Tickets für die Fahrt bekommt man in den örtlichen Reisebüros.

Bekannt ist Esquel übrigens auch als besonders schneesicherer Skiort mit sehr guter Schneequalität. Im Sommer sind es die Jäger und Angler, die gerne herkommen. Und natürlich die Wanderer, die von hier aus den Ausflug in den etwa 70 Kilometer entfernten Parque Nacional Los Alerces starten oder in den ebenso berühmten Parque Nacional La Hoya weiter fahren.

Essen und Trinken

Unbedingt einmal bei **Cumbres Blancas** vorbeischauen. Egal ob Lamm oder geräucherte Forelle: Es schmeckt alles hervorragend und die Weinauswahl kann sich ebenfalls sehen lassen (Ameghino 1683, Tel. 455100, www.cumbresblancas.com.ar). Fans von gebratenem Fleisch werden in der Parrilla **De María** ihr Glück finden (Rivadavía 1024, Tel. 15692836). Grandiose und immer frische Pasta bietet die **Tratorria Don Chiquino** (Ameghino 1649, Tel. 450035).

Übernachten

Die schönsten Cabañas bietet **Pucón Anu** (Chacabuco 1800, Tel. 454053). Wer zentral übernachten und gleich das Restaurant im Haus haben möchte, geht am besten in das nette Mittelklassehotel **Sol del Sur** (9 de Julio 1086, Ecke Sarmiento, Tel. 452189). Für die gehobenen Ansprüche empfiehlt sich die **Hostería Canela B&B** (Ecke Los Notros & Los Radales, Villa Ayelén, Tel. 453890). Allerdings liegt die elegante Lodge etwa 2 km außerhalb der Stadt mitten im Wald. Es lohnt sich aber!

◆ Nützliches

Ausgehen: Auf ein Bierchen geht man in die Bar des Hotels Argentino (25 de Mayo 862) oder etwas später in die Restaurant-Bar „La Luna" (Av. Fontana 656).

Autoverleih: Los Alerces Rent a Car: Sarmiento 763, Tel. 456008

Bank und Geldautomat: Av. Alvear Ecke General Roca

Busbahnhof: Ecke Av. Alvear & Brun, Tel. 451477 – in der Nähe des Stadtzentrums.

Camping: La Colina, Darwin 1400. Wer kein Zelt dabei hat, kriegt auch ein Bett im Schlafsaal (heiße Duschen gibt's auch!).

Flughafen: Befindet sich 20 km in östlicher Richtung und ist mit Bussen zu erreichen.

Fluggesellschaften:
Aerolíneas Argentinas: Fontana 408, Tel. 453614,
LADE: Alvear 1085, Tel. 452124

Gourmet-Tipp: Im „Casa Grande"

speist man in besonders stilvoller Atmosphäre herrliche Kreationen von Wild und Lamm. Auch die gebackene Forelle ist zu empfehlen! (General Roca 441,
Tel. 15-469712).
Medizinische Versorgung:
Hospital Regional, 25 de Mayo 150, Tel. 450009.
Öffentliche Bibliothek mit kostenlosem Internet-Zugang: San Martín, zwischen Mitre und Moreno.
Post: gegenüber der Touristeninformation Alvear/Ecke Sarmiento.
Rafting: z.B. auf dem Río Corcovado, bietet u.a. Frontera Sur (Av. Alvear, Ecke Sarmiento Tel. 450505, www.fronteras.sur.net.
Touristeninformation:
Alvear/Ecke Sarmiento, Tel. 451927
www.esquel.gov.ar
Vorwahl: 02945
Wäscherei: Ecke General Roca/ 9 de Julio

Ausflüge
- **Cholila**

Vor allem Anglern ist ein Ausflug in das hübsche Cholila zu empfehlen. Der malerische Mini-Ort am See ist vor allem im November und Dezember einen Besuch wert, wenn sich die Gegend mit ihren riesigen gelben Ginsterhecken und den vielfarbenen Lupinen von dunkellila bis rosa in einen einzigen Blütenteppich verwandelt. Bekannt geworden ist Cholila dank seiner berühmtesten Bewohner, die allerdings schon eine Weile das Zeitliche gesegnet haben: Butch Cassidy, Sundance Kid und Ethel Place. Die berühmten Bankräuber konnten hier vier Jahre untertauchen und als Farmer ein rechtschaffenes Leben führen. Auf ihrer Ranch im Cholila-Tal hatten sie mehrere hundert Rinder und mehr als 1500 Schafe und alles hätte gemütlich so weiter gehen können, wären sie 1905 nicht in den Verdacht geraten, in Río Gallegos eine Bank ausgeraubt zu haben. Dumm gelaufen für die drei Revolverhelden im Ruhestand. Obwohl der Verdacht wahrscheinlich unbegründet war, mussten die drei Ex-Gauner fliehen, weil die Sache einfach zu viel Aufmerksamkeit auf sie gelenkt hatte. Unterwegs raubten sie dann doch wieder mal eine Bank aus, denn wenn schon auf der Flucht, warum dann nicht zurecht …
Später landeten die Männer in Boli-

vien, wo sie bei einer Schießerei mit einer Militärpatrouillie ums Leben kamen. Das zum Teil renovierte Wohnhaus der Banditen kann man besichtigen, es befindet sich abseits der RP 71, etwa acht km nördlich von Cholila. Am besten lässt man sich den Weg dorthin von den Leuten der Touristeninformation zeigen (Casa de Informes, RP 71, nahe der RP 15, Tel. 02945/498040). Wer danach eine Pause braucht und sich etwas Leckeres einverleiben möchte, sollte den Weg zur 1 km entfernten Casa de Piedra wählen.

Zum **Übernachten** empfiehlt sich die **Hostería El Trebol,** die einer deutschstämmigen Familie gehört. Sohn Marcos hat sich der Sportfischerei verschrieben und organisiert schöne Angeltouren an die Seen Lago Carlos Pellegrini und Lago Mosquito. Wer rechtzeitig bestellt, kann hier auch ein großartiges Abendessen einnehmen. Frisches Steak oder hausgemachte Pasta, beides ist gleichermaßen zu empfehlen. (El Trebol, Ruta Provincial 15, Tel. 02945/498055). Rechts daneben befindet sich übrigens ein wunderschöner **Camping-**

platz. Neuerdings soll der Inhaber Ricardo Schwitzgäbele auch ein paar hübsche Zimmer haben. Und Selbstgebrannten gibt es übrigens auch – einfach mal den sympathischen Hobbybrenner nach seinen Vorlieben fragen.

▪ La Hoya

Gerade mal 13 km nördlich von Esquel befindet sich in 1350 Metern Höhe das **Wintersportgebiet** La Hoya (Tel. 02945/453018, www.cerrolahoya.com). Für Anfänger und gemütliche Skifahrer ist das Gebiet optimal, obendrein ist es bedeutend preiswerter als das viel größere Areal in Bariloche. Richtig gute Skifahrer und Extrem-Snowboarder sind allerdings dort besser aufgehoben. Skiausrüstung kann man vor Ort in La Hoya leihen oder in den Geschäften in Esquel, die Saison geht von Juni bis Oktober.

▪ Trevelín

Einen Abstecher in das 23 km südwestlich gelegene Örtchen Trevelín sollte man nicht verpassen. Obwohl ja auch Esquel von walisischen Einwanderern gegründet wurde, hat sich Trevelín viel eher seine Vergangenheit und all die damit verbundenen Traditionen bewahrt. Auch gehen hier die Uhren ein bisschen langsamer und es tut gut, seine Tasse Tee samt Torta Negra in aller Ruhe an einem beschaulichen Ort zu genießen. Sehenswert ist das Museo Regional Molino Viejo (Ecke 25 de Mayo & Molino Viejo, Tel. 480189). Hier befindet sich die erste Getreidemühle der Provinz Chubut von 1922. Auch eine Kaffeetasse kann man bewundern, die extra für Männer mit Bart konzipiert wurde. Die meisten Besucher machen einen Tagesausflug hierher, meistens von Esquel aus. Wer dennoch übernachten möchte, kann dies gut im Casaverde Hostal, einem besonders freundlich geführten Familienhotel mit liebevoll ausgestatteten Zimmern und einem leckeren Frühstück (Los Alerces s/n, Tel. 480091. Die Touristeninformation befindet sich am Hauptplatz „Plaza Fontana" und bietet einen kostenlosen Stadtplan und hilfreiche Tipps für Wanderungen in die Umgebung.

▪ Parque Nacional Los Alerces

Der gut besuchte und sehenswerte Nationalpark befindet sich 60 km westlich von Esquel. Die meisten Besucher kommen mit dem Bus von Esquel. Wer mit dem eigenen Auto unterwegs ist, kann von El Bolsón aus auf der Ruta 71 den direkten Weg in den Park ansteuern und passiert dabei die herrlichen Seen Menéndez, Rivadavía und Futalaufquén, an denen man auf schönen Campingplätzen wunderbar übernachten kann.

Das Besondere an diesem Park – der Name verrät es schon – sind seine Alercen. Diese patagonischen Zypressen werden bis zu 70 Meter hoch und können einen Durchmesser von bis zu vier Metern erreichen. Man kann sich vorstellen, wie alt ein ausgewachsener Baum sein muss, wenn man bedenkt, dass er jedes Jahr nur etwa einen Millimeter wächst. Und dank seines extrem langsamen Wachstums gehört der Stamm natürlich zu den begehrtesten und edelsten Hölzern der Welt. Wer nicht so gerne wandert, kommt hier selbst als Autotourist auf seine Kosten, denn schon beim Durchfahren des Parks kann man eine ungeheure Fülle an Naturschönheiten bewundern. Zwischen den Bäumen sieht man immer wieder das leuchtende Blau traumhafter Flüsse und Seen durchblitzen, die den bis zu 2300 Meter hohen Bergen zu Füßen liegen. Für Angler und Fliegenfischer ein einziges Paradies!

Aktivitäten

Die Reisebüros in Esquel bieten alle möglichen Touren in den Park an. Unter anderem Reit- und Fahrradausflüge, Schnorcheln, Segeln, Angeln und Kanufahren. Begeisterte Segler sollten nach der Tour „Circuito Lacustre" fragen, die ist einfach traumhaft schön!

Essen und Trinken

Wer sich nicht selbst die Forellen aus dem Bach angeln möchte, muss unbedingt einmal beim Club de Pescadores Esquel vorbeischauen. Hier landen die schönen Tierchen praktisch fangfrisch auf dem Teller (am Ostufer des Lago Futalaufquén, Tel. 450785).

Übernachten

Es gibt mehrere schöne Campingplätze im Nationalpark, eine Liste bekommt man beim Touristenbüro in Esquel oder bei der Parkverwaltung. Besonders schön liegt der Platz „Bahía Rosales" am Westufer des Sees (Tel. 471044). Auch Hotels und Hosterías sind vorhanden, besonders empfehlenswert ist die Hostería Futalaufquén, ein kleiner, eleganter Gasthof am See. Man hat die Wahl zwischen hübschen Doppelzimmern und Blockhütten am Ufer. Tolles Panoramarestaurant mit köstlichem Essen. Auch etliche Aktivitäten werden angeboten, angefangen vom Felsenklettern bis zum Kajakfahren. Tel. 15465941, am besten reserviert man bei Brazo Sur in Esquel (Av. Sarmiento 635).

♦ Nützliches

Infomaterial und Angelscheine bietet die Parkverwaltung in Villa Futalaufquén. Von dort werden

Lago Puelo

auch verschiedene Wanderungen in den Park angeboten, unter anderem auf den Cerro Alto El Dedal (Parkverwaltung Tel. 471015). Ganz interessant ist das naturhistorische Museum, das sich ebenfalls hier befindet.
Vorwahl: 02945

▪ Parque Nacional Lago Puelo

Etwa 15 km von El Bolsón entfernt, liegt dieser wunderschöne Nationalpark am azurblauen „Lago Puelo". Im Sommer eignet sich dieser See bestens zum Angeln, Boot fahren und Schwimmen. Wer nicht sein Zelt am Campingplatz aufschlagen möchte (Camping Lago Puelo, Tel. 499186), sollte sich unbedingt einmal das Ferienresort „Puema Hue" ansehen. Der Name, der soviel wie „Ort zum Träumen" bedeutet, verspricht nicht zu viel. Die leckeren Gerichte, die man hier genießt, stammen aus purem Bioanbau und die urigen Zimmer sind äußerst bequem und geräumig. www.peuma-hue.com.ar,
Tel. 499372

Puerto Madryn

Puerto Madryn liegt in der Bucht des Golfo Nuevo, die in Form eines natürlichen Amphitheaters zum Meer hin abfällt. Als beliebter Badeort und vor allem als Tor zur Península Valdés gehört Madryn zu den am schnellsten wachsenden Touristenorten Argentiniens. Auf den ersten Blick mag dies verwundern, denn so attraktiv die Lage am Meer auch sein mag, die Umgebung mit ihrer spärlichen Vegetation und ihrer steppenhaften Buschlandschaft kann nicht gerade als schön bezeichnet werden. Eine Sache macht sie aber doch einzigartig: Die Wale, die von Juli bis Mitte Dezember hierher kommen und so nahe am Festland entlang schwimmen, dass man sie mit bloßem Auge beobachten kann. Kein Wunder, dass die Stadt einen großen Kult um die Meeresriesen betreibt und kein Schaufenster ohne die berühmte, patagonische Fluke auskommt und nahezu jedes Madryn-T-Shirt und jede Postkarte von einem Wal geziert werden. Neben der Fischerei und einem bedeutenden Aluminiumwerk ist es eben der Tourismus, der die Menschen satt macht und darum wird die Stadt auch immer touristischer. Die Einwohner und die Studenten der bedeutenden Universität für Meeresbiologie haben sich längst daran gewöhnt, dass ihr einst beschaulicher Ort dank seiner Tierwelt weltweite Berühmtheit erlangt hat und jeder Mensch, der sich besonders für See-Elefanten, Seelöwen, Südkaper und andere Wale und Delfine interessiert, irgendwann in Puerto Madryn strandet.

Bevor man sich auf das nächste Whalewatching-Boot oder auf einen Tauchgang mit den Seelöwen begibt, sollte man sich mit einem Museumsbesuch auf die bevorstehenden Naturerlebnisse einstimmen. Es ist einfach schöner, ein

Meerblick bei Puerto Madryn

paar Informationen über die Tiere zu haben, bevor man sie in Natura erlebt. Sehr informativ ist hier das Museo Oceanográfico y Ciencias Naturales, das in neun kleinen Räumen unter anderem regionale Tierpräparate zeigt (Domec García/ Ecke Menéndez, Mo.–Fr. 9–19 Uhr, Sa 15–19 Uhr). Noch besser ist das ECOCENTRO, das man nach einem etwa 35-minütigen Spaziergang an der Uferpromenade entlang erreicht. Die besonders kunstvoll gestalteten Ausstellungen geben Einblicke in das einmalige maritime Ökosystem der Gegend.

Für Kinder gibt es einen kleinen Streichelzoo, sie können die Tiere im Gezeitenbecken berühren. Besonders gemütlich sind die Sofas im obersten Stockwerk. Hier kann man in den interessanten Wälzern der Bibliothek schmökern und wenn man Glück hat, entdeckt man durch die voll verglaste Wand sogar einen Wal, der sich gerade in Küstennähe herum treibt. Es empfiehlt sich in jedem Falle, ein Fernglas dabei zu haben. www.ecocentro.org.ar,
J. Verne 3784.

Ebenfalls zu empfehlen ist ein Besuch bei der Fundación Patagonia Natural, einer Organisation, die sich dem Umweltschutz in Patagonien widmet und sich um verletzte Meeressäuger und Vögel kümmert. Sämtliche Helfer arbeiten ehrenamtlich, eine kleine Spende ist natürlich willkommen (Marcos A. Zar 760, Tel. 451920).

Aktivitäten
Geführte Touren sind eigentlich nicht schlecht für den groben Überblick; vor allem, wenn man nicht selbst fahren möchte. Fast alle Veranstalter haben die gleiche Tour im Programm: Península Valdés und eine Rundfahrt über Trelew, Rawson, Gaiman und Punta Tomba. Leider sind meistens zu viele Leute mit von der Partie und auch das straffe Programm ist eindeutig zu überladen. Viel schöner wäre es, sich für die Península einen ganzen Tag Zeit zu nehmen und sich dann die Städte in Ruhe anzusehen. Am besten fragt man beim Veranstalter, wie groß die Gruppen sind und was alles auf dem Plan steht. Ansonsten ist es natürlich immer schön, selbst mit dem Wa-

Chubut – Puerto Madryn

gen unterwegs zu sein. Dann kann man halten, wo man möchte und sich die Anbieter der Whalewatching-Ausflüge selbst aussuchen. Besonders empfehlenswert ist Tito Bottazzi, bei dem man auch gleich die Walbeobachtung mitbuchen kann (Brown/Ecke Martín Fierro 85, Tel. 474110, www.titobottazzi.com (gute Seite mit Faunakalender – wann ist welches Tier wo zu sehen …), Turismo Puma, Av. 28 de Julio 46, Tel. 451063, www.turismopuma.com

Punta Loma: Die berühmte Seelöwenkolonie sollte man unbedingt einmal gesehen haben. Wer gerne mit dem Fahrrad unterwegs ist, wird seine Freude an der Tour haben, wenn es auch mitunter ein wenig windig werden kann. Ansonsten kann man bei den Reiseveranstaltern eine Tour buchen oder mit dem eigenen Wagen hin fahren. Dann nimmt man die Uferstraße in Madryn Richtung Süden. Den Eingang erreicht man nach etwa 17 Kilometern, von dort sind es noch weitere sechs bis zu einem Aussichtspunkt. Am besten erkundigt man sich vorher nach den Gezeiten, denn die Sicht ist bei Ebbe viel besser.

Tauchen: Puerto Madryn ist das Mekka für argentinische Tauchsportfreunde schlechthin. Das

Tauchen mit Seehunden – Seehundkolonie

vorgelagerte Riff gilt als eines der besten Tauchreviere des Landes und Tauchlehrer, die im Umgang mit den Seelöwen und Robben vertraut sind, können einzigartige Erlebnisse inmitten der erstaunlich wendigen und eleganten Tiere bieten. Es ist unglaublich, wie neugierig und verspielt die Robben sind, sie haben keine Scheu, sehr nahe heran zu kommen, und knabbern gerne an Hand, Kopf und Flossen der Taucher. Neben den Tieren dürften einige Schiffswracks von Interesse sein, die vor der Küste liegen.

Scuba Duba: Bv. Brown 893,
Tel. 452699,
www.scubaduba.com.ar,
Lobo Larsen: Av. Roca 885,
Tel. 470277,
www.lobolarsen.com

Tipp: Kajaktour an der Küste entlang! Man wird von Delfinen, Seevögeln, Seehunden begleitet. Manchmal taucht sogar ein Wal auf, da heißt es: Ruhig bleiben und tief durchatmen!
Huellas y Costas, Bv. Brown 1900,
Tel. 15-637826,
www.huellasycostas.com

Essen und Trinken

Am Strand gibt es etliche Restaurants, die leckere Fischkreationen und Meeresfrüchte-Platten anbieten. Wer noch vorhat, ins Landesinnere zu reisen, sollte sich das Asado für später aufheben und sich hier an den Köstlichkeiten des Meeres laben. So frisch kriegt man Scampi, Langusten und Seefische nicht mehr!

Einer der Klassiker ist die **Cantina El Náutico,** in dem sich Einheimische, Promis und Touristen gleichermaßen die Genüsse des Meeres einverleiben. Besonders die Paella ist hier zu empfehlen und die Salate mit Meeresfrüchten. Selbst der Hauswein ist absolut in Ordnung und auch die Preise! Wer sich auf endlose Gespräche mit den freundlichen Kellnern einlässt, ist selbst schuld, wenn es etwas länger dauert (Ecke Av. Roca & Lugones, Tel. 471404).

Wer es gerne ein wenig puristischer liebt, geht ins **Plácido,** das ziemlich stylish daher kommt. Sämtliche Speisen sind schon fürs Auge ein Genuss, die Bewirtung besonders zuvorkommend und das Essen – egal ob Fleisch oder

Fisch – einfach ein Gedicht! (Av. Roca 506, Tel. 455991).

Stadt-Flaneure, die nicht gerade am Strand Hunger kriegen, können ihr Glück in der **Patagonia Restobar** versuchen, dem vermutlich derzeit angesagtesten Lokal der Stadt. Allein die Einrichtung ist einen Besuch wert, das Restaurant sollte man einfach mal gesehen haben, vor allem nach Anbruch der Dunkelheit, wenn das blaue Licht angeht. Hier stimmt einfach alles, jede Wahl ein Volltreffer! Belgrano 323, Tel. 452249.

Übernachten
Chepatagonia Hostel
Sehr gut und günstig ist dieses Hostel unweit vom Strand und teilweise mit Meerblick. Zweimal in der Woche veranstalten die freundlichen Besitzer eine Grillparty, Touren werden auch angeboten.
Storni 16, Tel. 455783
www.chepatagoniahostel.com.ar

Hostería Solar de la Costa
Die hübsche Hostería befindet sich in einer ruhigen Lage direkt am Meer. Die Zimmer sind hell und großzügig und liebevoll eingerichtet. Wenn man Glück hat, bekommt man ein Zimmer mit Meerblick. Puerto Madryn erreicht man nach einem Spaziergang am Strand entlang nach etwa 700 Metern.
Boulevard Brown 2057,
Tel. 4458822

Hotel Territorio – Geheimtipp
Ein wenig ab vom Schuss, aber direkt am Meer gelegen. Freundliche Leute, elegante Zimmer mit Meerblick und eine wirklich tolle Cocktailbar. Das Restaurant bietet hervorragende regionale Küche und der Spa- und Wellnessbereich lädt zum Entspannen und Wohlfühlen ein. Mittelklasse bis gehoben!
Boulevard Almirante Guillermo Brown 3251, Tel. 4470050

Hotel Villa Piren
Direkt im Zentrum gelegen, befindet sich dieses schicke Hotel, das sicherlich zu den schönsten der Stadt gehört. Herrlicher Blick übers Meer und über die Stadt. Tadelloser Service und gutes Preis-Leistungs-Verhältnis! Av. Roca 439,
Tel. 4456272.

◆ Nützliches

Autoverleih: Rent a Car Patagonia, Roca 293, Tel. 450295, Cuyunco: Roca 165, Tel. 451845

Bank und Geldautomat: Banco de la Nación: 9 de Julio 127.

Busterminal: Doctor Avila (hinter dem alten Bahnhof Ecke Independencia, Tel. 451789, www.terminalmadryn.com). Täglich fahren u.a. Busse nach Buenos Aires, Comodoro Rivadavia, Córdoba, Neuquén oder Río Gallegos. Mehrmals täglich fährt „Mar y Valle" nach Puerto Pirámides.

Camping: ACA: Windgeschützte Stellplätze auf Kies, kleine Speisen im Minirestaurant. 3,5 km außerhalb der Stadt am Südende der Bucht.

Fahrradverleih: Alpataco, Roca 822, Tel. 451672

Flughafen: Der moderne Flughafen Aeropuerto El Tehuelche befindet sich etwa 6 km westlich der Stadt an einer Abzweigung der RN 3. Nur wenige Ziele werden täglich angeflogen, größere Passagierflugzeuge landen in der Regel in Trelew.

Fluggesellschaften:
Andes: Av. Roca 624, Tel. 452355, www.andesonline.com
Aerolíneas Argentina, Av. Roca 427, Tel. 451998
LADE: Av. Roca 119, Tel. 451256

Medizinische Versorgung: Hospital Subzonal, R. Gómez 38

Post: Ecke Belgrano und A. Maiz.

Touristeninformation: Av. Roca 223, Tel. 453504

Verwaltung Península Valdés: 25 de Mayo 130, Tel. 450489, www.peninsulavaldes.org.ar

Vorwahl: 02965

⚑ Península Valdés

An der patagonischen Küste gibt es zwar gleich mehrere Naturreservate, in denen unterschiedliche Arten von Meerestieren geschützt werden, aber die Halbinsel Valdés ist zweifelsohne der spektakulärste Ort für das Beobachten der **gigantischen Meeresbewohner**. Jedes Jahr zwischen Juni und Dezember kommen die Glattwale hierher, um sich fortzupflanzen. Die gewaltige Schwanzflosse (Fluke) der bis zu 16 Meter und 54 Tonnen schweren Meeressäuger ist zu einem Wahrzeichen der Gegend geworden. Nicht minder faszinierend sind die Schwertwale, die besser bekannt sind als Orcas und zur Gat-

Chubut – Península Valdés

tung der Delfine gehören und immerhin noch bis zu 10 Tonnen auf die Waage bringen. Wer Glück hat, kann die Orcas beim Jagen beobachten und das Schauspiel aus unmittelbarer Nähe verfolgen. Besonders in der Zeit von Februar bis Mai schwimmen sie nahe an der Küste entlang und halten Ausschau nach jungen Seelöwen, die ihre Unerfahrenheit mit dem Leben bezahlen.

Die 1999 von der **UNESCO** zum **Weltkulturerbe** erklärte Halbinsel ist 3625 Quadratkilometer groß und gehört zu den bedeutendsten Naturreservaten Argentiniens. Während die „Isla de los Pájaros" nur per Fernglas besichtigt werden kann, lohnt sich der Besuch der nördlichsten Spitze der Halbinsel (Punta Norte). Hier befindet sich das größte kontinentale **Walrossreservat** der Welt. In unmittelbarer Nähe zu den gewaltigen See-Elefanten leben Kolonien von Magellan-Pinguinen, die hier von November bis März nisten.

Das Innere der Halbinsel beherbergt einige Salzseen, ansonsten dominiert eine trockene Steppenlandschaft mit kniehohen Sträuchern, die von Nadus (Straußenvogel), Guanakos, Maras und Gürteltieren bewohnt wird.

Guanakos

Chubut – Península Valdés

Ausgangspunkt zum Beobachten der Tiere auf hoher See ist Puerto Pirámides (siehe Seite 168). Hier hat man die Wahl zwischen verschiedenen Anbietern, die Touristen zum Whale-Watching aufs Meer hinaus fahren (um die 60 US$ pro Person). Es gibt außerdem zahlreiche Seelöwenkolonien und Vogelarten in Meeresnähe.

Am Eingang des Schutzgebietes kann man im „Centro de Interpretación" einen ersten Eindruck von den Tieren bekommen wie zum Beispiel das Skelett eines Glattwales. Die meisten Touristen haben aber an den vielen theoretischen Informationen, angefangen von der ersten Besiedelung bis zur Erforschung der Bodenschätze, wenig Interesse, weil es schließlich kaum jemand erwarten kann, endlich die beeindruckenden Wale, Seelöwen und See-Elefanten aus nächster Nähe zu betrachten.

Wer die Halbinsel erreicht hat, wird sehr schnell merken, warum es sich lohnt, alleine mit dem Wagen unterwegs zu sein. Das Areal ist ungeheuer weitläufig und es empfiehlt sich, jede Menge Zeit und möglichst eigenen Proviant dabei zu haben. Alleine die 90 km lange Ostküste lädt immer wieder ein, auszusteigen um Tiere zu beobachten. Besonders an der Punta Delgada am südöstlichen Ende der Halbinsel kann man von den Klippen aus riesige Kolonien von **See-Elefanten** beobachten. Aber auch an den Aussichtspunkten „Punta Cantor & Caleta Valdés" – etwa 43 km weiter nördlich – bekommt man interessante Dinge zu sehen. Mit großem Gebrüll fechten da die Bullen ihre Kämpfe aus, um die Vorherrschaft über den Harem zu gewinnen.

Es empfiehlt sich, die Bullen der See-Elefanten, die immerhin über 4 Tonnen schwer werden können,

Seeelefanten – näher ran geht's kaum

nicht zu nahe zu kommen. In der Regel lassen sich die Tiere von der Anwesenheit der Menschen nicht beeindrucken, es sei denn, man rückt ihnen zu sehr auf die Pelle oder – noch schlimmer – versperrt ihnen den Fluchtweg, den Zugang zum Meer. Erfahrungsgemäß können sie es nicht besonders gut leiden, wenn man mit gezückter Kamera näher kommt und sie zu lange ins Visier nimmt. Da kann es schon mal passieren, dass sie das Brüllen anfangen und ganz klar signalisieren, wer hier der Chef ist. Sobald der Bulle wütend wird und sich auf einen zubewegt, sollte man gesenkten Hauptes und gemäßigten Schrittes den Rückwärtsgang einlegen.

Um die vierzig Estancias gibt es auf der Halbinsel, darunter jede Menge **Schafzuchtbetriebe**. Einige bieten hübsche Unterkünfte an, zum Beispiel die Estancia Rincón Chico. Es werden auch herrliche Tierbeobachtungs-Touren angeboten und Fahrräder verliehen (Punta Delgada, www.rinconchico.com.ar, Tel. 02965/471733). Ebenfalls besonders beliebt ist die Estancia „La Elvira", die Wanderungen hoch zu Ross anbietet. Wer eine typische Farm-Atmosphäre erwartet, wird vielleicht etwas enttäuscht sein. Die Ausstrahlung der Unterkünfte ist eher modern und funktional. Interessant ist es, eine Schafschur mitzuerleben, einfach nachfragen! Ein paar Kilometer nördlich der Unterkunft befindet sich schon der Brutplatz einer riesigen Magellanpinguin-Kolonie (zu buchen in Madryn: Av. Hipolito Yrigoyen 257, Office 2, Tel. 0280/4474248 laelvira@laelvira.com.ar www.laelvira.com.ar)

> **Kalender – wann sieht man welche Tiere**
>
> **Delfine:** September bis April
> **Magellan-Pinguine:** August bis März
> **Orcas:** September bis April
> **Seelöwen** (Mähnenrobben): Mitte Dezember bis Februar
> **Wale:** Juni bis Dezember
> **Tipp für Walfans:**
> www.patagoniaproject.com
> Hier erfährt man viel Wissenswertes über die Orcas und Glattwale der Halbinsel.

Puerto Pirámides

Wer das erste Mal den einzigen Ort der Halbinsel besucht, ist vielleicht ein wenig enttäuscht von dem Rummel, der hier herrscht. Unzählige Touristenbusse laden ungeheuer viele Menschen ab, Leute in orangefarbenen Rettungswesten warten auf die Walbeobachtungs-Boote, und weil das Wasser sehr flach ist, müssen die Boote mit Traktoren aufs Wasser gezogen werden, bis sie genügend Wasser unter dem Kiel haben. Besonders romantisch wirkt der ansonsten herrliche, von Sandklippen umgebene alte Salzexporthafen natürlich in solchen Momenten nicht, aber was nimmt man nicht alles in Kauf, um endlich selbst auf ein Boot zu kommen.

Es lohnt sich, in dem Mini-Ort eine Nacht zu verbringen. Denn spätestens, wenn die Horden von Touristen wieder weg sind, kehrt eine herrliche Stille ein. Die meisten, die bisher auf dem Campingplatz übernachtet haben, schwärmen vom sphärischen Walgesang, den man natürlich auch bei offenem Fenster im Hotel bekommt, sofern man ein Zimmer mit Meerblick hat. Das exklusive Hotel „Restinga" eignet sich sicherlich gut, weil es in der ersten Reihe liegt. Weitaus günstiger übernachtet man in der Posada Pirámides (Av. Las Ballenas, Tel. 495040). Hier gibt's auch billige

Whalewatching

Chubut – Península Valdés

Mehrbettzimmer und das Essen im dazu gehörigen Restaurant ist völlig in Ordnung.

Es gibt eine kleine, aber sehr bemühte Touristeninformation. Von den Walbeobachtungs-Anbietern ist „Bottazzi" besonders zu empfehlen. Es werden so genannte Sonnenuntergangstouren angeboten, die ein kleines Mahl und ein Glas Wein im Hotel Restingas zum Abschluss haben (1era Bajada, Tel. 495050). Sehr professionell sind auch die Touren von „Hydrosport", die eher wissenschaftlich an die Sache herangehen und oft Naturforscher mit an Bord haben (www.hydrosport.com.ar, Tel. 495065). Wer auf eine deutschsprachige Führung angewiesen ist, sollte den Trip bei „Whales Argentina" buchen. Hier kann man auch individuellere Touren unternehmen, in kleineren Booten und mit nur wenigen Mitfahrern an Bord. 1era Bajada, Tel. 495015, www.whalesargentina.com.ar.

Essen und Trinken

„Quimey Quipan", Primera Bajada gegenüber Las Restingas (und neben Tito Bottazzi). Empfehlenswertes, familiengeführtes Lokal, köstliche Meeresfrüchte, guter Service! Ebenfalls großartige Meeresfrüchte und einige gute, vegetarische Gerichte bietet „The Paradise", Av. De los Ballenas/Segunda Bajada, Tel. 495030.

◆ Nützliches

Fahrradtouren: Tracción a Sangre, Mario Gadda, Av. De las Ballenas, Tel. 495047

Kajak-Touren: Patagonia Explorers, Av. De las Ballenas, Tel. 15-340619

Nachtleben: Wenn man überhaupt von Nachtleben sprechen kann … Hier gibt's leckere Pasta und zu später Stunde eine schöne und ungezwungene Bar-Atmosphäre: La Estación, Av. De las Ballenas, Tel. 495047

Tauchen und Sandboarding: Goos Ballenas, 2nda Bajada al Mar, Tel. 495061, www.goosballenas.com.ar (sehr nette und hilfsbereite Leute!)

Touristeninformation: 1era Bajada, www.puertopiramides.gov.ar, Tel. 495048

Vorwahl: 02965

Unterwegs-Spezial

WHALE-WATCHING – EIN ERLEBNISBERICHT

Seit vielen Jahren fährt Eduardo nun schon als Guide mit den Touristenbooten hinaus zu den Walen. Für ihn ist es nicht nur ein Job, sondern eine echte Passion. Bevor er sich die Ohren ruiniert hat, war er Sporttaucher, heute sieht der „Skorpion", wie seine Freunde ihn nennen, das Meer nur noch von oben. Jeden Tag macht er die gleichen Sprüche: „Leute, wenn ein Wal kommt, rennt nicht alle auf die gleiche Seite, sonst kentern wir." Und jeden Tag die gleichen Ermahnungen, weil die Touris die Hinweise einfach vergessen, sobald ein Wal auftaucht.

Bis es so weit ist, dauert es eine ganze Weile. Etwa fünfzehn Leute starren in die unendliche Weite des blauen Ozeans, kaum einer spricht ein Wort. Das ändert sich sofort, als ein Delfin ein paar Sprünge vor dem Boot absolviert. Die Touristen geraten in Aufregung und recken die Hälse. Gebrabbel aus aller Herren Länder mischt sich in den Wellenschlag und das Getöse der Motoren. Eine Weile eskortiert der Delfin das kleine Schiff, dann dreht er ab, als wäre er froh, das Begrüßungsprogramm für die Touristen erledigt zu haben. Man kennt ihn schon, die Guides nennen ihn „solitario", weil er immer alleine unterwegs ist, was nicht unbedingt typisch ist für einen Delfin.

Endlich kehrt wieder Ruhe ein, wegen des einsamen Delfins ist schließlich auch niemand gekommen, den hat jeder schon mal zuhause im Zoo gesehen. Ein Italiener stößt einen Schrei der Begeisterung aus und deutet aufgeregt in die Richtung, in der ein großer schwarzer Körper am Horizont auftaucht, flankiert von einem kleineren, der aber immer noch so groß ist, dass ein großer Delfin neben ihm blass aussieht. Eine Buckelwalkuh und ihr Kalb sind unterwegs, was für ein Glück! Die Objektive der Kameras sind teilweise so monströs und der Zoom und die Auslöser so laut, dass man das Gefühl hat, mitten in einer Pressekonferenz gelandet zu sein.

Unterwegs-Spezial

Der Bootsführer nimmt sofort die Verfolgung auf. Ziel ist es, möglichst nahe an die Wale heran zu kommen. Wenn es mehrere sind, braucht man nur mit ausgeschaltetem Motor auf dem Wasser liegen zu bleiben, dann kommen die neugierigen Tiere ganz von selbst. Sie neigen sich zur Seite und heben das Auge aus dem Wasser, um die Touristen besser ins Visier nehmen zu können. Wer beobachtet da wen?

Der alte Steuermann manövriert den Kahn so gekonnt, als hätte er sein Leben lang nichts anderes gemacht. Abwechselnd darf die eine Seite des Bootes ganz nahe an den Wal heran, dann wieder die andere, damit die Sensation auch ganz gerecht auf die Walgucker aufgeteilt wird. Die Präsenz der riesigen Walkuh übertrifft alle Erwartungen. Wie sie die Wasseroberfläche mit ihrem gewaltigen Kopf durchbricht und mit ihrer ungeheuren Masse das Wasser beim Abtauchen unter sich begräbt. Wie elegant dieses Auf und Ab wirkt, wie leicht und selbstverständlich! Als gehörte dem Wal das ganze Meer und das schon seit Urzeiten …

Im Gegenlicht sieht es besonders schön aus, wenn sich die Möwen auf die Wale setzen, sobald sie auftauchen. Die Zuschauer sind begeistert, sie denken offenbar, die Möwen und die Wale hegten eine besondere Freundschaft. Doch da fängt Eduardo das Schimpfen an, „Ksch, ksch, ksch", ruft er immer wieder, als könne er damit die Möwen davon abhalten, mit ihren spitzigen Schnäbeln tiefe Wunden in die dünne Haupt des Walbabys zu schlagen. „Für die Walkuh ist das nicht so schlimm", erklärt Eduardo „aber das Kleine hat noch eine zu dünne Haut. Es passiert sehr oft, dass ein totes Kalb am Strand gefunden wird, nachdem es tagelang von den Möwen bis zur Erschöpfung gepiesackt und von Tausenden Möwenbissen gequält wurde." Grimmig betrachtet er das Schauspiel. Wenn es nach ihm ginge, würde man längst Jagd auf die Vögel machen, die so viele Jungtiere auf dem Gewissen haben und es der Mutter obendrein so gut wie unmöglich machen, ihr Kleines in Ruhe zu säugen. „Warum schießt die Biester niemand ab?", wollen die Zuschauer wissen, „warum lässt man das zu, wo es doch so viele Möwen gibt, während die Wale bedroht sind?" Der Guide hebt resigniert die Schultern, da könne man nichts machen, das Gesetz verbiete das Abschießen der Möwen und niemand mache etwas dagegen. Vielleicht kann Druck aus dem Ausland helfen …

📍 Trelew

Die von walisischen Einwanderern Ende des 19. Jahrhunderts gegründete Stadt beherbergt etwa 100.000 Einwohner und wird gerne als Zwischenstopp auf dem Weg zur Península Valdés genutzt oder als Ausgangspunkt zu den hübschen Dörfern Gaiman und Dolavon. Ihren Namen verdankt die Stadt dem Waliser Lewis Jones, der hier den Bau der ersten Eisenbahn-Station durchgesetzt und damit die Initialzündung für die wirtschaftliche Entwicklung der Gegend geliefert hat (Tre = Dorf und Lew vom Namen Lewis).

Bis heute ist auch der Kern von Trelew – also die Gebäude rund um den alten Bahnhof – das schönste Viertel des ansonsten recht unspektakulären Ortes. Erhalten geblieben sind zum Beispiel das Hotel Touring Club (Av. Fontana 240), das Teatro Español an der Plaza Independencia und die Banco de la Nación mit ihrem Uhrentürmchen (Av. Fontana, Ecke 25 de Mayo). Wer sich für die Geschichte der Gründerväter interessiert, kann im Museo Regional Pueblo de Luis einiges Interessante erfahren. Es befindet sich im alten Bahnhof.
Av. Fontana/Ecke 9 de Julio

Sehenswertes

Die Hauptattraktion des Ortes ist das **Museo Paleontológico Egidio Feruglio**. Die bedeutende Sammlung von Fossilien aus prähistorischen Zeiten ist einmalig auf der ganzen Welt. Schließlich befindet man sich in Patagonien in einem Paradies für Fossiliensammler und Trelew hat es geschafft, für die einzigartigen, lebensgroßen Dinosaurier den richtigen Rahmen zu schaffen und Wissenschaftler aus der ganzen Welt anzulocken. Zu den Höhepunkten des Museums zählen das einzige Exemplar des gehörnten Sauriers, außerdem ein erstaunlich gut erhaltenes, versteinertes Saurier-Ei und eine prähistorische Spinne, die (ohne Beine) noch 30 cm misst. Am Eingang des Museums steht ein riesiger Dino-Knochen, den man ausnahmsweise berühren darf. Das Museum dürfte auch Kindern gefallen, da die Dinosaurier mit Licht und Schatten spektakulär in Szene gesetzt werden. Av. Fontana 140,
www.mef.org.ar, Tel. 420012

Aktivitäten

Wer sich für Bildhauerei und Malerei interessiert, sollte sich das „Museo de Artes Visuales" anschauen (Mitre 351, Tel. 433774). Es beherbergt Leihgaben aus dem berühmten Kunstmuseums in Buenos Aires sowie regionale Kunstwerke aus der Zeit der ersten Besiedelung.

Übernachten

Es gibt wenige reizvolle Unterkünfte in Trelew und die Stadt scheint auch kein großes Interesse daran zu haben, den Tourismus groß zu fördern. Besser, man versucht sein Glück in Gaiman oder fährt gleich nach Puerto Madryn weiter. Ganz gute Kritiken hat das Hotel Liberador (Rivadavía 31, Tel. 420220). Fast noch besser ist das „La Casona del Río", ein hübsches, im englischen Stil erbautes Bed&Breakfast-Hotel ein wenig außerhalb des Stadtzentrums. Man kann Tennis spielen oder Fahrräder leihen.

◆ Nützliches

Autoverleiher: Die meisten Büros befinden sich am Flughafen. In der Av. San Martín 146 gibt es Budget Rent a Car, Tel. 434634.

Banken: Befinden sich in der 25 de Mayo

Busbahnhof: Urquiza 150, Tel. 420121. In die größeren Städte fährt mehrmals täglich ein Bus, nach Puerto Madryn sogar stündlich.

Camping: Einen angenehmen Platz findet man 7 km außerhalb der Stadt an der RN 7. Es gibt ein kleines Geschäft, heißes Wasser und Strom (Camping Patagonia, 15-406907).

Feste: Gwyl y Glaniad. Am 28. Juli wird in den Kapellen Tee getrunken. Man gedenkt dort der Landung der ersten Waliser. Stadtgründungsfest: 20. Oktober.

Reiseveranstalter vor Ort: Es gibt in Trelew mehrere Anbieter diverser Ausflüge zur Península Valdés und zur Pinguin-Kolonie Punta Tombo. Die Preise sind ziemlich ähnlich, allerdings ist das Programm straff organisiert, so dass man meist recht wenig Zeit hat, die Tiere zu beobachten. Es empfiehlt sich, einen Wagen zu mieten und die Tour alleine zu machen. Guter Anbieter: Alcamar Travel, San Martín 146, Tel. 421448.

Vorwahl: 02965

Ausflüge
▪ Gaiman

In das hübsche, 17 km entfernte Dorf Gaiman gelangt man von Trelew ganz problemlos mit dem Bus. In der schmucken Vorzeige-Kolonie werden walisische Traditionen wie nirgends sonst auf der Welt gepflegt. Das fängt bei Tee und riesigen Tortenstücken an und hört bei hübschen Rosengärten vor gepflegten Backsteinhäusern auf. Noch heute schwärmen die Einwohner vom Besuch der Herzensprinzessin Diana, die im Ty Te Caerdydd ihren Tee eingenommen hat. Ein zweites, eher inoffizielles Highlight hat der Ort ebenfalls zu bieten: Den verrückten Kunstpark „Parque El Desafío" am westlichen Ortseingang (Av. Brown 52). Wer übernachten möchte, sollte im „Yr Hen Ffordd" nachfragen, das ist eine besonders hübsche B&B-Pension mit großartigem Frühstück (Jones 342. Tel. 02965/491394).

▪ Punta Tombo

Gegründet wurde das Tierschutzreservat Punta Tombo 1979 zum Schutz und Erhalt der Magellan-Pinguine, die hier von Oktober bis März ihre Jungen bekommen und aufziehen. Außerhalb der Antarktis dürfte es auf der Welt keine größere Kolonie dieser Tiere geben, momentan schätzt man die Population auf etwa 500.000 Paare. Soweit das Auge reicht: Überall wimmelt es von den hübschen, im Durchschnitt 45 cm großen Pinguinen, die ein riesiges Areal von 200 Hektar zur Verfügung haben. Inzwischen hat man das Gebiet in großen Teilen eingezäunt und hölzerne Wege leiten die Besucher durch die Brutstätten der Pinguine. Die Tiere scheinen sich nicht gestört zu fühlen, sie stehen unbekümmert vor ihren Nestern, gucken neugierig in den Himmel oder watscheln über die Gehwege. Neben den Pinguinen bietet das Schutzgebiet noch vielen anderen Vogelarten Platz wie etwa den Kormoranen, Riesensturmvögeln oder Rußausternfischern. Aufgrund der unzähligen Touristen, die sich hier zur Hauptsaison einfinden, sollte man möglichst vor den Bussen am Parkeingang sein, also keinesfalls später als 11 Uhr oder eben nach 15 Uhr, wenn die meisten wieder weg sind. Am Parkeingang gibt es ein Café, in dem man eine Kleinigkeit zu essen und zu trinken bekommt, es empfiehlt sich aber, selbst etwas Proviant mitzubringen. An der Rangerstation bezahlt man den Eintritt und erhält einige Infos über die Pinguine. Die meisten Besucher kommen in organisierten Touren hierher, meist von Madryn aus oder von Trelew. Wie fast immer empfiehlt es sich aber, die Tour auf eigene Faust zu unternehmen. Wer beispielsweise aus dem 110 km entfernten Trelew kommt, nimmt erst die RN 3 und dann die RP 1. Wem hier zu viel Rummel ist, sollte am besten gleich weiter Richtung Süden über Cabo Raso nach Camarones fahren. Man passiert ein landschaftlich wunderschönes, aber sehr einsames Kap. Hier gibt es ebenfalls jede Menge Tiere zu beobachten und meistens ohne die Anwesenheit anderer Touristen.

📍 Camarones

Viel zu erleben gibt es in dem verschlafensten aller Küstendörfer Patagoniens nicht. Ein kleiner Turm als Aussichtspunkt, ein paar Häuser aus roten Backsteinen und Wellblech, eine hübsche Kirche

Pinguine – gerne als Paar unterwegs

und einen sehenswerten kleiner Kramerladen, mehr hat das Städtchen nicht zu bieten. Muss es aber auch nicht, denn die Besucher, die sich hierher verirren, wollen in der Regel ihre Ruhe oder die nach Punta Tombo zweitgrößte Pinguin-Kolonie des Landes besuchen. Daneben ein Schwätzchen mit den redseligen Einwohnern und lange Spaziergänge an einsamen Stränden. Abends Berge von Meeresfrüchten, allen voran Camarones (Garnelen), einen halben Liter Weißwein dazu und einen tiefen, erholsamen Schlaf, besser kann man sich von den unendlich langen Autofahrten durch Patagonien nicht erholen. Wer Glück hat, erlebt Ende Januar das Ereignis des Jahres

mit: die Fiesta del Salmón, ein landesweit bekanntes Fest rund um den Lachs mit etlichen Veranstaltungen, Fischerwettbewerben und Lachs in allen Variationen. Nicht umsonst bezeichnet sich Camarones selbst als die „Capital Nacional del Salmón" also die „Landeshauptstadt des Lachses". Wer sich sputet, erlebt den Ort noch so liebenswert und bescheiden, wie er heute ist. Schon lauern die Investoren, die in Sachen Tourismus Großes vorhaben mit Camarones …

Essen und Trinken

Zum Beispiel im Gästehaus/Hotel „Kau Ikeukenk" (Sarmiento y Roca, Tel. 4963004).

Übernachten

Im Hotel Indallo Inn kann man hervorragend übernachten – wer mag, in einer Hütte direkt am Strand.
www.indaloinn.com.ar
Ecke Sarmiento & Roca, Tel. 4963004

♦ Nützliches

Angeln: Man wende sich an Jorge Kriegel vom öffentlichen Campingplatz, er organisiert schöne Touren zu den Delfinen und den nahe gelegenen Inseln (Tel. 4963056).

Camping Camarones: San Martín , Tel. 431500, sehr kleiner, feiner Platz mit Warmwasser und Strom.

Touristeninformation: Am Meer zu finden, Tomas Espora s/n, Tel. 4963040, sehr nette Leute halten Karten und jede Menge Tipps bereit.

Vorwahl: 0297

Ausflüge

Ein Besuch des etwa 30 km entfernten Naturreservats „Cabo de Bahías" muss sein. Hier lebt die zweitgrößte Pinguinkolonie Argentiniens. Das Schutzgebiet beherbergt zwar weitaus weniger Tiere, ist aber auch weniger überlaufen als Punta Tombo.

Man kann die Pinguine in aller Ruhe beobachten und fotografieren. An manchen Tagen trifft man keinen einzigen Menschen!

Rawson

Die Hauptstadt der Provinz Chubut wird nicht nur innerhalb der Provinz größenmäßig von vier Städten übertroffen, sie ist auch die mit Abstand kleinste Provinzhauptstadt in ganz Argentinien. Als die Waliser im 19. Jahrhundert einwanderten, konnten sich hier die Tehuelche-Indianer noch behaupten, das machte die Stadt militärisch bedeutend und somit bereits im Gründungsjahr 1865 zur Hauptstadt von Chubut. Benannt wurde sie nach dem einstigen Innenminister Dr. Guillermo Rawson. Ihr heutiges touristisches Potenzial verdankt die Stadt zwar hauptsächlich der Nachbarschaft zum sieben Kilometer entfernten Badeort Playa Unión, aber einen Abstecher ist Rawson trotzdem wert.

Sehenswertes

Das Städtchen hat überraschend viel zu bieten, z. B. das „José Hernández Cultural Center", die „Berwyn-Kapelle" oder das „Museo Regional Saleciano". Anhand einer anthropologischen Sammlung (Alltagsgegenstände, Werkzeuge, Kulturgüter, wie die Überreste der ersten Glocke, Musikinstrumente, Münzen, erhaltene Besitztümer der Tehuelche- und Mapuche-Indianer, u. v. m.) illustriert es die regionale Geschichte – angefangen von der Zeit der ersten Besiedelung durch die Einwanderer bis heute. Man erfährt, was die Waliser in ihrem Segelboot „Mimosa" nach Argentinien mitgebracht haben und besichtigt das einzige Überbleibsel der zweiten Kirche – einen Seitenaltar. Darüber hinaus veranschaulicht das Museum Wissenswertes über die naturgeschichtliche Entwicklung der Provinz Chubut. Der Rundgang endet mit „Las piedras de la Patagonia" (patagonische Felsen), einem kleinen geologischen Exkurs.
Don Bosco 248, Tel. 280448/2623.

Aktivitäten

2001 wurden die Flaschennasendelfine von der Regierung in Santa Cruz zum provinziellen Natur-Monument erklärt. Es gibt nur wenige Gebiete auf der Welt, in denen man diese auffällig schwarz-weiß gezeichneten Meeressäuger noch in ihrer natürlichen Umgebung beobachten kann. Der Atlantik vor der Küste bei Rawson ist einer dieser seltenen Orte. Das meist milde und trockene Wetter in Rawson lädt zu Spaziergängen ein – etwa zum Hafen, wo die traditionell gelb gestrichenen Fischerboote, „Flota Amarilla" genannt, auf ihren nächsten Einsatz warten. Wen die frische Seeluft hungrig gemacht hat, der lässt sich in einem der Restaurants neben den Docks etwas Leckeres servieren. Am besten nach dem Fang des Tages fragen. Selbstverständlich kann man auch selbst sein Anglerglück versuchen! Nur 6 km von Rawson entfernt, am Unión Beach, reiten Surfer auf den Wellen, andere nerven die Umgebung mit ihrem lauten Jetski.

Essen und Trinken

Wer fangfrischen Fisch genießen möchte, ist in der **Cantina Marcelino** (Av. Marcelino Gonzalez 2474, Tel. 4496960) goldrichtig. Man sollte vorher unbedingt reservieren, denn die Qualität der Speisen und der freundliche Service haben sich herum gesprochen. Besonders gut schmeckt hier die Seezunge, das Dessert „Rocco Cup" passt bestimmt noch hinein!

Etwas günstiger speist man bei **Giovanni** (Freedom 321, Puerto Rawson). Die Speisekarte bietet eine kleine Auswahl traditioneller, argentinischer Gerichte. Im **Hummer** (1. Row. Playa Unión, Puerto Rawson) sollte man nach dem klassischen gehackten Fisch fragen! Das Restaurant liegt direkt am Meer und schont den Geldbeutel.

Übernachten

Guten Service genießt man im Drei-Sterne-Hotel **„Punta León"** (J. Hernández y Juan de la Piedra – Playa Unión, Tel. 4498042) in der Nähe des Hafens. In einem gemeinsamen Wohnzimmer kann man dort gemütlich mit neuen Bekanntschaften Reiseerlebnisse austauschen oder einfach nur die Tageszeitung lesen. Das familienfreundliche Hotel ist übrigens behindertengerecht ausgestattet und bietet außerdem auf Wunsch ein leckeres Frühstück.

Etwa zwanzig Minuten beträgt die Fahrtzeit vom Flughafen zum Drei-Sterne-Apart-Hotel **Costa del Sol**

(Embarcacion Don Roberto 1367, Playa Unión, Tel. 15-4670789). Neben großem Komfort bietet das Hotel ein breites Angebot an Aktivitäten. Wer sich auch im Urlaub wie zu Hause fühlen und seinen „eigenen Herd" haben möchte, bevorzugt wahrscheinlich eine Ferienwohnung, zu haben z. B. bei **Sampedro** (Belgrano 744, Tel. 448-1721). Nicht versäumen, am Hafen frische Scampi zu kaufen und in die Pfanne zu werfen!

◆ Nützliches

Apotheke: 25 de Mayo,
Tel. 4481935
Bank: 25 de Mayo 408,
Tel. 4481203/1839
Busbahnhof:
Av. Antártida Argentina 550
Campingplatz:
Siglo XXI: Av. Centenario s/n – Playa Unión, Tel. 4482681
Hospital: I. A. Roca 555,
Tel. 4481260
Taxi: San Martín y Onetto,
Tel. 4482887
Touristeninformation:
Mariano Moreno esq. Alejandro Maíz, Tel. 4481990 Int. 124
Vorwahl: 02965

Comodoro Rivadavia

Inmitten unzähliger Ölförderpumpen, Tanks, Windräder und ausgetrockneter Hügel liegt die weitläufig angelegte Stadt Comodoro Rivadavia, die mit etwa 175.000 Einwohnern die größte Stadt der Provinz und eine der wichtigsten Hafen- und Industriestädte Argentiniens ist. Dass man 1901 noch stolz darauf war, das Zentrum der Schafzuchtgegend zu sein, rückte schon sechs Jahre später in den Hintergrund, als auf der Suche nach Wasser das so genannte schwarze Gold aus dem Boden sprudelte. Wen interessierten noch die blökenden Schafe, wenn plötzlich die Erde Öl in Hülle und Fülle zu bieten hatte. Kein Wunder, dass sich schnell zahlreiche Industrien ansiedelten und die Regierung viel Geld in die Infrastruktur der Stadt steckte. In Windeseile wurden Straßen gebaut, der Hafen erweitert und ein Flughafen aus dem staubigen Boden gestampft. Mit dem Boom kam der Wohlstand, elegante Läden und Restaurants, aufgemotzte Autos, das Glücksspiel und jede Menge moderner Gebäude und Hochhäuser. Richtig gemütlich ist die Stadt zugegebenermaßen bis heute nicht und architektonische Kunstwerke sucht man vergebens, trotzdem ist die Stadt durchaus einen Besuch wert. Hier befinden sich die wichtigsten Universitäten Patagoniens und eines der bedeutendsten Theater, das Teatro Centro. Dank der Studenten gibt es auch ein attraktives Nachtleben und eine lebendige Kunstszene. Außerdem liegt die Stadt am Meer und etliche schöne Badestrände locken jedes Jahr unzählige Urlauber und Wassersportler an die Atlantikküste.

Sehenswertes

Klar, dass es in der „Hauptstadt des Erdöls" gleich zwei Museen gibt, die sich dem Thema widmen. So bietet das **Museo del Petróleo** viel Wissenswertes über die Erdölförderung (Vorort „General Mosconi", San Lorenzo 520), 3 km nördlich in der Nähe der RN 3, Tel. 4559558. Und das Freilichtmuseum **Museo Paleontológica** präsentiert ebenfalls alle möglichen Artefakte aus der Erdölindustrie wie zum Beispiel antiquierte Förderpumpen und Bohrköpfe (RN 3, 20 km nördlich, nur am Wochenende geöffnet!). Etwas zentraler liegt das Museo Regional Patagónico, in dem es naturkundliche Exponate und archäologische Funde zu sehen gibt (Ecke Avenida Rivadavía & Chacabuco, Tel. 4777101).

Aktivitäten

Ausflüge: Geführte Touren bietet beispielsweise die Agentur „Ruta 40" an. Die Leute sind ausgesprochen nett und bieten auch Ausflüge auf Englisch und Deutsch an (www.ruta-40.com, Tel. 4465337).

Ausflugs-Tipp: Mehrere Reisebüros bieten Tagestouren zu den etwa 30 km entfernten versteinerten Wäldern (Bosques Petrificados) José Ormalchea an. Am besten nimmt man sich ein Taxi und lässt den Fahrer etwa eine Stunde warten, während man die bizarre Landschaft mit ihren bis zu 65 Mio. Jahre alten versteinerten Baumstämmen erkundet. (Nicht zu verwechseln mit den legendären Wäldern Bosque Petrificado de Sarmiento oder Bosque Petrificado de Jaramillo, die sich mehr als 200 km von Comodoro entfernt befinden.)

Ausgehen und Nachtleben:

Richtig originell ist die Bar „Molly Malone", in der man sowohl gut frühstücken als auch am Abend in lauschiger Atmosphäre das eine oder andere Bierchen schlürfen kann. Gute Stimmung! (Ecke 9 de Julio & Av. San Martín 292, Tel. 4478333). Wer tanzen möchte, geht am besten ins „La Nueva Cabaña" (9 de Julio 821), die Musik ist gemischt, das Publikum eher jung.

Aussicht: Den besten Blick über die Stadt hat man vom Cerro Chenque aus, einem 212 Meter hohen Hügel, der mitten in der Stadt liegt.

Baden: Das beliebteste Strandbad heißt Rada Tilly und befindet sich 11 km südlich der Stadt am Golf San Jorge. Ein Highlight ist die Halbinsel Punta del Marqués, auf der sich ein Naturreservat befindet. Jedes Jahr im Sommer findet am Strand ein wichtiges Rugbyturnier statt (an der Touri-Info nach den Spielen fragen, die Termine ändern sich jedes Jahr).

Camping: Der schönste aller Campingplätze liegt natürlich am Meer (Camping Municipal Rada Tilly, Av. Fragata Argentina, Ecke Av. Moyano, Tel. 4452918, etwa 12 km südöstlich in Rada Tilly). Leicht mit dem Bus zu erreichen.

Einkaufen: Auf den Shopping-Meilen Avenida San Martín und Rivadavía findet man alles, was das Herz begehrt und noch mehr. Zwischen der Belgrano und der Mitre warten edle Läden und ganz ausgefallene Shops auf Leute mit ebenso ausgefallenem Geschmack. Sehr zu empfehlen!

Kino: Warum nicht mal wieder ins Kino gehen, vor allem, wenn es so schön alt und beeindruckend ist wie das Cine Teatro Español (Av. San Martín 668).

Stadtbahnfahrt: Sollte man sich nicht entgehen lassen. In einer alten Stadtbahn, die an der Touristeninformation los fährt, zuckelt man durch den Hafen und sieht allerlei Interessantes, was man als fremder Fußgänger wahrscheinlich verpassen würde.

Essen und Trinken

Gourmets speisen im **Lucania Palazzo** patagonisches Lamm oder Meeres-Spezialitäten (siehe oben). Weitaus günstiger, aber dennoch lecker isst man im **Malespina** (9 de Julio 859). Sternewürdig sind hier Pizza und Sandwiches, den riesigen

Flachbildschirm nimmt man dafür gerne in Kauf.

Asado-Freunde finden sich im Lokal **La Tradición** ein. Alles Gegrillte schmeckt hier vorzüglich, ebenfalls sämtliche Salate und die Fischgerichte (Mitre 675, Tel. 4465800). Für Fans von Hummer, Fisch und Meeresfrüchten gibt es ebenfalls ein großartiges Lokal: **Puerto Cangroje** in der Av. Costanero 1051 (Tel. 4444590).

Übernachten

Wer gut und günstig übernachten möchte und dennoch in zentraler Lage, geht am besten ins **Residencial Comodoro** in der España 919, Tel. 4462582. Noch günstiger und ebenfalls in der Innenstadt gelegen, allerdings ohne Frühstück: **Hospedaje Cari-Hue** (Belgrano 563, Tel. 4472946). Wer es komfortabler möchte, ist in dem modernen **Comodoro Hotel** gut aufgehoben, das auch eine Cafeteria besitzt (9 de Julio 770, Tel. 4472300) Und ganz Verwöhnte residieren im **Lucania Palazzo**, einem 4-Sterne-Haus mit erlesener Küche, Blick aufs Meer, Sauna, Fitness-Center, und auch sonst allem erdenklichen Komfort (Moreno 676, Tel. 4460100 www.lucania-palazzo.com).

◆ Nützliches

Bank: Banco de la Nación, Ecke Av. San Martín & Güermes. Mehrere Geldautomaten gibt es auch an den Banken in der Av. San Martín und Rivadavía.

Busbahnhof: Etliche Busunternehmen bieten mehrmals täglich Fahrten in die Hauptstadt und mehrmals wöchentlich Touren in die größeren Städte Argentiniens an. Am Busterminal (Pellegrini 730, Tel. 4467305) geht es mitunter recht chaotisch zu, was niemanden wundert, da Comodoro so etwas wie ein Verkehrsknotenpunkt ist und aus allen Teilen des Landes Busse hier ankommen und wieder losfahren. Am besten bei der Touristeninformation nach der entsprechenden Route fragen.

Flughafen: Aeropuerto General Mosconi: 9 km nördlich der Stadt (Camino Vecinal Mariano González, Tel. 4548190), Airlines: LADE, Av. Rivadavía 360, Tel. 4470585, Aerolineas Argentina: Av. Rivadavía 156, Tel. 4440050.

Medizinische Versorgung: Hospital Regional, Av. Hipólito Yrigoyen 950, Tel. 4442287

Mietwagen: Avis am Flughafen, Tel. 4549471, Localiza, Av. Rivadavía 535, Tel. 4463526. Geländewagen gibt es bei der Firma Dubrovnik (Moreno 941, Tel. 4441844).

Post: Ecke Av. San Martín & Moreno

Touristenbüro: Rivadavía, Ecke Pellegrini, Tel. 4060431, www.comodoro.gov.ar/turismo

Vorwahl: 0297

Wäscherei: Av. Rivadavía 287

Sarmiento

Die kleine Stadt mit ihren gerade mal 10.000 Einwohnern ist beispielhaft für die argentinische Einwanderer-Geschichte. Zuerst kamen die walisischen Immigraten und Anfang 1900 weitere aus Litauen. Später kamen die Buren und das Ergebnis ist, dass in einem typischen walisischen Teehaus Argentinier mit indianischen Gesichtszügen sitzen, Torta Negra essen und Afrikaans sprechen. Dass es dem verschlafenen Städtchen recht gut geht, liegt an dem Wasserreichtum und den gut gedeihenden Beeren- und Kirschplantagen. Außerdem kommen jede Menge Touristen, die die legendären Bosque Petrificado Sarmiento sehen wollen. Ein Besuch der „versteinerten Wälder" ist ein Muss! Am besten man bucht bei der Touristeninfo eine Tour durch den Park. Ansonsten gibt es in Sarmiento nicht viel zu sehen, aber das Museo Regional Desiderio Torres sollte man sich ansehen. Gezeigt werden vor allem Gegenstände der Tehuelche-Indianer und archäologische Funde (20 de Junio 114).

◆ Nützliches

Angeln: Am besten am Lago Musters, Angelscheine gibt's bei der Touristeninformation.

Ausreiten: Cabaña el Futuro, Tel. 4893036.

Camping: Camping Río Senquer, etwa ein Kilometer vom Stadtzentrum entfernt an der RP 24, Tel. 4898482.

Touristeninfo: Ecke Infanteria 25 & Pietrobelli, Tel. 4898220 (sehr freundliche Beratung, gute Karten und Infos zu aktuellen Veranstaltungen).

Vorwahl: 0297

Santa Cruz

Santa Cruz (span. für „Heiliges Kreuz) ist die zweitgrößte Provinz und die am dünnsten besiedelte des Landes. Die meisten der etwa 250.000 Einwohner leben in den wenigen städtischen Ansiedlungen, doch der größte Teil des Landes ist unbewohnt. Von den wenigen Menschen, die in der nicht enden wollenden Einsamkeit der Pampa existieren, sind es vor allem die Besitzer riesiger Schaf-Estanzias mit ihren Angestellten oder einige der übrig gebliebenen Tehuelche-Indianer, die vor allem im Westen der Provinz in Reservaten zusammen leben.

Wer mit dem Wagen unterwegs ist und die Ruta Nacional 40 befährt, wird schnell merken, warum die Piste im Ruf steht, eine der legendärsten Abenteuerstraßen der Welt zu sein. Obwohl die staubige Erd- und Schotterpiste – zum großen Glück der Brummifahrer und zum großen Leid der Abenteurer – teilweise schon asphaltiert ist und sich irgendwann in eine bandscheibenfreundliche Straße verwandeln wird, gehört sie immer noch zu den lohnenswertesten Strecken der Welt. Allein ihre 2.500 Kilometer lange Strecke durch die patagonische Einsamkeit präsentiert dem Reisenden eine gewaltige Fülle an Naturerlebnissen. Sie führt an Gletschern, Vulkankegeln, glitzernden Seen und Berggipfeln vorbei und bietet dabei ein so traumhaftes Zusammenspiel von Farben und Wolkenformationen wie kaum eine andere Route der Welt.

Der Hauptwirtschaftsfaktor von Santa Cruz ist die Produktion von Petroleum und Gas. Außerdem wird Kohle abgebaut, Gold, Gips und Salz. Mit etwa 7 Mio. Schafen ist die Provinz der Hauptproduzent von Fleisch und Wolle, auch Rinder, Schweine und Pferde werden gezüchtet. Von den Fischen, die in den Fischereihäfen von Puerto Deseado, San Julián, Puerto Santa Cruz und Río Gallegos gefangen werden, sind die meisten für den Export bestimmt.

Ein immer mehr an Bedeutung gewinnender Wirtschaftsfaktor ist der Tourismus. Kein Wunder, denn mit dem faszinierenden Fitz-Roy-Massiv und dem Moreno-Gletscher hat Santa Cruz zwei der spektakulärsten Naturschönheiten Argentiniens zu bieten. Die am häufigsten besuchten Orte in Santa Cruz sind der Nationalpark Los Glaciares und seine vielen, wunderschönen Gletscher. Und natürlich die Städte El Calafate und Perito Moreno als Ausgangspunkt. Rund 200 km nördlich von El Calafate liegt die Stadt El Chaltén zu Füßen des Cerro Torre und des Mount Fitz Roy. Auch dieser Ort ist wegen seiner Nähe zu den herrlichen Bergen zu einem Touristen-Magnet geworden. Wer einsame Natur erleben möchte, sollte sich aufmachen zu dem selten besuchten Perito-Moreno-Nationalpark mit seinen herrlichen Seen.

Mit dem Jeep durch Patagonien – abenteuerlicher geht's nicht.

📍 Perito Moreno

Achtung: Die Viehzüchterstadt mitsamt des gleichnamigen Nationalpark im Nordosten der Provinz Santa Cruz sollte man nicht verwechseln mit dem Gletscher Perito Moreno im Nationalpark Los Glaciares im Nordosten (siehe S. 206). Die meisten Besucher, die hierher kommen, erwarten keine großen Sehenswürdigkeiten, sondern machen nur eine Stippvisite, um sich mit allem Nötigen für die Weiterfahrt einzudecken: Medikamente, Benzin und Proviant. Als Kreuzungspunkt der Ruta Nacional 40 und Ruta Provincial 43 ist die Kleinstadt zu einer Art Versorgungszentrum geworden. Dabei lohnt es sich tatsächlich, mal auszusteigen und sich das hübsche Städtchen genauer anzusehen. Das milde Klima lockt immer mehr Argentinier an, die ihr Alter hier verbringen möchten, und auch der Tourismus erlebt eine Blüte.

Die Cueva de las Manos (165 km südlich) ist ein Muss, deshalb sind die meisten ja überhaupt erst hierher gekommen. Ansonsten empfiehlt sich ein Besuch des Perito-Moreno-Nationalparks und des kleinen Städtchens Los Antiguos, das sich direkt am Lago Buenos Aires 67 km westlich von Perito Moreno befindet.

Essen und Trinken

Zum Beispiel gut und günstig im Restaurant Kimey (9 de Julio 1453, Tel. 432484) oder noch besser in dem von Gästen mit Lobeshymnen überschütteten Lokal „Les Chaumieres" (Acceso Oeste km 31,5, Perito Moreno).

Übernachten

Empfehlenswert sind das Hotel Americano (Av. San Martín 1327, Tel. 432074) und die Posada del Caminante (Rivadavía 937, Tel. 432204). Wer besonders günstig übernachten möchte, ist mit den Cabañas gut beraten, die sich auf dem Campingplatz befinden (Paseo Julio A. Roca/Ecke Mariano Moreno, Tel. 432130). Empfehlenswert ist auch die 28 km südlich gelegene Schaffarm Estancia Telken, die zwar nur wenige Zimmer besitzt, aber ihre Gäste mit solider Hausmannskost bewirtet und schöne Ausflüge anbietet (auch zu Pferde). RN 40,

Tel. 432079 (wenn dort niemand zu erreichen ist, reserviert man über eine Agentur in Buenos Aires (Reconquista 642, Oficina 417, Tel. 0115237).

♦ Nützliches

Banco de la Nación: Ecke San Martín/Perito Moreno
Busbahnhof: befindet sich an der Ecke der Ruta Provincial 43/45, am Nordende der Stadt, Tel. 432063. Busse fahren täglich nach Los Antiguos, Comodoro Rivadavia und El Calafate.
Medizinische Versorgung: Hospital Distrital, Colón 1237, Tel. 432040
Post: Ecke J.D. Perón & Belgrano
Touristeninfo: San Martín/Gen Nacional, Tel. 432732
Vorwahl: 02963

Ausflüge
- **Los Antiguos**

Am Lago Buenos Aires gibt es einen

PERITO MORENO

Francisco Pascasio Moreno, argentinischer Geograph, Anthropologe und Entdecker, erblickte am 31. Mai 1852 in Buenos Aires das Licht der Welt und erforschte auf seinen zahlreichen Expeditionen vor allem die patagonische Flora und Fauna. Während der Grenzvermessung von Argentinien und Chile machte er sich buchstäblich einen Namen – Perito. Diese ihm ehrenhalber verliehene Amtsbezeichnung bedeutet im Spanischen „Sachverständiger".

Der Mitbegründer der Sociedad Cientifica Argentina von 1872 war maßgeblich an der exakten Vermessung bzw. Festlegung des Grenzverlaufs in den Anden zwischen Argentinien und Chile beteiligt. 1912 begleitete er den US-amerikanischen Präsidenten Theodore Roosevelt nach Patagonien. Das sollte Morenos letze Reise werden. Am 22. Februar 1919 starb er in Buenos Aires.

In Patagonien trägt nicht nur ein imposanter Gletscher seinen Namen, sondern auch eine Kleinstadt und ein Nationalpark.

kleinen Ort, an dem man perfekt ausspannen kann: Los Antiguos.

Die schönste Jahreszeit ist hier der Hochsommer, dann feiern die Bewohner das nationale Kirschfest und die Besucher baden im kühlen Gletscherwasser. Der Lago Buenos Aires gehört nur teilweise den Argentiniern, ein großer Teil des insgesamt mehr als 180.000 Hektar großen Sees gehört zu Chile und heißt dort Lago General Carrera.

Momentan ist das verschlafene Grenzstädtchen dabei, sich in einen quirligen Touristenort zu verwandeln. Immerhin ist der See nach dem peruanischen Titicacasee der zweitgrößte in Südamerika und neben zahlreichen Wintersportmöglichkeiten können die Besucher herrliche Wanderungen und Bootstouren unternehmen oder in den Fluten des Río Jeinemeni auf Forellen- und Lachsfang gehen.

Die Höhlenmalereien in der Cueva de las Manos sind bis zu 9.000 Jahre alt.

Übernachten

Ein echter Tipp ist die Hostería Antigua Patagonia. Sie befindet sich zwei Kilometer östlich der Stadt direkt am See. Ruta Provincial 43 – Acceso Este, Tel. 491038

Essen und Trinken

Das Lokal „Viva El Viento" ist einfach ein Traum! Hier stimmt alles, die Speisen, die Bedienung und die Preise. Jeden Dienstag Livemusik, Av. 11 de Julio 447, Tel. 491109.

♦ Nützliches

Bank und Geldautomat: Banco de Santa Cruz: Av. 11 de Julio 531
Busbahnhof: Ecke der Ruta Provincial 43 und 45, am Nordende der Stadt, Tel. 432063
Camping Municipal: Schöner, windgeschützter Campingplatz direkt am See. Die Hütten können als eine Art Schlafsaal genutzt werden, heiße Duschen gibt es auch. (RP 43, 491265)
Fest: Kirschfest in der zweiten Januarwoche: Livemusik, Kunsthandwerksmarkt und Rodeo – sollte man erlebt haben!
Mitbringsel: Die Marmelade ist unschlagbar!
Post: Gregores 19
Touristeninformation: Av 11 de Julio 446, Tel. 491261
Vorwahl: 02963

▪ Cueva de las Manos

Die „Cueva de las Manos", auf deutsch „Höhle der Hände" besitzt hochinteressante **Höhlenmalereien**, die von der **UNESCO** zum **Weltnaturerbe** erklärt wurden. Ein Mönch hatte 1941 die Höhle in der Schlucht des Río Pinturas entdeckt und machte die ersten Fotos. Wer hätte damals gedacht, dass er mit seiner Entdeckung die wohl ältesten und spektakulärsten Höhlenmalereien der Welt gefunden und damit eine der größten Sehenswürdigkeiten Argentiniens ans Tageslicht befördert hat. Bis heute sind vor allem die Darstellungen unzähliger linker Hände den Wissenschaftlern ein absolutes Rätsel. Neben den Negativ- und Positivabdrücken der Hände kann man Jagdszenen, menschliche Figuren und geometrische Elemente wie Spiralen, Rechtecke, Kreise, Punktreihen und Schlangenlinien bewundern.

Entstanden sind die Höhlenzeichnungen etwa zwischen 7000 und 1000 v. Chr, wobei man drei Perioden der Entstehung unterscheiden kann. Zwar zählt die Cueva de las Manos zu den bedeutendsten Fundstätten ihrer Art, aber auch in anderen Höhlen der Schlucht sowie an Felswänden entdeckt man vergleichbare Malereien.

Übernachten kann man in der 20 km entfernten Hostería Cueva de las Manos (direkt an der RN 40), Tel. 01152374043, etwas teurer im Doppelzimmer und sehr günstig im Schlafsaal. Von dort aus werden auch schöne Ausritte zur Höhle organisiert. Ansonsten ist die Anreise recht kompliziert, weil keine öffentlichen Verkehrsmittel hierher kommen. Mit dem eigenen Wagen ist das natürlich kein Problem, ansonsten empfiehlt sich eine geführte Tour von der etwa 150 km Kleinstadt Perito Moreno aus.

- **Parque Nacional Perito Moreno – Wildnis pur**

Wer diesen Nationalpark besuchen möchte, muss schon ein echter Abenteurer sein oder die absolute Einsamkeit suchen. Denn hier ist selbst in den schönsten Urlaubswochen des Jahres nur wenig los. Das mag unter anderem an der schlechten Zufahrtsmöglichkeit zum Park liegen, denn mindestens 90 Kilometer davor geht es über holprige Schotterpisten, und sobald es regnet, wird die Fahrt selbst mit einem Allrad-Jeep zu einer Art Camel-Trophy. Gerade mal 1200 Leute kommen jährlich hierher und teilen die Einsamkeit des 1150 Quadratkilometer großen Areals mit scheuen Guanakos und noch scheueren Pumas, etlichen Vogelarten und sehr seltenen heimischen Fischarten. Selten deshalb, weil hier jene überlebt haben, die andernorts vom eifrigen Setzen unzähliger Forellen vertrieben wurden.

Den speziellen Reiz des Areals machen seine smaragd- und türkisfarbenen Seen aus, die zu den sie umgebenden, in allen erdenklichen Farbtönen leuchtenden Sedimentgesteinen kontrastieren. Drumherum nur wilde Steppe und am Horizont die schneebedeckten Gipfel der Sierra Colorada. Eine atemberaubend schöne Landschaft! Weil selbst die niedrigsten Areale auf mindestens 900 Metern liegen, sollte man auch im Sommer an eine Jacke denken und ausreichend Proviant dabei haben. Denn hier steht noch die Natur im Vordergrund, eine Infrastruktur gibt es so gut wie gar nicht. Anmelden muss man sich an der Ostgrenze des Parks in einem Info-Zentrum. Hier gibt es auch jede Menge Broschüren und Karten, es werden auch geführte Wanderungen oder Ausritte angeboten.

Achtung: Diesen Park nicht mit jenem verwechseln, in dem der legendäre Perito-Moreno-Gletscher jährlich zehntausende von Besuchern anzieht. Der befindet sich im Nationalpark „Los Glaciares" (siehe S. 206).

Übernachten

Abgesehen davon, dass im Park Campen erlaubt ist, kann man nur auf der Estanzia La Oriental unweit des Parkeingangs in bequemen Betten übernachten (oder sein Zelt aufstellen) oder auf der etwa 30 km entfernt gelegenen Estanzia Menelik (Tel. 011-41525500), die zu einem echten Reiterparadies geworden ist.

♦ Nützliches

Estanzia La Oriental: RP 29, km 91,5 oder RN 40 km 2352,5, Tel. 452196 gut ausgeschildert, in der Regel kriegt man auch ohne Voranmeldung einen Übernachtungsplatz www.laorientalpatagonia.com.ar, sehr einfach, nette Leute. Vorbestellungen sind auch über eine Agentur in Buenos Aires vorbestellen: 01152374043.

Nächster Ort: Gobernador Gregores, hier findet man auch die Parkverwaltung, Tel. 491477, www.parquesnacionales.gov.ar.

Sehenswürdigkeiten und Aktivitäten: Pinturas Rupestres (Höhlenmalereien), Playa de los Amonites am Lago Belgrano (hier gibt es Fossilien zu sehen), Casa de Piedra am Lago Burmeister, Wanderung zum Cerro León oder Cerro de los Cóndores, Besteigung des Monte San Lorenzo der mit 3706 Metern die höchste Erhebung der argentinischen Südkordilliere ist.

Vorwahl: 02962

Santa Cruz – Puerto Deseado

📍 Puerto Deseado

Die kleine Hafenstadt befindet sich 124 km südöstlich der Ruta Nacional 3 und ist unbedingt einen Abstecher wert. Sowohl das historische Zentrum als auch das an einem Flusstal gelegene Meeresschutzgebiet Ría Deseado machen den ansonsten etwas heruntergekommenen Ort und seine Umgebung durchaus besuchenswert.
Ihren Namen hat die Stadt dem englischen Freibeuter Thomas Cavendish zu verdanken, der den Hafen im Jahre 1586 nach seinem Schiff Port Desire benannte. Davor hat sich hier schon der Pirat Francis Drake herumgetrieben und den Hafen „Bahía de las Focas" getauft. Auch Ferdinand Magellan versuchte, der Gegend seinen Stempel aufzudrücken, als er mit seiner angeschlagenen Flotte strandete. Er brachte hier seine Schiffe wieder auf Vordermann und nannte das Mündungsgebiet „Fluss der Arbeit". Gut, dass sich schließlich doch der poetischere Ausdruck „Puerto Deseado" durchgesetzt hat. Wenn die Stadt ansonsten auch nicht viel zu bieten hat, so ist der Bahnhof unbedingt einen Besuch wert. Puerto Deseado war einst ein bedeutender Endbahnhof, wovon das imposante Gebäude heute noch zeugt.

Ein echter Geheimtipp ist das nahe gelegene Brutgebiet für Seevögel. Man wundert sich, dass die Regierung die Gegend nicht schon längst in einen Touristenmagneten verwandelt hat. Aber was nicht ist, wird sicherlich noch kommen. An den Uferbereichen und auf den Inseln sind unzählige Seevögel zuhause, unter anderen Sturmvögel, Austernfischer, Seeschwalben, Reiher, Magellanpinguine und fünf Kormoranarten. Außerdem nisten auf der Isla de los Pinguinos Felsenpinguine und sogar See-Elefanten kann man hier beobachten, die ihre Jungen aufziehen.

Sehenswertes
Museo Regional Mario Brozoski
Vor der Küste der Stadt sanken mehrere Schiffe, unter anderen 1778 die englische Korvette Swift. In dem Museum kann man die Fundstücke bewundern, die immer mal wieder um ein paar Stücke erweitert werden, sobald Taucher

weitere Teile vom Meeresgrund bergen.
Ecke Colón und Belgrano,
Tel. 4871358

Museo Padre Beauvoir
Eigenwillige Sammlung aller möglichen Fundstücke: Alltagsgegenstände der Eingeborenen und Pioniere, ausgestopfte Vögel und vieles mehr (12 de Octubre 577, Tel. 4870147)

Essen und Trinken
Das Feinkostgeschäft „Sushy Delicatessen" sollte man nicht auslassen. Ein gutes Glas Rotwein und eine delikate Käseplatte warten auf die müden Stadtbummler. Für Fischgerichte empfiehlt sich das „Puerto Christal" (España 1698, Tel. 4870387).

Übernachten
Empfehlenswert ist das Motel „Los Acantilados", España 1611, Tel. 4872167, tolles Frühstück und von manchen Zimmern aus Blick auf das Meer.

◆ Nützliches
Ausflüge: Zum Beispiel 2–3-stündige Touren ins Naturschutzgebiet per Schlauchboot oder mehrstündige Touren zur Pinguin-Insel („Darwin Expediciones", España 1698, Tel. 15-6247554, www.darwin-expeditions.com).

Banken und Geldautomaten: In der Avenida San Martín gibt es mehrere.

Busterminal: Rosa de Wilson, Ecke Sagento Cabral.

Camping: Av. Lotufo, kleiner und gepflegter Platz am Ufer,
Tel. 15-4115014

CIS Tour: Gute Agentur für Flugreisen, San Martín 916, organisiert auch Ausflüge in die Umgebung.

Touristen-Info: San Martín 1525, (im Busbahnhof), Tel. 4870220,

Wassersport: Im Sommer ist Paddeln und Windsurfing angesagt. Am Strand kann man Surfbretter und Kajaks mieten.

Vorwahl: 0297

Puerto San Julián

Der relativ gesichtslosen Stadt mit ihrem natürlichen Hafen sieht man ihre Geschichtsträchtigkeit nicht an. Wie auch. Die Zeiten der legendären Seefahrer und Piraten sind längst vorbei und auch die Bedeu-

Santa Cruz – Puerto San Julián

tung des Hafens als wichtiger Ankerplatz auf der Kap-Hoorn-Route ist schon lange vergessen. Was Ferdinand Magellan dazu bewogen haben mag, die Leute, die ihm 1520 hier begegneten, als Patagonier zu bezeichnen, weiß niemand so recht. Denn übersetzt bedeutet dies so viel wie „Großfüße" und aus irgendeinem Grunde müssen dem Entdecker die Menschen wie Riesen vorgekommen sein. Möglicherweise waren es die Kleider und Schuhe aus Tierhäuten und Fellen, die den ansonsten normal groß gewachsenen Tehuelche-Indianern eine besonders imposante Ausstrahlung verliehen haben. Patagonien jedenfalls hat seitdem seinen Namen weg und an diesem unscheinbaren Hafen wurde die Bezeichnung vermutlich aus der Taufe gehoben.

Magellan verbrachte einen Winter hier und schlug nebenbei eine Meuterei nieder, ließ zwei Kapitäne aufhängen und brach im August 1520 wieder auf, um gleich darauf die östliche Einfahrt der nach ihm benannten Passage zu entdecken. Als ein paar Jahrzehnte später der Freibeuter Francis Drake hier vorbei kam, entdeckte er die Galgen, an dem die Aufständischen unter Magellan den Tod fanden. Möglicherweise angeregt von den Geschichten über den großen Entdecker oder auch einfach aus Zufall, ließ Drake hier an Ort und Stelle ebenfalls einen Mann hinrichten, den er der Anstiftung zur Meuterei verdächtigte: Thomas Doughty, seinen ehemals guten Freund und Weggefährten. Der Prozess muss eine ziemliche Farce gewesen sein, Drake hatte sogar den Kaperbrief der Königin – wenn er denn je einen besessen hat – in der Kabine vergessen, obwohl ein Prozess geschweige denn die Urteilsvollstreckung ohne die Vorlage undenkbar gewesen ist. Aber wer möchte sich schon einem Kapitän entgegen stellen, der gerade in der Stimmung war, selbst langjährige Gefährten wegen angeblichen Hochverrats ermorden zu lassen.

Später kam auch noch Darwin auf der HMS Beagle in den berühmten Hafen, um nach Dinosaurierknochen und anderen Fossilien zu graben. Abgesehen von einer

Koloniegründung durch Antonio de Viedma, passierte ansonsten nicht mehr viel in der tristen Gegend. Irgenwann kamen von den Falkland-Inseln einige Schafzüchter, nachdem die Woll-Industrie zu boomen begonnen hatte, und später waren es der Bergbau und die industrielle Verarbeitung von Meeresfrüchten, die viele Arbeitsuchende in die einsame Gegend lockten. Wer heute als Tourist in die gemütliche Stadt kommt, kann dies als willkommene Pause auf der Endlosstrecke zwischen Comodoro Rivadavia und Río Gallegos nutzen. Und wer hat schon die Möglichkeit, an einem so geschichtsträchtigen Ort auf das Meer zu blicken und frischen Fisch dabei zu genießen.

Aktivitäten

Wer schon mal hier ist, sollte unbedingt das Museo Nao Victoria besuchen, indem es sich auf besonders skurrile Art auf den Spuren Magellans wandeln lässt, denn Meutereien wurden hier mit lebensgroßen, kämpfenden Figuren nachgestellt. Interessant sind auch die Reproduktionen der Werkzeuge und Alltagsgegenstände der Ureinwohner und Eroberer. Das Museum befindet sich in dem Nachbau der „Nao Victoria" (Magellans Schiff) am Hafen und ist nicht zu übersehen.

Als Ausflugsziel zu empfehlen ist eine Schiffstour zur Banco Cormorán in Begleitung von Meeresforschern. Zu sehen bekommt man eine riesige Pinguin-Kolonie, Königskormorane und etliche andere Seevögel (z.B. bei Expediciones Pinocho, Ecke Mitre & 9 de Julio, Tel. 454600).

Übernachten

Zum Beispiel im „Hotel Ocean" mit seinen ausgesprochen netten und hilfsbereiten Leuten und hellen, gemütlichen Zimmern (San Martín 959, Tel. 452044). Ein empfehlenswertes Hotel ist das frisch renovierte „Costanera Hotel", in dem man auch hervorragend essen kann. Am besten bestellt man den Fang des Tages und verlässt sich ganz auf den Koch (25 de Mayo y Urquiza, Tel. 452300). Ebenfalls exzellent sind die Speisen in dem Traditionslokal „La Juliana". Tolle Atmosphäre, vor allem zu späterer Stunde! Zeballos 1134, Tel. 452074

Santa Cruz – Río Gallegos

CHARLES DARWIN

Ende 1831 brach der am 12. Februar 1809 in Shrewsbury geborene Brite Charles Darwin als naturwissenschaftlicher Begleiter von Kapitän FitzRoy mit der HMS Beagle zu einer fast fünfjährigen Weltreise auf. FitzRoy wollte Patagonien, Feuerland, chilenische und peruanische Küsten sowie einige Südseeinseln kartographisch vermessen. Darwin, von Haus aus ein überzeugter Gegner der Sklaverei, geriet unterwegs mit ihm in Streit angesichts unwürdiger Lebensumstände der Indios.

Seine Exkursionen führten den jungen Naturwissenschaftler von April bis November 1833 nach Uruguay und Argentinien sowie von August bis September 1834 durch die Anden. Nicht zuletzt die dabei gewonnenen Erkenntnisse und Erlebnisse trugen nach jahrzehntelanger Auswertung und Forschung zu seinem Hauptwerk „On the Origin of Species" (Über die Entstehung der Arten) bei, womit er 1859 das Weltbild zahlloser Zeitgenossen erschütterte. Charles Darwin starb am 19. April 1882 in Downe.

♦ Nützliches

Bank und Geldautomat: Ecke San Martín & Moreno
Busbahnhof: San Martín 500
Campingplatz: Direkt am Meer und sehr gut ausgestattet. Heiße Duschen und Waschmaschinen gibt's auch. Magallanes 650, Tel. 452806
Post: Ecke San Martín & Belgrano
Touristeninformation: Av. San Martín 135 & Moreno, Tel. 454396

⚲ Río Gallegos

Die ersten Siedler der Provinzhauptstadt von Santa Cruz lebten hauptsächlich von der Schafzucht und im Laufe der Zeit entwickelte sich Río Gallegos zum kommerziellen Zentrum der Züchter. Bis 1912 dürften weit mehr Schafe als Menschen die Gegend bevölkert haben, was sich erst allmählich mit dem Kohleabbau in Río Turbio und der Ölförderung änderte. Doch im Vergleich zu manch anderen

Städten Patagoniens haben die vierbeinigen Wolllieferanten ihre wirtschaftliche Bedeutung für die Stadt bis heute nicht ganz an das Öl verloren.

Das grundlegende Potenzial der Stadt, das einen derart regen Handel überhaupt ermöglichte, bestand jedoch von Anbeginn in ihrer ausnehmend günstigen Lage, bildet sie doch einen bedeutenden Verkehrsknotenpunkt zwischen dem südlichen Chile und Tierra del Fuego (Feuerland). Am Mündungstrichter des gleichnamigen Flusses gelegen, ist Río Gallegos umgeben vom südlichen Schichtstufenland Patagoniens und geprägt von einem kühl gemäßigten, trockenen Klima.

Meistens weht ein frischer Wind – seit etwa dem letzten Drittel des vorigen Jahrhunderts auch ein kräftiger wirtschaftlicher Aufwind, gefördert durch die mannigfaltige industrielle Entwicklung.

Sie brachte viele Arbeitskräfte in die Stadt, größtenteils aus dem nördlichen Argentinien, aber auch jede Menge Touristen. Allerdings sind viele nur unterwegs zu anderen Reisezielen. Was eigentlich schade ist, weil es sich durchaus lohnt, in Río Gallegos einen Stopp einzulegen.

Sehenswertes

Río Gallegos unterhält einige Museen, die hauptsächlich regionale Themen behandeln.

Das **Museo de los Pioneros** (Ecke El Cano Alberdi, Tel. 437763) lässt alte Zeiten wieder aufleben. Untergebracht ist es im ältesten noch erhaltenen Haus von Río Gallegos, das 1890 erbaut wurde und zuerst das Heim des Arztes Arthur Fenten war. Anschließend gehörte es sechzig Jahre lang der Familie Parisi. Seine sechs Zimmer sind mit Fotos, Musikinstrumenten und Möbeln von Einwanderern italienischer, spanischer, britischer, irischer sowie anderweitiger Herkunft eingerichtet. All das veranschaulicht dem Besucher das tägliche Leben der ersten Siedler und erklärt, wie es ihnen gelang, ihre neue Heimat zu dem zu machen, was sie heute ist – eine wirtschaftlich bedeutende Region. Führungen finden wahlweise auf Englisch oder Spanisch statt.

Im **Museo Provincial Padre Jesús Molina** (Av San Martín & Ramón y Cajal, Tel. 15466488) lässt sich anhand verschiedener Exponate, wie z. B. tierischer und pflanzlicher Präparate, die natur- und kulturgeschichtliche Entwicklung der Region nachvollziehen.

Ebenfalls besuchenswert ist das **Museo de Arte Eduardeo Minnicelli** (Maipú 13, Tel. 436323, www.museominnicelli.com.ar). Gezeigt werden ständige und wechselnde Ausstellungen mit Leihgaben aus größeren Museen sowie Gemälde von Künstlern aus Santa Cruz. Vernissagen finden immer am ersten Donnerstag des Monats statt.

Für Freunde der Nautik gibt es außerdem das Marinemuseum **Museo de la Prefectura Naval Argentina** (Alcorta und Mascarello), wo man u. a. Reproduktionen von Schiffen betrachten kann.

Das **Museo Ferroviario Roberto Galián** (Mendoza und Pellegrini, Tel. 426766) illustriert die Geschichte des Kohlentransports per Eisenbahn von Río Turbio nach Río Gallegos und hat u. a. eine vollständig restaurierte Lokomotive zu bieten.

Eine schöne Strandpromenade am Fluss führt zum Hauptplatz, wo die Holzkirche der Salesianer steht.

Aktivitäten

Río Gallagos ist ein idealer Ausgangsort für viele Ausflüge in die Umgebung, z. B. an den gleichnamigen Fluss. Der ist nicht nur in eine atemberaubend schöne Landschaft eingebettet und kann sich seinen Weg von den Anden flussabwärts völlig naturbelassen bahnen. Er ist auch weltweit berühmt für seinen Forellenreichtum – ein wahres Paradies für Fliegenfischer.

Aber Achtung! Die durchschnittlich mehr als zehn Pfund wiegenden schuppigen Schwergewichte springen natürlich nicht freiwillig in die Pfanne. Wer nicht entsprechend trainiert ist, darf sich ganz schön plagen, bevor er in den Genuss seines Fanges kommt.

Zwischen Río Gallegos und der Kleinstadt El Calafate, 55 km von der legendären Ruta Nacional 40 entfernt, liegt die Estancia Río Capitán. Dort kann man übernachten, den Ranchern bei ihrer Arbeit mit den 4.500 Schafen zusehen, ausreiten und wandern. Die Besitzer sind ausgesprochen gastfreundlich und bieten nicht nur eine komfortable Unterkunft, sondern verwöhnen ihre Gäste mit deftiger Hausmannskost. Zum einmaligen und unvergesslichen Erlebnis wird sicher ein Ausflug nach Cabo Vírgenes, ca. 130 km südlich von Río Gallegos gelegen, an der Einfahrt in die Magellan-Straße. Es beherbergt eine Kolonie von etwa 30.000 Magellan-Pinguinen.

Essen und Trinken

Etliche gute Restaurants befinden sich in der Av. N.C. Kirchner, zum Beispiel der Club Británico (Av. Roca 935). Einheimische speisen gerne eine leckere Pizza aus dem Holzofen des „Puesto Molino" (Av. Roca 854).

Übernachten

Einfach, aber gut übernachtet man im **Hotel Paris**, Av. Kirchner 1040, Tel. 42011142, www.hotelparisrg.com.ar. Wer es nobler haben möchte, steigt im **Hotel Santa Cruz** ab, Av. Presidente N.C. Kirchner 701, Tel. 420603.

Auch folgende Hotels sind zu empfehlen: **Costa Río Apart Hotel** in der Av. José de San Martín, Tel. 423027, das **Hotel Patagonia**, Fagnano 54, Tel. 444969 und das **Hotel Aire de Patagonia**, Velez Sarsfield 58.

♦ Nützliches

Banken: Auf der Avenida Roca und auf der Av. N.C. Kirchner gibt es mehrere Banken mit Geldautomaten.

Flughafen: Befindet sich 7 km nordwestlich der Stadt. Von hier kann man unter anderem auf die Falkland-Inseln fliegen. Dies ist eine Besonderheit, weil die Stadt der einzige Ort Argentiniens ist, von dem aus eine Flugverbindung dorthin möglich ist. Für Argentinier ist eine Reise allerdings aufgrund des unseligen Falklandkriegs immer noch mit strengen Restriktionen behaftet.

Touristeninformation: Roca 863, Tel. 422702

Vorwahl: 02966

El Calafate

Der kleine Ort selbst hat so gut wie nichts zu bieten. Seine Berühmtheit verdankt er der Nähe zum Nationalpark Los Glaciares mit dem legendären Perito-Moreno-Gletscher in etwa 80 km Entfernung. Irgendwann einmal muss es ein malerisches Dorf gewesen sein, so sagt man. Immerhin geht die Legende, dass derjenige, der von der Beere isst, der die Stadt ihren Namen verdankt, immer wieder hierher zurückkommt. Und offensichtlich funktioniert das auch bei vielen Besuchern, was aber wahrscheinlich weniger an der Berberitze liegt als an den unglaublichen Naturschauspielen, die der Nationalpark zu bieten hat. Als Basisstation für Exkursionen und Abstecher nach Chile ist Calafate mittlerweile bestens gerüstet und von den etwa 20.000 Einwohnern dürfte es kaum jemanden geben, der nicht seinen Vorteil aus den Touristenströmen zieht, die jedes Jahr verlässlich für teures Geld die Hotels und Restaurants in Beschlag nehmen. Wer sich für die Vergangenheit des Ortes und die vertriebenen Ureinwohner interessiert, sollte sich das Centro de Interpretación Histórica anschauen (Almirante Brown, Ecke Guido Bonarelli).

Aktivitäten

Ausflüge: Bietet unter anderem der sehr renommierte Veranstalter Chaltén Travel, Av. Libertador 1174, Tel. 492212.

Empfehlenswert ist ein Trip zu dem malerisch gelegenen See Lago Roca, 51 km von El Calafate entfernt. Umgeben von duftenden Andenwäldern bietet er im Sommer ideale Möglichkeiten für Camping, Angeln und Trekking.

Angeln: Für Angler ist ein Foto mit einem Exemplar der größten Forellenart der Welt obligatorisch. Im Lago Roca oder am Lago Strobbel sollen solche Prachtexemplare zuhause sein. Geführte Touren, Transport oder Leihgeräte bietet folgende Agentur: Calafate Fishing, Av. Libertador 1826, Tel. 496515, www.calafatefishing.com

Bootsfahrt: über den Lago Argentino zur Gletscherwand des Perito Moreno (unbedingt zu empfehlen, vom Boot aus ist das Erlebnis am eindrucksvollsten! z.B. bei Safari Náutico, aber auch bei den meisten anderen Tour-Anbietern zu kriegen).

Ein Muss – das „Glaciarium": 2011 wurde still und leise ein spektakuläres Museum eröffnet: das erste Gletschermuseum Argentiniens.

Santa Cruz – El Calafate

Schon architektonisch ist das Gebäude interessant. Es beherbergt eine großartige Ausstellung mit hohem wissenschaftlichen Anspruch über Themen wie Entstehung und Veränderung der Gletscher und die Auswirkungen des Klimawandels. Tolle Filme und eine perfekte Technik erwarten die Besucher! Die Ice Bar ist ebenfalls einen Besuch wert, wenngleich sie etwas zu „cool" daher kommt (besser warm anziehen!). Das Gebäude befindet sich etwas außerhalb, man nimmt den Bus von El Calafate aus. Camino al Glaciar Perito Moreno, El Calafate, Tel. 497912.

Kajak-, Rad- und Mountainbike-Touren: Bietet u.a. schöne Touren zum Lago Frías: Patagonia Bikes, 9 de Julio 29, Tel. 492767, www.patagoniabikes.com

Reiten: Hier sind echte Profis am Werk: Gustavo Holzmann, Av. Libertador 4315, Tel. 493278, www.cabalgataenpatagonia.com Ausritte bis an die Grenze zu Chile bietet auch Cabalgatas del Glaciar,

Av. Libertador 10809, Tel. 498447
www.cabalgatasdelglaciar.com,
Vogelbeobachtung: Kann man erstens am Ufer des Lago Argentino und zweitens in dem berühmten Vogelbiotop Laguna Nimez im Norden der Stadt. Zu sehen gibt's jede Menge Flamingos und andere seltene Vogelarten.

Vollmondwanderung zum Gletscher, Eistrekking und geführte Touren: Overland Patagonia (das Büro befindet sich im Hostel del Glaciar Libertador), Tel. 491243

Wandern: Empfehlenswert ist die einfache Wanderung auf den 850 Meter hohen Cerro Calafate. Am besten fährt man mit dem Taxi bis zum Fuß des Berges, ansonsten nimmt man die Avenida Libertador stadtauswärts Richtung Osten und kommt dann unweigerlich auf einen Bergwanderweg. Ohne die Taxivariante muss man allerdings eine Weile etliche langweilige Wohnviertel passieren.

Essen und Trinken
Trattoria Casimiro Biguá
Gute Nudeln, leckere Pizza und

Tipp für Reiter: Ferien auf der Estancia Alta Vista

Auf der Website „reiterreisen.com" findet man einige wunderbare Reitausflüge, die zu den Hauptattraktionen im Nationalpark führen. Der ideale Ausgangspunkt für Exkursionen in die umliegende Tundra und Bergwelt ist die komfortable Estancia Alta Vista. Etwa 20 Meilen westlich von El Calafate und unweit des Gletschers Perito Moreno gelegen, gehört diese Estancia zu einer 60.000 Hektar großen Schaffarm, die Anfang des 19. Jahrhunderts gegründet wurde. Das wunderschöne Hotel verfügt über sechs Zimmer und eine Suite, die im typischen argentinischen Landhausstil eingerichtet sind. Die Gegend ist ideal, um Wanderungen zu unternehmen oder auf Vogelbesichtigung zu gehen. Hauptaktivität ist natürlich das Reiten. Wer Lust hat, kann auch den Gauchos zur Hand gehen – die zum Anwesen gehörende Working Ranch bietet täglich spannendes und abwechslungsreiches Ranchleben. Estancia Alta Vista: Ruta Provincial 15, El Calafate, Tel. 02902/491247

eine anständige Weinkarte!
Av. Libertador 1359, Tel. 492599

El Cucharón

Ein echter Geheimtip dieses kleine Lokal abseits der Touristenmeile. Egal ob Lamm, Risotto, Fisch oder Rindersteak: alle Speisen hervorragend und zu guten Preisen!
9 de Julio 145, Tel. 495315

Kau Kaleshen

Sehr beliebtes vegetarisches Restaurant, in dem größere Gruppen gerne stundenlang beim Fondue zusammen sitzen. Manchmal gibt es Livemusik, am besten vorher reservieren.
Gobernador Gregores 1256,
Tel. 491188

Ebenfalls ein **Tipp für Vegetarier: Pura Vida,** Av. Libertador 1876, Tel. 493356

La Zaina

Hier schmeckt alles, egal ob Nudeln, Fischgerichte oder Lammbraten. Einfache Einrichtung, viele Einheimische, netter Service und gute Preise. Gobernador Gregores 1057, Tel. 496789.

Übernachten
America del Sur

Der Klassiker unter den Herbergen für Backpacker. Herrlicher Blick, super nette Leute und abends Grillfleisch bis zum Abwinken. Wer seine Ruhe braucht, ist hier falsch! Gut und günstig.
Chacabuco 153, Tel. 493525,
www.americahostel.com.ar,
calafate@americahostel.com.ar

Design Suites

Absolutes Verwöhnhotel mit Traumblick, herrlichem Restaurant, tollem Spa und erstklassigem Service. Wahrscheinlich eines der besten Hotels der Stadt.
Calle 94 Número 190,
www.designsuites.com/en/
calafate-2/

Hostel del Glaciar Libertador

Wer so wenig wie möglich ausgeben möchte und nicht vor Gemeinschaftsräumen zurückschreckt, sollte sich hier ein schönes Stockbett aussuchen und es sich unter dicken Decken gemütlich machen. Unweit des Zentrums in einem grünen, viktorianischen Wohnhaus, netter Service und gute Preise –

auch DZ vorhanden. Angeboten werden auch schöne Touren zum Perito Moreno! www.glaciar.com, Av. Libertador 587, Tel. 492492

Hosteria Hainen
Ein Hotel mit herrlichem Panoramablick auf den Lago Argentino und die Anden. Nur neun Zimmer, liebevoll eingerichtet und besonders familiäre, freundliche Atmosphäre und gutes Preis-Leistungs-Verhältnis.
Puerto Deseado 118, Tel. 493874
hosteriahainen@cotecal.com.ar

Linda Vista
Das Linda Vista Apart Hotel liegt zentral in einer ruhigen Seitengasse. Das familiengeführte Mittelklasse-Hotel besitzt große Zimmer und bietet ein anständiges Frühstück. An der Rezeption kann man Ausflüge buchen und viele gute Tipps bekommen. Preis und Leistung sind absolut in Ordnung.
Av. Agostini 71, Tel. 493598,
www.lindavistahotel.com.ar

Posada Los Alamos
Ein guter Ort, um einige Tage auszuspannen. Es gibt einen schönen Wellness-Bereich und sogar einen kleinen Golfplatz. Zur Hauptstraße und den vielen Restaurants von El Calafate sind es nur ein paar Gehminuten. Schöne, saubere Zimmer und ein großartiges (argentinienuntypisches) Frühstücksbüffet, gutes Restaurant, gehobene Klasse!
1350 Guatti, Ecke Bustillo,
Tel. 491144,
www.posadalosalamos.com

◆ **Nützliches**
Banken und Geldautomat: Banco Santa Cruz, Av. Libertador 1285
Busbahnhof: Oberhalb der Av. Libertador in der Av. Roca 1004, man nimmt die Treppe gegenüber der Calle Espora.
Camping: Guter Platz mit Hostel und Bungalows, unweit der Hauptstraße, Los Dos Pinos, 9 de Julio 358, Tel. 491271. Noch besser: Der Platz El Ovejero direkt am Ortseingang. Beliebter Treff- und Ausgangspunkt für Ausflüge, Hostel und Restaurant vorhanden, heißes Wasser,
José Pantin 64, Tel. 493422.
Flughafen: Der Aeropuerto Internacional El Calafate befindet sich 23 km östlich von El Calafate. Mit einem Bus von Ves Patagonia (Tel.

494355) kommt man günstig in die Stadt. Das Büro befindet sich direkt am Flughafen.

Flugbuchung: z.B. hier: Tiempo Libre, 25 de Mayo 43, Tel. 491207

Fluggesellschaften:
Aerolíneas Argentinas, 9 de Julio 57, Tel. 492815, LADE: Mermoz 160, Tel. 491262, Libertador, Ecke 9 de Julio.

Internet: Cyberpoint: Av. Libertador 1070

Internetseite:
Interessante Infos bietet auch www.losglaciares.com.

Medizinische Versorgung: Hospital Municipal Dr. José Formenti, Av. Roca 1487, Tel. 491001

Nachtleben: In dem Lokal „La Toldería" ist immer etwas los. Oft gibt es zu Bier und Pizzen Livemusik und jede Menge neuer Gesprächspartner, Av. Libertador 1177, Tel. 491443. Wer Tangomusik liebt und gerne ein Glas Wein zu live präsentierten Gitarrenklängen genießt, ist hier genau richtig: Don Diego de la Noche, Av. Libertador 1603.

Post: Av. Libertador 1137

Telefonzentrale:
Espora/Ecke Gregores

Touristeninformation:
Secretaría de Turismo:

Tipp für Wanderer – Ausflug Mini-Trekking

Die Agentur „Hielo y Aventura" bietet einen besonders reizvollen Ganztages-Ausflug durch den Nationalpark an. Von Calafate aus fährt man zum Park, dann per Boot zum Gletscher Perito Moreno. Die Fahrt bietet einen herrlichen Ausblick auf die Nordseite des Gletschers. In der Hütte der Agentur isst man sein Picknick und danach geht's los zu einer Wanderung aufs Eis. Mit Steigeisen ausgerüstet, dreht man in Gruppen von ca. 15 Personen mit 2 Führern ca. 2 Stunden eine kleine Runde über den Gletscher. Die Tour ist weder anstrengend noch gefährlich und bietet immer wieder genügend Zeit zum Verschnaufen. Am Ende gibt es noch einen Whiskey auf Gletschereis. Fazit: Perfekt organisiert, extrem freundliche und hilfsbereite Guides! Zu buchen bei: „Minitrekking & Safari Nautico", Av. Libertador 935, El Calafate, Tel. 02902/492205/094, Fax 02902-491053. Siehe auch: www.hieloyaventura.com

Im Busterminal, Roca 1004,
Tel. 491090 oder Tel. 491476,
www.turisco.elcalafate.gov.ar.
Touristenbüro des Nationalparks Los Glaciares:
Av. Libertator 1302, Tel. 491005. Gute Karten und Broschüren für den Nationalpark. Sind besser als im Park, unbedingt mitnehmen!
Vorwahl 02902

Nationalpark Los Glaciares

An der Grenze zu Chile, mitten im Herzen der patagonischen Anden liegt der rund 4500 Quadratkilometer große Nationalpark Los Glaciares, der zu den meistbesuchten Naturschönheiten Argentiniens zählt. Spektakuläre Felsmassive, herrliche Seen und eisige Gletscher locken jedes Jahr unzählige Touristen, Wanderer und Kletterer hierher. Die meisten Besucher sind darauf aus, das so genannte „Kalben" des 30 Kilometer langen und fünf Kilometer breiten Perito-Moreno-Gletschers in den Lago Argentino mitzuerleben. Die Besucher sind hin und weg, wenn riesige Teile der Gletscherfront abbrechen und mit einem ohrenbetäubenden Dröhnen ins Wasser stürzen. Ein Spektakel, das man sich nicht entgehen lassen sollte!

Aufgrund seiner Schönheit, seiner einzigartigen Fauna und einiger vom Aussterben bedrohten Tierarten und nicht zuletzt wegen seiner enormen Bedeutung für die Gletscherforschung wurden die Gletscher 1981 zum **UNESCO-Kulturerbe** erklärt. Sie sind Teil des Patagonischen Eisfeldes, das in seiner Ausdehnung nach Arktis und Antarktis die größte zusammenhängende Eismasse der Welt bildet. Es werden unzählige Boots-Touren auf Seen und Flüssen angeboten, die eine atemberaubende Sicht auf die Gletscher bieten, und auch die Trekkingtouren durch die Wälder und Berge sind die Mühe wert. Der Upsala- und der Spegazzini-Gletscher beispielsweise sind von unvergleichlicher Schönheit. Weitere landschaftliche Höhepunkte stellen die über 3.000 Meter hohen und nur schwer bezwingbaren Granitgipfel des Cerro Torre und des Monte Fitz Roy im nördlichen Teil des Nationalparks dar. Was die Fauna des Parks betrifft, so dominieren etwa 100 Vogelarten, darun-

Santa Cruz – El Chaltén

Perito-Moreno-Gletscher

ter Kondore und Darwin-Nandus. Im Nationalpark Los Glaciares gibt es alle möglichen, sehr empfehlenswerte Touren. Die wichtigsten sind: Trekking zum Cerro Fitz Roy und zum Cerro Torre, Trekking über den Cerro-Torre-Gletscher, zum Pliegue Tumbado und zum Toro-See, im Eléctrico-Tal und am See. Trekking zum Piedras-Blancas-Gletscher oder Huemul-Gletscher, Trekking zur Punta Norte oder zur chilenischen Grenze, zum Hielo Continental Patagónico. Außerdem Segeln auf dem Desierto-See oder auf dem Viedma-Gletschersee. Der bequemste Zugang zum Nationalpark erfolgt von dem Touristenort El Calafate aus. Dort bieten etliche Reisebüros organisierte Touren zu den Gletschern an. Das Campen im Nationalpark ist erlaubt.

El Chaltén

Berühmtheit hat der kleine Ort im Süden Argentiniens vor allem

Santa Cruz – El Chaltén

durch seinen direkten Zugang zu den Bergmassiven des Cerro Torre und des Fitz Roy erlangt. Letzterer wurde von den Ureinwohnern einst „El Chaltén" genannt, was soviel wie „rauchender Berg" bedeutet. Die Tehuelche-Indianer meinten damit aber nicht etwa einen Vulkan, sondern einen Berg, dessen Spitze oft von Wolken umhüllt ist.

Die Gegend ist für Kletterer das reinste Paradies, doch von El Chaltén selbst darf man sich nicht zuviel versprechen. Zwar wird das kleine Bergdorf bestimmt irgendwann ein boomender Touristenort mit Banken und Schönheitssalons, doch noch ist es nicht soweit und man muss Glück haben, wenn irgendwo eine Kreditkarte akzeptiert wird. Es empfiehlt sich deshalb, genügend Bargeld mit dabei zu haben und keine dringenden Telefonate per Mobilfunk führen zu müssen. Aber keine Sorge, zumindest Callcenter für Auslandtelefonate stehen bereit, und was noch wichtiger ist, jede Menge hübscher Übernachtungsmöglichkeiten und gute Restaurants. Vor allem Wanderer kommen auf ihre Kosten. Die leichte Route zum Lago de Torre dauert etwa fünf Stunden hin und zurück und bietet großartige Naturerlebnisse. Alleine der Gletschersee mit seinen kleinen Eisbergen

Fitz Roy

im grünen Wasser macht die Tour lohnenswert. Besonders empfehlenswert ist auch eine Wanderung zur „Laguna de Los Tres". Die Wanderung ist zwar recht anstrengend, weil man in kurzer Zeit über 1000 Höhenmeter nehmen muss, dafür ist die Aussicht am Ende umso schöner. Wer Durst hat, trinkt aus den Bächen am Wegesrand.

Wegen seiner Form und der extrem unberechenbaren Wetterverhältnisse gilt der 3406 Meter hohe Granitberg als extrem schwer zu besteigen. Seinen Namen Fitz Roy erhielt er von Perito Moreno, der 1877 den Berg nach dem Kommandanten von Darwins Forschungsschiff HMS „Beagle" benannte.

Wer die Besonderheiten der Landschaft und alles Interessante über die heimische Flora und Fauna erfahren möchte, sollte allerdings einen Bergführer anheuern. Besonders für Gletscherwanderungen unbedingt zu empfehlen!

Aktivitäten

Bootsfahrten: Herrliche Fahrten auf dem Lago Viedma bietet Patagonia Aventura (Av. San Martín 56, Tel. 493110). Die schönste Tour, die am Hafen am Nordufer des Sees startet, dauert zirka 2,5 Stunden.

Eisklettern und Eistrekking, Wandern und Bergsteigen: Teilweise kommen sibirische Huskys zum Einsatz. Gute Gletscher-Trekkingtouren bietet Fitzroy Expediciones, Av. San Martín 56, Tel. 493178. Wer noch nie im Eis geklettert ist, kann dies bei El Chaltén Mountain Guides erlernen (Río de las Vueltas 218, Tel. 493267). Auch die Bergführer des Unternehmens Casa de Guias verfügen über ausreichend Erfahrung. Die Touren, die hier in kleinen Gruppen angeboten werden, sind allerdings sehr anspruchsvoll und man sollte schon über eine gute Kondition verfügen (Av. San Martín 310, Tel. 493118). Wer weniger fit ist und eine gemütliche Wanderung ohne Leistungsdruck erleben möchte, kann bei der Touristeninformation auch Adressen von Bergführern bekommen, die entsprechende Touren im Programm haben. Generell ist die Qualität der Bergführer hier in der Gegend sehr gut, sie sind in der Regel AAGM-zertifiziert, also vom argentinischen Bergführerverband für befähigt befunden. Folgende

Touren sind besonders zu empfehlen: Laguna Torre, Laguna de Los Tres.
Lama-Trekking: Weil Pferde den Nationalpark nicht betreten dürfen, hat sich ein findiges Reisebüro einen neuen Hit ausgedacht: Trekking per Lama. Fitz Roy Expediciones, Lionel Terray 212, Tel. 493178, www.fitzroyexpediciones.com.ar

Essen und Trinken
Parilla Mi Viejo
Bodenständiges Essen im urigen Steakhaus, eine gute Weinkarte und Gegrilltes vom Feinsten. Auch die Salate schmecken und die Weinkarte kann sich ebenfalls sehen lassen. San Martín 780,
Tel. 493123.

Ritual del Fuego
Genau der richtige Ort für ein Steak nach einer ausgiebigen Wanderung. Die Einrichtung ist einfach und darum ist man erst mal überrascht, wie gut die Speisen sind. Alles, was vom Rind kommt, ist absolut empfehlenswert. Super Preis-Leistungs-Verhältnis!
San Martín 219.

La Tapera
In einem einfachen Holzhaus etwa drei Fußminuten vom Zentrum entfernt, wartet dieses rustikale Lokal mit seinem offenen Kamin auf ausgehungerte Wanderer. Das Essen ist bodenständig und lecker, wobei Lamm, Rind oder Pasta gleichermaßen zu empfehlen sind. Nette Bedienung, gute Stimmung! Antonio Rojo y Gabo Garcia,
Tel. 493195.

El Muro
Egal ob gebratenes Gemüse, Forelle oder gegrilltes Fleisch, das Essen ist umwerfend lecker. Unbedingt probieren: Das Lammfleisch vom Grill – „Cordero Patagónico" Dazu der Hauswein, rico rico!
(lecker, lecker!)
San Martín 912 (am Ende der Dorfstraße).

Ein Muss:
Nach dem Essen ins **La Cerveceria Brew Pub & Resto.** Den Abend lässt man am besten bei einem gemütlichen Absacker-Bierchen ausklingen. Wer Deftiges liebt, kann sich mit dem köstlichen Eintopf (locro) eine gute Unterlage schaffen,

um dann mehrere Bockbiere oder Pilse zu genießen. Achtung: Der Abend kann lang werden!
Av. San Martín 320, Tel. 493109.

Ruca Mahuida

Rehragout vom Feinsten, unbedingt probieren! Etwas versteckt in einer Seitenstraße mit nur wenigen Tischen. Wer hierher kommt, versucht wahrscheinlich, jeden folgenden Abend einen Platz zu ergattern, so traumhaft sind die Speisen und so zart zergehen die Filetstückchen auf der Zunge!
Lionel Terray 104, Tel. 493018.

Übernachten

Achtung, die meisten Hotels sind während der Hochsaison ausgebucht, man sollte beizeiten reservieren!

Patagonia Hostels

Unweit der Wanderwege liegt diese komplett aus Holz gebaute Herberge. Sie gehört sicherlich zu den schönsten Unterkünften im Dorf. Die Besitzer sind ausnehmend freundlich und helfen gerne bei der Vorbereitung der Touren. Fahrradverleih, Internet und Küchenmitbenutzung, Av. San Martín 493, Tel. 493019,
patagoniahostel@yahoo.com.ar

Los Cerros

Ebenfalls eines der schönsten und etwas teureren Hotels am Ort. Man residiert auf einem Hügel mit herrlich weitem Blick. Stilvolle Einrichtung, großartiges Restaurant mit sternewürdigen Speisen und guten Weinen, sehr nette Leute! Angeboten werden geführte Wanderungen. Av. San Martín s/n, am Westende des Ortes, Tel. 493182, www.loscerrosdelchalten.com

Hostería Complejo Kalenshen

Diese Unterkunft bietet ihren Gästen eine besonders familiäre und gemütliche Atmosphäre. Sie verfügt über 17 komfortabel eingerichtete Zimmer, eine Bar, ein kleines Fitnessstudio sowie ein Restaurant, in dem man patagonische Spezialitäten genießen kann. Absolutes Highlight ist das beheizte Schwimmbad, welches das einzige in El Chaltén ist.
Lionel Terray 50, Tel. 493108
www.kalenshen.com

Pudu Lodge

Am nördlichen Ende von El Chaltén, genau dort, wo die Touren zum Cerro Torre und zum Monte Fitz Roy beginnen, befindet sich die Pudu Lodge, die von ehemaligen Bergführern der Region geplant und errichtet wurde. Die Lodge ist liebevoll eingerichtet, mit Fußbodenheizung im ganzen Haus. Die 12 geräumigen Zimmer verfügen über Panoramafenster.
Calle Las Loicas 97

Hotel Destino Sur

Das neue Hotel am Fitz Roy Trail hat sich sofort zu einem der beliebtesten Unterkünfte in El Chaltén entwickelt. Der Dienstleistungsgedanke könnte hier erfunden worden sein, die Leute sind unglaublich nett, der Blick unschlagbar, die Zimmer äußerst liebe- und stilvoll eingerichtet. Hier lässt es sich aushalten – eher mittel- bis hochpreisig.
Lionel Terray 370, Tel. 493360
info@hoteldestinosur.com
www.hoteldestinosur.com

Hostería El Pilar

Vor der Türe starten einige der schönsten Wanderwege. Es empfiehlt sich also, genau hier – mitten in der Natur – sein Lager aufzuschlagen und es sich in den einfachen, aber hübschen Zimmern gemütlich zu machen. Vom Speisesaal aus hat man einen tollen Blick auf den gigantischen Berg und nach der Wanderung kann man sich auf die gemütlichen Sofas am Kamin lümmeln und Erfahrungen mit anderen austauschen. Die Besitzer geben gerne Tipps zu den Touren und halten auch Karten bereit. Ruta Provincial 23, km 17, Tel. 493002, www.hosteriaelpilar.com.ar

◆ Nützliches

An- und Abreise: Der Ort befindet sich etwa 220 km von El Calafate entfernt. Neuerdings gibt es eine asphaltierte Straße, was erstens die Besucherzahl erhöht und zweitens viel komfortabler ist als die alte, holprige Schotterpiste.

Busse: Jeden Tag fahren Busse verschiedener Unternehmen nach El Calafate, mehrmals in der Woche geht es nach Bariloche und nach Perito Moreno (Av. Perito Moreno 28).

Camping: Im Ort selbst gibt es einen Campingplatz in der Nähe der Tankstelle an der Brücke über den Arroyo Calafate. Weitere wildromantische Plätze ohne nennenswerte Infrastruktur befinden sich auf dem Weg zur Laguna Los Tres und am Ufer der Laguna Torre oder Laguna Capri (Feuermachen nicht erlaubt). Partypeople treffen sich an der Alberque del Lago, Lago del Desierto 152, Tel. 493010, hier kann man auch duschen.

Medizinische Versorgung: Puesto Sanitario, A.M. De Agostini 70, Tel. 493033

Sehenswürdigkeiten: Hier steht die Natur im Vordergrund, der Ort selbst hat nur die Capilla de los Escaladores zu bieten, eine im österreichischen Stil erbaute Gedenkstätte für die unzähligen Bergsteiger, die ihr Leben bei dem Versuch ließen, die Berggipfel zu erklimmen.

Termine: Am 1. Märzwochenende wird die „Fiesta Nacional del Trekking" gefeiert. Für Wanderfreunde ein Muss! Am 12. Oktober feiert der Ort Geburtstag, dann ist die Hölle los mit duftendem Asado und Livemusik.

Touristeninformation: Av. Perito Moreno 28, im Busterminal, Tel. 493370, www.elchalten.gov.ar, Centro de Visitantes Parques Nacional Los Glaciares (am Ortseingang leicht zu finden, Tel. 493004).

Parkrangerbüro/Informationszentrum: Befindet sich direkt an der Brücke, die über den Río Fitz Roy führt. Hier kriegt man jede Menge Karten und einen Stadtführer. An Regentagen empfiehlt sich das Gucken der Dokumentarfilme über die schönsten Bergtouren (meistens 15 Uhr, lieber nochmal fragen).

Vorwahl: 02962

Feuerland – Tierra del Fuego

Als der Portugiese Fernando Magellan 1520 auf die sturmumtosten Inseln am Ende der Welt zusteuerte, sah er unzählige Feuer in der Dunkelheit flackern, die von den Bewohnern gegen Kälte und Finsternis entzündet worden waren. So kam es, dass die Inseln den schönen Namen Feuerland bekamen und die Meeresenge zwischen dem südamerikanischen Festland und Feuerland nach ihrem Entdecker benannt wurde. Lange Zeit interessierte sich niemand für den unwirtlichen Archipel, der aus der Hauptinsel und einigen südlich vorgelagerten Inselchen besteht. Leute wie Magellan oder später Francis Drake interessierte das Gebiet aufgrund des Durchfahrtsweges, weil die Magellanstraße ein unverzichtbarer Verkehrsweg nach Asien und zu den Gold- und Silbervorkommen war. Damals war man noch davon überzeugt, dass es sich bei Feuerland nicht um eine Insel handelte, sondern um ein Festland, das mit dem Südpol verbunden ist. Zu jener Zeit konnten sich die vier Gruppen von Indianern noch unbehelligt der Jagd und dem Fischfang widmen. Doch auch hier leisteten bald spanische, englische, französische und holländische Frei- und Ausbeuter ganze Arbeit, so dass von den Zehntausenden von Insulanern um 1900 gerade noch 350 übrig waren.

Die heute existierende schnurgerade Grenze gibt es erst seit 130 Jahren und wurde mit dem Lineal auf die Landkarte gezeichnet, nachdem Chile und Argentinien die Isla Grande gleichermaßen in Beschlag nehmen wollten. Traditionell leben die Insulaner von der Schafzucht und dem Fischfang. Seit einigen Jahren boomt die

Feuerland – Tierra del Fuego

Tourismusbranche, vor allem um Ushuaia herum. Der südlichste Ort Amerikas hat es geschafft, eine solche Popularität zu erlangen, dass kaum ein Argentinien-Reisender darauf verzichten möchte, wenigstens einen kurzen Abstecher dorthin zu unternehmen, ganz egal wie übertreuert diese Flüge oft sind. Auf die Frage an ein italienisches Pärchen in Buenos Aires, warum man für ein verlängertes Wochenende pro Person 500 Euro Flugkosten nach Ushuaia in Kauf nehme, war die Antwort, man wolle sich die Möglichkeit nicht nehmen lassen, im südlichsten Hotel der Welt den südlichsten Sex der Welt zu haben und anschließend im südlichsten Restaurant der Welt in den Genuss des südlichsten Asado zu kommen. Irgendwie einleuchtend.

Kritiker mögen jetzt einwenden, dass nach dem langen Streit um den Titel der südlichsten Stadt eigentlich das zu Chile gehörende Puerto Williams auf der Insel Navarino als Sieger hervorgegangen ist, aber wir wollen nicht so kleinlich sein. Und um dem italienischen Pärchen den Spaß nicht zu verderben, wurde auch nicht erwähnt, dass auf den Forschungsstationen in der Antarktis sicherlich auch noch die eine oder andere menschliche Annäherung stattfindet.

Feuerland – herrliche Landschaft

Der argentinische Teil Feuerlands, um den es hier geht, ist ungefähr so groß wie Hessen und wird von etwa 125.000 Menschen bewohnt. Landschaftlich lassen sich zwei Hauptregionen unterscheiden: Das Bergland im Süden mit seiner üppigen Vegetation, den herrlichen Wäldern und geheimnisvollen Moorlandschaften und die Steppe im Norden, die als Fortsetzung der patagonischen Meseta, abgesehen von ein paar Hügeln, von einer flachen Graslandschaft dominiert wird. Die wichtigsten Touristenziele auf argentinischer Seite sind Río Grande, Ushuaia, Tolhuin und natürlich der Nationalpark Tierra del Fuego an der Küste des Beaglekanals.

Die meisten Touristen kommen mit dem Flugzeug hierher und landen entweder in Río Grande oder in Ushuaia. Wer mit dem Bus unterwegs ist, setzt im chilenischen Punta Delgada mit der Fähre nach Feuerland über. Sämtliche Buslinien kommen zuerst nach Río Grande und fahren dann weiter zum Endziel Ushuaia. Die wenigen Besucher, die auf eigene Faust mit dem Wagen kommen, müssen bis Feuerland mehrfach die chilenische Grenze passieren, wofür es spezielle Dokumente und eine zusätzliche Versicherung braucht. Den ganzen Papierkram erledigt in der Regel die Autovermietung, man sollte dort aber auf jeden Fall Bescheid geben, dass man nach Feuerland möchte.

Ushuaia

Die Lage Ushuaias zwischen dem schneebedeckten Bergmassiv des Glaciar Martial und dem Beagle-Kanal ist unvergleichlich schön. „Bucht, die nach Osten sieht", so lautet die wörtliche Übersetzung der Bezeichnung Ushuaia.

Dass die Bewohner des quirligen Städtchens den Boom ihres Ortes kritisieren und sowohl unter den Bausünden als auch unter den steigenden Lebenshaltungskosten leiden, kann man gut verstehen. Aber schließlich wollte Ushuaia immer die letzte Stadt am Ende der Welt sein, da bleibt die Popularität nicht aus. Aber abgesehen von dem so eifersüchtig verteidigten Titel gibt es natürlich noch viele weitere Gründe, um in Ushuaia Station zu machen. Von hieraus kann man die schönsten Ausflüge unternehmen und den grandiosen Feuerland-Nationalpark mit seiner einzigartigen Natur ansteuern. Außerdem hat sich der Hafen als einer der wichtigsten Anlegestellen für Kreuzfahrtschiffe entwickelt und zu einem bedeutenden Ausgangspunkt für Antarktisexpeditionen.

Sehenswertes
Museo del Fin del Mundo
Der große Fundus des Museums ist recht interessant. Geboten werden jede Menge Informationen zur Naturgeschichte Feuerlands, zur ehemaligen Strafkolonie und zum Leben der Ureinwohner. Neben wechselnden Ausstellungen gibt es hier etliche ausgestopfte Tiere zu sehen, indianische Kultgegenstände, Teile von Schiffswracks und der Nachbau eines alten Gemischtwarenladens. Wer noch Literatur über Feuerland sucht, wird im dazugehörigen Buchladen fündig.
Maipú 173, direkt am Ufer,
Tel. 421863, geöffnet von 9–20 Uhr.

Museo Marítimo y del Presido
Das Gebäude des Museo Marítimo y del Presidio war früher eine Strafvollzugsanstalt, die in den 1920er errichtet wurde. Die Einzelzellen des Kerkers boten Raum für 380 Leute, tatsächlich sollen hier zu Hoch-Zeiten aber bis zu 800 Mann eingepfercht gewesen sein. Interessant sind die Darstellungen der grauenhaften Lebensbedingungen der Gefangenen, die einst die Zugstraße von Ushuaia bis zum Nationalpark bauen mussten. Der Zug, der im Hof steht, brachte die Gefangenen zur Arbeit und wieder zurück.
Zu den populärsten Strafgefangenen zählen der Dichter und Schriftsteller Ricardo Rojas und der Anarchist Simón Radowitzky.
Bemerkenswert ist die große Sammlung beachtlich detailgetreuer, maßstabsgerechter Modelle der legendärsten Schiffe der Seefahrtsgeschichte.
Ecke Angle de Yaganes und Gobernator Paz, geöffnet von 10–20 Uhr, Tel. 437481,
www.museomaritimo.com

Museo Yámana
Endlich einmal ein Museum, das sich auf das Interesse ausländischer Besucher eingestellt hat. Sämtliche Infos gibt es auch auf Englisch,

was in Argentinien keine Selbstverständlichkeit ist. Geboten wird eine großartige Einführung in die Lebensweise der Yahgan (Yámana). Die Dioramen sind mit großer Liebe zum Detail angefertigt und die Besucher erfahren viel Staunenswertes über das Leben der Ureinwohner, die sehr erfindungsreich waren, wenn es darum ging, ohne Kleidung der harten Witterung zu trotzen. Rivadavía 56, Tel. 422874 geöffnet von 10–20 Uhr

Aktivitäten

Das Angebot an Freizeitmöglichkeiten ist riesig. Fast alle Reiseveranstalter bieten ähnliche Touren zu denselben Preisen an. Im Programm sind Wanderungen, Segel- und Kajakfahrten, Hundeschlittenfahrten und Bootstouren, Skifahren, Baumkronentouren, Angelausflüge und vieles mehr. Wandern, Reiten und Fahrradfahren kann man am besten im Nationalpark Tierra del Fuego, in den auch ein kleiner Zug (Ferrocarril Austral Fueguino) fährt. Mit dem Bus kann man eine sehr schöne Rundfahrt zu den Seen Lago Escondido und Lago Fagnano unternehmen. Wer übernachten möchte, kann dies am Lago Fagnano in der schönen Hostería Kaikén. www.hosteriakaiken.com.ar Tel. 02964/615102

Ein absolutes **Highlight** ist eine Fahrt auf dem Beagle-Kanal vor der herrlichen Kulisse der Gletscher und Felseninseln. Direkt am Pier gibt es jede Menge Tour-Anbieter, die meistens einen Trip zur Seelöwenkolonie auf der Isla de los Lobos und zu den Kormonranbrutplätzen auf der Isla de los Pájaros mit im Programm haben. Meistens dauern diese Trips um die vier Stunden. Was sonst noch geboten wird, erfragt man am besten beim jeweiligen Veranstalter. Der Anlegepier der Ausflugsdampfer befindet sich an der Maipú gegenüber den Straßen Lasserre und Roca.

Empfehlenswerte Adressen für geführte Touren:

- AllPatagonia: Juana Fadul 60, Tel. 433622, www.allpatagonia.com
- Canal Fun: 9 de Julio 118, Roca 136, Tel. 435777, www.canalfun.com (nette, junge Leute!)

Feuerland – Ushuaia

- Rumbo Sur: San Martín 350, Tel. 421139, www.rumbosur.com.ar

Spezialisierte Anbieter
Hundeschlittenfahrten:
Nunatak Adventure, RN 3, km 3018, Tel. 430329, www.nunatakadventure.com
Schiffs- und Segeltouren:
Patagonia Adventure Explorer, am Touristenpier, Tel. 15-465841/42, www.patagoniaadvent.com.ar
Tres Marías Excursiones (Touristenpier, www.tresmariasweb.com, Tel. 436416): Besticht durch ein besonders kleines Boot mit gerade mal acht Mitreisenden, außerdem hat der Betreiber eine Lizenz zur Besichtigung der Isla „H" im Naturschutzgebiet der Isla Bridges.
Schiffs-Touren in die Antarktis:
u.a. Turismo de Campo, Fuegia Basket 414, Tel. 437351,
Luxus-Kreuzfahrten:
Cruceros Australis, Agentur Turismo Comapa, San Martin 409, www.comapa.tur.ar (tolles Angebot mit Aussteigen am Kap Hoorn und der Besichtigung einsamer Gletscher).
Segeltörn rund ums Kap Hoorn: Mago del Sur (Skipper mit sehr gutem Ruf!) Tel. 15-51486463, www.magodelsur.com.ar
Rundflüge: Aeroclub Ushuaia, Luis Pedro Fique 151 www.aeroclubushuaia.com
Wandern & Baumkronentouren:
Club Andino Ushuaia, LN Alem 2873, Tel. 440732. Hier bekommt man gute Karten der Region und einen zweisprachigen Trekking-, Bergsteiger-, und Fahrrad-Führer mit etlichen Tourbeschreibungen und Kartenskizzen. Gelegentlich werden auch Wander-Touren organisiert, eine Teilnahme mit den ortskundigen Führern lohnt sich!
Einen ebenfalls guten Ruf hat die Companía de Guías de Patagonia, San Martin 628, www.companiadeguias.tur.ar. Veranstaltet werden organisierte Wanderungen und Trekkingtouren.

Essen und Trinken

Man kann in Ushuaia hervorragend essen, allerdings legt man dafür etwas mehr Geld hin als im Rest des Landes. Auf den Hauptstraßen reihen sich mehrere gute Restaurants aneinander wie beispielsweise in der Maipú 349 das Lokal von **Tante Elvira** mit ihrer legendären, gegrillten Forelle (Nr. 349), das **Volver**

(Nr. 37) mit seinen fantastischen Königskrabben. Für Schokoladenliebhaber ist die Bäckerei von **Almacen Ramos Generales** (Nr. 749) ein Muss! Auch nicht zu verachten sind in der San Martín die Läden von **Tante Sara** (Nr. 175 und 701), die **Cantina de Freddi** (San Martin 318) oder das **Bodegón Fueguino** (Nr. 859), wo man unbedingt eine Picada probieren sollte, das ist die Vorspeisenplatte mit Lammfleischspießen, Krabben und Pflaumen im Speckmantel und Auberginen.

Ultimativer Sundowner-Tipp

Wer übrigens hier die südlichste Bar der Welt sucht, in der er den südlichsten Rausch seines Lebens haben mochte, hat leider Pech gehabt. Da müsste er sich schon in die Antarktis aufmachen und seinen Wodkadurst auf der Wernadski-Forschungsstation machen, die bekannt dafür ist, dass als Zahlungsmittel ein BH genauso gern gesehen ist wie harte US-Dollars. Hier in Ushuaia kann man seine Kleider anbehalten und beispielsweise die schicke Blockhausbar „Küar Resto Bar" aufsuchen. Das mit viel Liebe zum Detail ausgestattete Lokal befindet sich zwar ein paar Kilomter außerhalb der Stadt, ist aber bei den Nachtschwärmern aufgrund seiner herrlichen Cocktails, köstlichen Tapas und vor allem wegen des grandiosen Meerblickes sehr beliebt. Av. Perito Moreno 2232, geöffnet bis spätnachts, Tel. 437396, www.kuaronline.com

Feinschmeckertipps

Um ins **Chez Manu** zu gelangen, sollte man sich ein Taxi nehmen und die etwa 15-minütige Fahrt in die Berge in Kauf nehmen. Der Aufwand lohnt sich wirklich. Von fast jedem Tisch aus genießt man einen wundervollen Blick über die Stadt und den Beagle-Kanal. Die liebevoll zubereiteten Speisen – egal ob Fisch oder Fleisch – sind einfach köstlich! Es empfiehlt sich, den Vorschlägen des Obers zu folgen, auch bei der Auswahl der Weine.
Martial 2135, Tel. 432253,
www.chezmanu.com

Eines der besten Restaurants der Stadt ist das **Kaupé** (Roca 470, Tel. 422704). Unbedingt die Königskrabben probieren!

Übernachten

Hotel Villa Brescia

Einfaches, aber sehr nettes Hotel in toller Lage direkt im Zentrum von Ushuaia. Zum Beagle-Kanal sind es nur ein paar Minuten zu Fuß. Gut und günstig!
San Martín 1299, Tel. 431397,
info@villabresciahotel.com.ar
www.villabresciahotel.com.ar

Departamentos Ushuaia Cristol

Die möblierten Wohnungen im Zentrum von Ushuaia sind besonders für Kleingruppen und Familien interessant. Sie sind mit allem Komfort ausgestattet und verfügen über mindestens zwei Schlafzimmer, ein großes Wohnzimmer mit Internet-PC sowie eine große und vollständig eingerichtete Küche. Obwohl man sich selbst versorgen kann, muss man auf Zimmerservice nicht verzichten. Etwa fünf Minuten vom berühmten Gefängnis entfernt. Roca 175, Tel. 431412
aasalvarado@gmail.com

Alto Andino Urban Lodge

Das modern und geschmackvoll eingerichtete Hotel im Boutique-Stil ist zentral gelegen und bietet perfekt ausgestattete Suites bzw. Apartments mit Plasma TV Internet und Minibar. Absolutes Highlight ist die Panoramabar mit einem 360-Grad-Ausblick auf Ushuaia, die Anden und den Beagle-Kanal.
Gobernador Paz 868, Tel. 430920,
info@altoandinohotel.com

Hotel Tierra del Fuego

Im Zentrum von Ushuaia befindet sich das neue Hotel Tierra del Fuego. Es ist mit großen Fenstern ausgestattet, so dass die Gäste von den meisten Zimmern einen wunderbaren Panoramablick auf die Stadt, die Berge und den Kanal genießen können. Tolles Frühstücks-Büffet.
Gobernador Deloquí 198,
Tel. 424901,
hoteltdf@speedy.com.ar

Hotel Lennox

In bester Lage, direkt im Zentrum befindet sich das Lennox, ein modernes Hotel mit geräumigen Zimmern, Badezimmer mit Whirlpool und Flachbildschirm-TV.
San Martín 776,
Tel. 43424050

Torre al Sur – Jugendherberge
Nett und sauber, aber vor allem günstig: Die Jugendherberge mit Zwei- und Mehrbettzimmern. Gob. Paz 1437, Tel. 430745
www.torrealsur.com.ar

Tipp für Romantiker und Verliebte
Cabañas del Beagle
Der Service von Eigentümer Alexandro und seinen Leuten ist einfach grandios und seine schicken, rustikalen Blockhütten mit ihren beheizten Steinfußböden und den knisternden Kaminfeuern sind ideal für ein Wochenende zu zweit. Dazu täglich duftender Kaffee und leckere Kuchen, was braucht man mehr! Cabañas del Beagle: Las Aljabas 375, Tel. 432785
www.cabanasdelbeagle.com
reservas@cabanasdelbeagle.com

◆ Nützliches

Bank: Banco del Tierra del Fuego (tauscht Schecks und Bargeld), im Zentrum zu finden, ebenfalls mehrere Geldautomaten auf der San Martín.
Buchhandlung: Boutique del Libro in der Av. San Martín 1129
Busbahnhof: Achtung, ist leider kein zentraler vorhanden! Wer keinen teuren Flug bezahlen will, sollte sich für Fahrten mit dem Überlandbus frühzeitig interessieren. Weitere Infos bei den Busgesellschaften: Tecni Austral: Roca 157, Tel. 431408, Tolkeyen: San Martín 1267, Tel. 437073, Líder, Gob. Paz 921, Tel. 436421, Montiel: Gob. Paz 605, Tel. 421366.
Flughafen: Der Flughafen Aeropuerto Internacional Malvinas Argentinas befindet sich etwa 7 Kilometer vom Stadtzentrum entfernt. Die größten Städte Argentiniens werden jeden Tag mehrmals angeflogen, die kleineren alle paar Tage. Weitere Infos hier: Aerolíneas Argentinas, Av. Maipú 823, Tel. 436338, Lade: San Martín 542, Tel. 421123.
Medizinische Versorgung: Hospital Regional, 12 Octubre y Maipú 107, Tel. 423200
Mietwagen: empfehlenswert z.B. Localiza, Sarmiento 81, Tel. 430739, ansonsten Avis am Flughafen (Tel. 433323) oder ABC Tagle, San Martín 638 Piso 18, Tel. 422744.
Post: Ecke San Martín/Godoy
Touristeninfo: San Martín 674,

Mo.–Fr. 8–21 Uhr, Sa./So. 9–20 Uhr, Tel. 432000. Wer Lust hat, kann sich hier „fin del mundo" in den Pass stempeln lassen. Sämtliche Touristen-Infos wie z.B. Bus-, Flug- und Schiffsverbindungen und Unterkunftsmöglichkeiten sind auch auf der Seite www.turismoushuaia.com zu finden.

Vorwahl: 02901

Wäscherei: Lavandería Los tres Angeles (Manuel Rosas/Ecke San Martín)

Ausflüge
▪ Estancia Harberton

Es gibt nicht viele Wissenschaftler, die Interesse daran hatten, die Ureinwohner Feuerlands zu schützen und darüber hinaus deren Sprache und Gepflogenheiten zu erlernen. Der Missionar Thomas Bridges gehörte zu diesen seltenen Menschen und ihm hat die Nachwelt sogar ein yahgan-englisches Wörterbuch zu verdanken. Auf seinem Familienbesitz, der heute ältesten Estanzia Feuerlands, versuchten Bridges und sein Sohn Lucas die bedrohten Indianer zu schützen. Unzählige interessante Dokumente und Fotos zeugen von dieser Zeit des gemeinsamen Lebens und Arbeitens auf der Farm. Kaum ein Areal auf Feuerland dürfte eine so spannende Geschichte erzählen wie diese Estanzia, auf der heute noch eine Handvoll Schafe und um die 1000 Rinder weiden. Der Haupterwerb der heutigen Besitzer und Nachfahren der Bridges dürfte der Tourismus sein. Die Besucher können nicht nur den Familienfriedhof besuchen, sondern auch einen herrlichen botanischen Garten bestaunen und zur Teestunde an einer reich gedeckten Tafel im Farmhaus ein köstliches Mahl einnehmen. Bemerkenswert ist das zur Estanzia gehörende Museo Acatushún, eine Sammlung seltener Meeresbewohner und Vögel.

Auf der Estanzia kann auch übernachtet werden, entweder kostenlos auf dem Campingplatz oder etwas bequemer und trotzdem preiswert im Schafhirtenhaus oder in der ehemaligen Landarbeiterkantine. Die meisten Besucher steigen in den Bus im Hafenbereich von Ushuaia (Avenida Maipúge gegenüber der 25 de Mayo) oder leisten sich ein Taxi zur 85 Kilometer entfernten Farm. Interessant ist

auch eine Tagestour per Katamaran, einfach in einer der Agenturen nachfragen!
Für Selbstfahrer: Zu erreichen in etwa 1,5 bis 2 Stunden über die RN 3 und dann über die Ruta Provincial 33 (gut ausgeschildert! Wie immer an Ersatzkanister denken, Tankstellen gibt es hier so gut wie gar nicht!)
www.estanciaharberton.com

▪ Gletscher Martial

Ein Ausflug zum Gletscher Martial ist ein Muss, schon allein wegen der grandiosen Aussicht auf Ushuaia und den Beagle-Kanal. Alle halbe Stunde fährt ein Minibus ab der Ecke Maipú/Juana Fadul, ansonsten kann man sich auch günstig per Taxi hinfahren lassen. Sportliche Urlauber machen gerne eine Tagestour draus, indem sie die sieben Kilometer bis zur Talstation zu Fuß zurücklegen und danach in zwei bis drei Stunden den Berg erklimmen. Weniger trainierte Touristen nehmen den bequemen Sessellift, nachdem sie sich im gemütlichen Refugio de Montaña an der Talstation leckere Kuchen oder ein kühles Bier einverleibt haben. Dort kann man sich auch nach einer Seilrutsch-Partie erkunden, die ebenfalls an der Talstation beginnt. Wer einmal Tarzan spielen möchte, ist hier gut beraten und kann waghalsig über elf Seilrutschen und zwei Hängebrücken durch den dichten Wald turnen.

▪ Parque Nacional Tierra del Fuego

Der 63.000 Hektar große Nationalpark ist der südlichste Argentiniens und liegt im Südosten Feuerlands, nur etwa 18 Kilometer von Ushuaia entfernt. Kaum ein Besucher der Insel lässt es sich nehmen, in den Genuss der faszinierenden Landschaft zu kommen, die kaum abwechslungsreicher sein könnte und geprägt ist von schroffen Klippen, dichten Wäldern, Flüssen, Seen, Torfmooren, Gletschern und Schluchten. Gegründet wurde der Nationalpark im Jahre 1960 mit dem Ziel, die südlichsten, subantarktischen Wälder zu schützen. Vornehmlich sind es zwei Waldarten, die der Park zu bieten hat: den Eichenwald und den Weiselwald, der in den feuchteren Gebieten und an der Küste des Beagle-Kanals gedeiht. Das Unterholz ist locker und mit vielerlei Moosgewächsen und Farnkräutern überwuchert. Im Frühling bekommt man die Orchidee aus Magallanes und den Michay mit seinen aufblühenden gelben Blumen zu sehen. Die vielen umgestürzten Bäume sind das Werk unzähliger Biber, die sich hier breit gemacht haben, weil es kaum natürliche Feinde gibt. Abgesehen von diesen Nagern, ein paar scheuen Guanakos und Seelöwen gibt es noch jede Menge Küstenvögel zu sehen, die man vor allem in den Buchten La Pataia und Ensenada beobachten kann.

Wer nicht mit dem Wagen unterwegs ist, kann von Ushuaia aus problemlos mit dem Bus anreisen. Die Fahrt beginnt an der Straßenecke Maipú/Juana Fadul und endet direkt am Restaurant im Park. Am besten besorgt man sich die Wanderkarten bereits in Ushuaia, die sind sicherlich weitaus besser als die der Parkverwaltung. Viele Besucher erkunden den Nationalpark auf eigene Faust, bringen ihren eigenen Proviant mit und übernachten auf einem der Campingplätze. Es gibt jede Menge ausgeschilderte Wanderwege, die zu verschiedenen Aussichtsplätzen oder besonderen Landschaftsformationen führen. Geführte Touren gibt es natürlich ebenfalls, am besten fragt man bei der Touristeninformation in Ushuaia nach oder bei den unzähligen Reiseanbietern vor Ort.

Eher als Gag gemeint ist das Angebot, mit der südlichsten Eisenbahn der Welt in den Nationalpark zu rattern. Die sechs Kilometer lange Fahrt ist völlig überteuert, aber wer gerade Lust hat, sich rumkutschieren zu lassen, dem kommt der „Tren del Fin del Mundo" vielleicht gerade recht. Los geht's an der Fin-del-Mundo-Station 8 km östlich von Ushuaia (Ruta Nacional 3, km 8), www.trendelfindelmundo.com.ar

Río Grande

Mit ihren 60.000 Einwohnern ist die Provinzhauptstadt Feuerlands ungefähr so groß wie Ushuaia. Ihr Name geht auf den gleichnamigen Fluss zurück, an dessen Ufern sich Ende des 19. Jahrhunderts die ersten Weißen mitten im Stammesgebiet der Selk'nam angesiedelt haben. Zur Stadt wurde Río Grande erst 1921 und von da an entwickelte sie sich zum Handelszentrum und bedeutendsten Hafen für die Estanzias in der Umgebung. Weil Feuerland mit Steuervergünstigungen viele Industrielle angelockt hat, sind es heute vor allem Einwanderer aus anderen Provinzen, die hier arbeiten und deutlich mehr verdienen als im restlichen Teil Argentiniens. Viele Menschen, mit denen man ins Gespräch kommt, wollten ob des rauhen Klimas die Stadt längst wieder verlassen und nur eine Weile zum Geldverdienen bleiben. Aber wie es oft so ist, sind sie noch heute dort und träumen von ihren wärmeren und viel schöneren Heimatprovinzen. Wer keine Angelrute im Gepäck hat, wird die vom ewigen Wind geplagte Stadt in der Regel bald wieder verlassen. Ganz anders die begeisterten Fliegenfischer, die in der Umgebung einige der weltbesten Angelplätze für den Meeresforellenfang vorfinden. Eine riesige Forellenskulptur am Ortseingang mag auf den ersten Blick recht prahlerisch daherkommen, man kann aber jeden Angelfreund fragen, den man trifft: Río Grande ist der wahrgewordene Traum eines jeden Fliegenfischers.

Zu verdanken haben die Fischer den reichen Fischbestand um Río Grande einem Siedler namens John Goodall, der 1933 in den Flüssen jede Menge Saiblinge, Bach-, Meer- und Regenbogenforellen aussetzte. Die aus Europa eingeführten Meerforellen schwimmen flussabwärts Richtung Südatlantik, kommen aber zum Laichen immer wieder in die Flüsse Feuerlands zurück. Die Fische vermehrten sich bald so prächtig, dass das Geschäft mit den Sportanglern ebenfalls prächtig gedieh und ein echter Wirtschaftszweig daraus wurde.

Wem das oft raue Klima zu schaffen macht, kann sich über das Angebot schöner Strickjacken und Pullis freuen, die es im Stadtzentrum zu kaufen gibt. Nicht umsonst ist ein weiterer Hauptwirtschaftszweig in Río Grande die Schafzucht, seitdem der Wollbaron José Menéndez hier einige große Schaffarmen gegründet hat. Eine solche Farm einmal zu besuchen, sollte man sich nicht entgehen lassen.

Sehenswertes
Museo de la Ciudad
Das Stadtmuseum befindet sich

in einem restaurierten Schafschur-Schuppen und zeigt einige interessante Exponate zum Leben der Menschen in der Gegend. Man erfährt etwas vom Alltag der Holzfäller, von der Bedeutung der Stadt als Militärstützpunkt während des Falklandkrieges, von den Ureinwohnern und natürlich vom berühmten „Milodón", einem vor Jahrtausenden ausgestorbenen Riesenfaultier.
Alberdi 555, Tel. 430414

Museo Histórico y Natural Monseñor Fagnano und Misión Salesiana

Die Misión und das dazugehörige Museum mit seinen ethnografischen Exponaten sind durchaus einen Besuch wert, auch wenn man dazu auf der Ruta 3 etwa 10 Kilometer Richtung Norden fahren muss (wer kein Auto hat, mit dem Bus Linie B ab Avenida San Martín). Die Missionare versuchten hier, die Selk`nam-Indianer zu schützen, was sich aber mit der kompletten Ausrottung der Ureinwohner Anfang des 20. Jahrhunderts erledigt hatte. Danach hielt eine Landwirtschaftsschule Einzug in den Räumen der Missionsstation und bis heute gilt diese als eine der besten Argentiniens. Die Besucher können in der Teestube einige Köstlichkeiten genießen, die hier produziert werden, unter anderem den berühmten Salesianerkäse. Wer Lust hat, kann sich von den Schülern durch die Viehställe und Gewächshäuser führen lassen (Tel. 421642).

Estancias, die sich dem Tourismus geöffnet haben

Sämtliche umliegenden Farmen werden ausführlich in den Touristen-Broschüren beschrieben. Man sollte eine der großen Estancias unbedingt einmal gesehen haben. Oft werden von Río Grande aus Tagestouren angeboten, allerdings ist es viel schöner, auf einer Farm auch mal zu übernachten, weil man dann viel von der Atmosphäre mitbekommt. Sehr zu empfehlen sind neben den hier geschilderten auch die Estancia Rolito und die Estancia Ravadavia.

Estancia María Behety: Zu sehen ist die größte Schafschuranlage der Welt. Wirklich beeindruckend! Die traumhafte Angler-Lodge „La

Villa" mit Blick auf den Fluss lädt zum Übernachten ein. Zu erreichen etwa 20 km westlich von Río Grande. Anfahrt über die RC-c, www.maribety.com.ar,
Tel. 424215

Estancia Viamonte: Eine Farm mit großer Tradition: Der Missionar Thomas Bridge und sein Sohn gründeten die Farm, um die Ureinwohner zu schützen. Bis heute wird eine riesige Viehfarm betrieben. Die Gäste werden im komfortablen Haus „Sea View" untergebracht, angeboten werden Fliegenfischen am Río Ewan, Ausreiten und Trekking. Tel. 430861,
www.estanciaviamonte.com,
info@EstanciaViamonte.com

Estancia Tepi: Perfekt für Reiter und solche, die es werden wollen. Trainiert wird auf traditionellen, patagonischen Pferden. Danach kann man sich im Thermalbad erholen. Tel. 427245,
www.estanciatepi.com.ar

Essen und Trinken
El Rincón de Julio: Hier gibt es zu jeder Uhrzeit das beste Asado der Stadt. Auch bei Einheimischen sehr beliebt. Elcano 805, Tel. 15604261
La Nueva Colonial: Tipp für Freunde hausgemachter Nudeln – unbedingt die Sorrentinos probieren! Ecke Lasserre & Belgrano,
Tel. 425353

Übernachten
Wie gesagt: Man übernachtet am besten auf einer der **Estancias**, dann hat man herrliche Naturerlebnisse und schläft sicherlich ausgezeichnet. Wer in Río Grande bleiben möchte, wird meistens etwas mehr hinlegen müssen als das Hotel wert ist. Das liegt an den vielen reichen Touristen, die kein Geld und keine Mühe scheuen, sich selbst plus Riesenfisch in einem Bilderrahmen zuhause über dem Kamin hängen zu haben.

Hostel Argentino: beliebt bei Backpackern, gut und günstig, zentral gelegen. San Martín 64,
Tel. 420964,
www.hostelargentino.com

Status Hotel Casino: Möchte glamourös wirken und besticht durch riesige Zimmer. Ansonsten nichts

Besonderes, aber mitten in der Stadt. Das Restaurant ist empfehlenswert, das Casino vollgestopft mit Spielautomaten unter glitzernden Kronleuchtern. Av. San Martín 268, Tel. 435700,
www.statushotelcasino.com

Hostel Villa: Genau gegenüber dem Casino befindet sich dieses renovierte Haus mit recht schönen Zimmern und einem guten Restaurant. Tolles Preis-Leistungs-Verhältnis! San Martín 281,
Tel. 424998,
hotelvillarg@hotmail.com

◆ Nützliches
Angeln:
Club de Pesca John Goodall: Ricardo Rojas 606,
Tel. 424324

Autovermietung: Crossing Patagonie, Belgrano 423, Tel. 430816, Hertz: San Martín 236, Tel. 421566

Bank und Geldautomat: Ecke San Martín & 9 de Julio

Busverbindungen: Der Terminal Fueguina ist Río Grandes neuer Busterminal, aber oft fahren die Busse noch von den Büros der Veranstalter im Zentrum ab. Vom Terminal aus fahren zum Beispiel Buses Pacheco (Tel. 15-408717) nach Punta Arenas und Puerto Natales in Chile. Das Unternehmen Lider (Perito Moreno 635, Tel. 420003, www.lidertdf.com.ar) und Transportes Montiel (25 de Mayo 712, Tel. 420997) fahren nach Tolhuin and Ushuaia.

Flüge: Der Flughafen ist nur eine kurze Taxifahrt von der Stadt entfernt. Aerolíneas Argentinas (San Martín 607, Tel. 422748) fliegen täglich nach Río Gallegos und Buenos Aires. LADE (Lasserre 429, Tel. 422968) fliegt mehrmals pro Woche nach Río Gallegos, Comodoro Rivadavia, El Calafate und Buenos Aires.

Medizinische Versorgung: Hospital Regional, Ecke Fitz Roy & 12 de Octubre.

Apotheke: Ecke San Martín & Piedrabuena.

Post: Rivadavía, zwischen Moyano & Alberdi

Reiseveranstalter: Mariani Travel bietet Tagesausflüge zu verschiedenen Estancias.
Rosales 281, Tel. 426010

Touristeninfo: Befindet sich in einem Kiosk an der Plaza und ist gut

ausgestattet mit Broschüren über Estancias, Karten und jede Menge Informationen für Angler. Rosales 350, Tel. 431324
Vorwahl: 02964
Wäscherei: El Lavadero, Moreno 221

📍 Tolhuin

Das kleine naturbelassene Dorf Tolhuin an der Routa 3 zwischen Río Grande und Ushuaia liegt mitten im Herzen von Feuerland am Ostufer des Lago Fagnano. Der schnell wachsende Ort mit seinen etwa 2.000 Bewohnern hat außer den kleinen Plazas nicht viel zu bieten und wird von den meisten nur als Durchgangsstation genutzt, um den Wagen aufzutanken oder an der legendären Bäckerei „Panaderia La Unión" Halt zu machen. Hier stoppen auch sämtliche durchreisenden Busse, damit die Touristen leckere Empanadas oder einen Kaffee genießen können. Die Fotogalerie der Bäckerei zeigt jede Menge argentinische Promis, die hier schon in den Genuss der süßen Teilchen gekommen sind. Nicht weniger bekannt ist die „Posada de los Ramirez", in der man zu günstigen Preisen köstliche Forellen und frische Pastagerichte genießt. Wer übernachten möchte, ist hier ebenfalls gut beraten. Av. de los Shelknam 411, Tel. 02901/492382

Camping Hain: Ein wirklich toller Campingplatz wartet auf die Besucher am Lago Fagnano. Es ist alles da, was man braucht: Toiletten, Duschen, Heißwasser und ein großer Grillplatz, Tel. 02901/15-603606

Kleiner Sprachführer
Deutsch – Spanisch

Ein Wort, das auf einen Vokal, n oder s endet, wird auf der vorletzten Silbe betont. Endet ein Wort mit einem Konsonanten, liegt die Betonung auf der letzten Silbe. Ausnahmen werden mit einem Akzent gekennzeichnet.

In der spanischen Sprache wird das „c" wie ein „k" ausgesprochen. Beispiel: casa, Aussprache: kasa (Haus). Ausnahme: „c" wird wie ein stimmhaftes „s" ausgesprochen, wenn ein „e" oder ein „i" folgt, das „z" wird wie das englische „th" ausgesprochen.

Das g wird als g ausgesprochen, wenn ein a, o oder u folgt. Beispiel: golf.
Das g wird als ch ausgesprochen, wenn ein e oder i folgt. Beispiel: general.
Ebenso wird das j wie ch ausgesprochen. Beispiel: jamón.

Das h wird nicht ausgesprochen, das ll wird zu j (taquilla – Schalter). Das ñ wird wie nj ausgesprochen (señor). Das ch wird wie tsch ausgesprochen (muchacha – Mädchen). Das q wird wie k (qué – was) und das v wie ein w ausgesprochen, das aber ein bisschen nach b klingt (voz – Stimme).

Bei ei und eu werden die Buchstaben einzeln gesprochen.

Allgemeines

ja/nein	sí/no
bitte/danke	por favor/gracias
keine Ursache	de nada
Entschuldigung	perdóne
guten Tag	buenos días (bis 12 Uhr mittags) buenas tardes (nachmittags)
gute Nacht	buenas noches (ab 20 Uhr, auch als Begrüßung)
auf Wiedersehen	adiós
hallo (Begrüßung unter Freunden)	hola (ola)
o.k. einverstanden	de acuerdo

Sprachführer

Sprechen Sie Deutsch?	Habla Usted aléman?
ich verstehe nicht	no entiendo/comprendo
nicht so schnell, bitte	no tan rápido, por favor
Wie geht es Ihnen?	Cómo está (usted)?
sehr gut	muy bien
wie spät ist es?	qué hora es?
um wieviel Uhr?	a qué hora?
wo?	dónde?
wo ist …?	dónde está …?
wohin?	adónde?
wann?	cuándo?
warum?	por qué?
wieviel (kostet)?	cuánto (cuesta)?
was ist los?	qué pasa?
gut/schlecht	bueno/malo
sauber/schmutzig	limpio/sucio
offen/geschlossen	abierto/cerrado
(nicht)richtig	(in)correcto
früh/spät	temprano/tarde
heute/morgen	hoy/mañana
groß/klein	grande/pequeño
mehr/weniger	más/menos
besser/schlechter	mejor/peor
heiß/kalt	caliente/frío
frei/besetzt	libre/ocupado
ich habe	tengo
ich nehme	tomo
ich möchte	quiero
ich brauche	necesito
ich suche	busco
links/rechts	izquierda/derecha
geradeaus	directamente
wo ist die Polizei?	dónde está el puesto de policía?

Sprachführer

das Krankenhaus?	el hospital/la clínica?
die Apotheke?	la farmacia?
die Toilette?	el baño caballeros? el bano damas?
wie komme ich nach?	cómo llego á?
wo fahren Sie hin?	adonde va Usted?
weit/nah	lejos/cerca
wann fährt der Bus ab?	cuando sale el autobús?
Ticket	tiquete
Fahrkarte	billete
Bahnhof	estación

Tankstelle	la gasolinera
ich brauche Benzin	necesito gasolina
Auto	el coche
ein Auto mieten	alquilar un coche
Führerschein	permiso de conducir
Reifenpanne	rentón de neumático
Werkstatt	taller

Übernachten

Zimmer	habitación
Doppelzimmer	habitación doble
haben sie noch ein Zimmer frei?	tiene una habitación libre?
Reservierung	reserva
Wieviel kostet es?	cuánto cuesta?
Gepäck/Koffer	equipaje/maleta
Bett	la cama
mit Bad/Dusche	con baño/ducha
Klimaanlage	aire acondicionado
belegt	completo
inklusive	incluido
W-LAN	el wifi

Sprachführer

Restaurant

Guten Appetit	buen provecho
ein Tisch für …	una mesa para …
essen/trinken	comer/beber
Bedienung	servicio
die Rechnung bitte!	la cuenta por favor!
prost!	salud!
Frühstück	desayuno
Mittagessen	almuerzo, comida
Abendessen	cena
Nachspeise	postre
Gabel	tenedor
Messer	cuchillo
Löffel	cuchara
Teller	plato
Glas	vaso
Fleisch	carne
Schinken	jamón
Huhn	pollo
Fisch	pescado
Krabben	camarones
Hummer	langosta
Meeresfrüchte	maríscos
Salz/Zucker	sal/azúcar
Essig/Öl	vinagre/aceite
Salat	ensalada
Reis	arroz
Nudeln	pasta
Kartoffeln	papas
Pommes frites	papas fritas
Ketchup	salsa de tomate
Käse	queso
Brot	pan
Speiseeis	helado